Die Gendarmerie in Österreich 1955-2005

Impressum

Verleger und Herausgeber: KRAL-Verlag GmbH (Inh. Robert Ivancich)
John F. Kennedy-Platz 2, A-2560 Berndorf, Tel: 0660 - 435 76 04
E-mail: office@kral-verlag.at, www.kral-verlag.at
Für den Inhalt verantwortlich: Prof. Friedrich Brettner, A-2640 Gloggnitz (f.brettner@brettnerbuch.at)

1. Auflage / Erschienen in Berndorf im Oktober 2015 /
ISBN: 978-3-99024-347-3

Friedrich Brettner

Die Gendarmerie in Österreich 1955-2005

Im Einsatz für die Sicherheit unserer Heimat

Wir leben heute in einer Zeit, die sehr schnelllebig ist und in der es scheint, als ob nur noch der Fortschritt zählt. Gerade in dieser Zeit, ist es aber wichtig, dass wir das ein oder andere Mal auch einen Blick zurückwerfen und uns unserer Wurzeln bewusst werden. Denn nur wer mit der Heimat tief verwurzelt ist, kann auch weltoffenen Blicks nach vorne gehen. Die Erfahrungen und Lehren aus der Vergangenheit geben uns Kraft am Weg nach vorne und dafür, die Herausforderungen der Zukunft zu meistern.

An alte Zeiten und Geschehnisse zu erinnern, die drohen in Vergessenheit zu geraten, ist von großer Bedeutung. Mit der Landesbibliothek und dem Landesarchiv verfügen wir seitens des Landes über zwei Einrichtungen, die seit Jahren die Geschichte unseres Landes erforschen und dokumentieren. Sie geben damit einen sehr guten Einblick in die lange und bewegte Vergangenheit unserer Heimat. Besonders freut es mich, dass es auch private Initiativen gibt, die ihre Leserinnen und Leser zurück in eine andere Zeit entführen und diese damit für die kommenden Generationen erhalten.

Prof. Friedrich Brettner ist eine Persönlichkeit, die es sich zur Aufgabe gemacht hat, die nachfolgenden Generationen über Geschehnisse seiner Zeit zu informieren. Er hat zahlreiche Bücher über die jüngste Zeitgeschichte unseres Bundeslandes geschrieben und auch bereits eines über die Gendarmerie, der er sein berufliches Leben gewidmet hat. Als Postengendarm, Motorradfahrer im Verkehrsdienst und Diensthundeführer kennt er die Gendarmerie wie seine Westentasche und kann daher authentisch beschreiben, wie sich diese entwickelte. Im vorliegenden Buch hat er es sich zur Aufgabe gemacht, die Geschichte der Gendarmerie von 1955 bis 2015 zu beleuchten. Dahinter stecken ungeheuer viel Arbeit und Mühe. Dafür danke ich Friedrich Brettner auf das Allerherzlichste, denn mit seinem Buch hat er einen wahren Schatz geschaffen, nicht nur für die heutige, sondern auch für die nachfolgenden Generationen.

Ihr Erwin Pröll

Dr. Erwin Pröll, Landeshauptmann NÖ

Liebe Leserinnen und Leser!

Ein Buch über eine Institution wie die Österreichische Bundesgendarmerie ist es mit Sicherheit wert gelesen und studiert zu werden.

Vor allem freut es mich, dass ein Gendarmeriebeamter im Ruhestand wie Professor Friedrich Brettner keine Mühen scheut, um sich diesem wichtigen Kapitel österreichischer Zeitgeschichte zu widmen. Gerade in einem Jubiläumsjahr wie 2015 (70 Jahre Kriegsende und 60 Jahre Staatsvertrag) erscheint es mir umso wichtiger, diesen Teil der näheren österreichischen Geschichte zu beleuchten und die Erinnerung an die Bundesgendarmerie wach zu halten.

Es ist nun mehr als eine Dekade vergangen, seit die Wachkörper Bundesgendarmerie, Bundessicherheitswache und Kriminalbeamtenkorps zur Bundespolizei verschmolzen wurden.

Eines der Ergebnisse dieser Strukturreform ist sicherlich auch die gute Sicherheitslage in Niederösterreich. Es ist unumstritten, dass die Angehörigen dieser drei Wachkörper über Jahrzehnte hinweg hervorragendes geleistet haben. Jedoch war und ist es auch notwendig die Strukturen einer Organisation den Bedingungen der Umwelt anzupassen, um für die Zukunft möglichst gut gerüstet zu sein.

Man darf aber auch die Ursprünge und die Wurzeln einer Organisation niemals vergessen. Diesem Ansinnen wird durch diesen historischen Rückblick auf die Gendarmerie in Österreich Rechnung getragen, wozu ich Dir, lieber Fritz, sehr herzlich für Dein Engagement als Schriftsteller sowie für Deine Schaffenskraft als Zeitzeuge, danke.

HR Dr. Franz Prucher, Landespolizeidirektor NÖ

Zum Geleit

Dieses Buch ist keine Gendarmerie-Chronik im eigentlichen Sinn, sondern ein bebilderter „Streifzug" durch Einheiten der Gendarmerie, angereichert durch authentische, ausgewählte Berichte aus den Gendarmerie-Chroniken der Bundesländer in den letzten Jahrzehnten, die den Alltag der verdienstvollen österreichischen Gendarmerie bis zu ihrer Auflösung 2005 schildern sollen. Diese mir dankenswerter Weise zur Verfügung gestellten Einsatzschilderungen reichen von der Hilfeleistung im Alltag bis zu Einsätzen, die Kameraden das Leben gekostet haben – sie haben ihr Leben für die Sicherheit der Bevölkerung gegeben und bleiben unvergessen!

Der Beruf Gendarm war für uns nicht irgendein Beruf, er war für uns eine Berufung, der wir uns mit vollem Einsatz verschrieben hatten. Und wenn ich für den Titel meines ersten Gendarmerie-Buches „Für Heimat, Volk und Ehre" gewählt habe, so sollte das aufzeigen, welchem hohen Anspruch wir in unserem Beruf versuchten gerecht zu werden.

Nach Ende des Ersten Weltkrieges und dem Zerfall der österr.-ungar. Monarchie, als die Staatsgrenzen neu gezogen wurden, war es die Ordnungsmacht der Gendarmerie, die unter Opfern die neuen Staatsgrenzen sicherte und verteidigte. Gleiches wiederholte sich nach Beendigung des Zweiten Weltkrieges – wieder war es die Gendarmerie, die unter vielen Opfern die nach dem überwundenen „Dritten Reich" wieder aufgerichteten Grenzen unserer Heimat Österreich nach besten Möglichkeiten kontrollierte und schützte.

Mir war und ist es ein Bedürfnis, „meinem Korps", der Gendarmerie, mit diesem Buch einen besonderen Nachruf zu widmen und die großartigen Leistungen dieses Sicherheitsorgans nicht in Vergessenheit geraten zu lassen.

Herzlichen Dank an alle, die mich beim Zustandekommen dieses Buches unterstützt haben und Text- sowie Bildmaterial zur Verfügung stellten – ohne ihre Großzügigkeit und stets freundliche Hilfsbereitschaft wäre meine Arbeit nicht möglich gewesen!

Gloggnitz, im Sommer 2015

Prof. Friedrich Brettner

Inhaltsverzeichnis

I. Geschichte der Bundesgendarmerie

Kaiser Franz Joseph I.: „Ich bewillige die Errichtung einer Landesgendarmerie in Meinem gesamten Reich nach den angedeuteten Grundsätzen und ermächtige Meinen Minister des Inneren die in dieser Beziehung erforderlichen weiteren Verhandlungen im Einvernehmen mit den hierbei beteiligten Ministerien zu pflegen und Mir die geeigneten Vorschläge zu erstatten."

Wien, am 30. Mai 1849

Es war am 8. Juni 1849 als von Kaiser Franz Joseph I. Feldmarschallleutnant Johann Freiherr von Fichtenstamm zum Generalinspektor der neugegründeten Gendarmerie ernannt wurde.

Geschichte der Bundesgendarmerie von 1938–2005

Bald nach dem „Anschluss" 1938 verschwand der Name ÖSTERREICH von den Landkarten. Die neue Bezeichnung lautete nun vorerst „OSTMARK" später wurden die Bundesländer unter der Bezeichnung „DONAU- und ALPENGAU" zusammengefasst. In dieser Zeit wurde das Landesgendarmerie-Kommando für das Burgenland aufgelöst und der nördliche Teil des Burgenlandes wurde dem Kommandobereich für Niederdonau zugeordnet, während der südliche Teil der Steiermark unterstellt wurde.

Obwohl es für jedermann gegen Ende des Krieges klar wurde, dass eine Fortführung des Krieges nur ein noch furchtbareres Ende für die leidenden Menschen bedeuten würde, war die NS-Führung nicht bereit abzutreten, sondern befehligte den „Kampf bis zur letzten Patrone".

Österreich erhielt durch Übereinkunft der gegen Deutschland verbündeten Mächte bereits die Zusicherung, dass es nach siegreicher Beendigung des Krieges seine Selbstständigkeit wieder erlangen werde.

Einige Monate vor Ende des Krieges wurde auch unser Staatsgebiet Kriegsschauplatz. Von Osten drangen sowjetische Truppen mit ungeheurer Übermacht in unser Land und brachen jeden Widerstand. Wien wurde am **14. April 1945** von den sowjetischen Truppen besetzt. In der Folge wurden das Burgenland und das gesamte Niederösterreich von den sowjetischen Truppen besetzt.

Im Westen drangen amerikanische, englische und französische Truppen in Eilmärschen in das Bundesgebiet ein, da diesen Truppen kein Widerstand entgegengesetzt wurde.

Es erfolgte auf Grund des Berliner Abkommens die Aufteilung des österreichischen Staatsgebietes in Besatzungszonen. NIEDERÖSTERREICH mit dem BURGENLAND und dem nördlich der Donau gelegenen Teil von OBERÖSTERREICH fiel der sowjetischen Besatzung zu.

Nun war zwar der 2. Weltkrieg mit seinen furchtbaren Menschenverlusten zu Ende, aber frei waren wir leider noch nicht. So begannen unter nicht zu beschreibenden Zuständen die jahrelang im KZ Dachau festgehaltenen ehemaligen Offiziere der österreichischen Bundesgendarmerie sofort mit dem Aufbau eines Exekutivapparates.

Bereits im **April 1945** (im Semmering-Gebiet und westlichen Niederösterreich wurde noch gekämpft) traten diese Offiziere und Beamte an die neugebildete, provisorische Regierung unter Dr. Karl Renner heran, den zur Sicherung der Existenz unseres gequälten Volkes unerlässlich nötigen Sicherheitsdienst zu organisieren und zu aktivieren.

Ab **27. April 1945** hatte Österreich bereits eine provisorische Regierung mit 40 Mitgliedern, an deren Spitze folgende Politiker standen:

Staatskanzler: Dr. Karl Renner, SPÖ
Staatssekretär: Adolf Schärf, SPÖ
Staatssekretär: Leopold Figl, ÖVP
Staatssekretär: Johann Koplenig, KPÖ
Unterstaatssekretär für Heerwesen: Franz Winterer

Staatsamt für Inneres
Staatssekretär: Franz Honner, KPÖ
Unterstaatssekretär: Oskar Helmer, SPÖ
Unterstaatssekretär: Raoul Bumballa, ÖVP

Staatssekretär Franz Honner mit Sowjetstern auf der Kappe.

Die gesamte Staatsregierung umfasste 41 Personen. Es wurde nur das für die Bundesgendarmerie so wichtige Staatsamt für Inneres angeführt. Da dieses Amt und spätere Ministerium für Inneres ja für alle die innere Sicherheit betreffende Obliegenheiten verantwortlich zeichnete. Bereits mit dem gleichen Datum erhielt die oberste Leitung der Bundesgendarmerie die Bezeichnung „GENDARMERIE ZENTRALKOMMANDO" und war beim Staatsamt für Inneres durch Staatssekretär Franz HONNER errichtet worden.

An die Spitze der österreichischen Bundesgendarmerie traten die in Dachau durch Jahre festgehaltenen Gendarmerie-Offiziere STILLFRIED, JANY und

Konzentrierung von Gendarmen bei den 1930er-Unruhen.

Gendarmen in Patrouillenadjustierung mit verhafteten Zigeunern vor dem Bezirksgericht Gloggnitz.

Dr. KIMMEL. Als Gendarmerie-Zentralkommandant wurde Major Emanuel STILLFRIED eingesetzt.

Das Landesgendarmerie-Kommando für Niederösterreich, dem damals noch das nördliche Burgenland und 5 Gerichtsbezirke von Oberösterreich angegliedert waren, übernahm Major Dr. Josef KIMMEL, sein Stellvertreter wurde Major Johann KREIL.

In der 3. Sitzung der provisorischen Regierung Renners, am **4. Mai 1945**, berichtet Staatssekretär HONNER über Maßnahmen zur Verbesserung der öffentlichen Sicherheit.

Er führt aus, dass das gegenwärtige Chaos insbesondere durch verbrecherische dunkle Elemente faschistischer Verbände des In- und Auslandes hervorgerufen werde. Besonders faschistische Ausländergruppen nehme rücksichtslos Requirierungen vor. Es sei unbedingt notwendig, für deren Rückwanderung in die Heimat Sorge zu tragen.

Die Aufstellung der Polizei und Gendarmerie zeige Anfangsschwierigkeiten, da einerseits im polizeilichen Hilfsdienst Personen tätig sind, die nach Durchsicht entfernt werden müssen, anderseits alte Polizeibeamte mit Diensterfahrung, speziell die gemaßregelten, in den Polizeiapparat wieder einzubauen sind.

Unterstaatssekretär HELMER verweist ergänzend auf Missstände auf dem flachen Lande.

Mit gleichem Datum erfolgte noch der Erlass Zahl 4012-5/45, dessen wichtigsten Bestimmungen lauteten:

Zur Aktivierung des Sicherheitsdienstes im Gendarmeriebereich des österreichischen Staates wird verfügt:

Sämtliche ehemaligen Gendarmerieangehörigen des Exekutivdienstes, welche bis einschließlich 13. März 1938 jemals in der österreichischen Bundesgendarmerie gedient haben und bis zu diesem Zeitpunkt nicht wegen eines disziplinären oder gerichtlichen Urteiles pensioniert oder entlassen wurden, haben, ihre physische Tauglichkeit vorausgesetzt, unverzüglich den Dienst wieder anzutreten und einen provisorischen Sicherheitsdienst auf ihrer nächstgelegenen Gendarmeriedienststelle nach folgenden Richtlinien in Vollzug zu setzten:

1. Mit sofortiger Wirkung gelten für den Dienstbetrieb die Vorschriften der bestandenen österreichischen Bundesgendarmerie, die auf die heutigen Verhältnisse sinngemäß abzuändern sind.

2. Für den Außendienst physisch nicht mehr taugliche Gendarmeriepensionisten haben nach Erfordernis die Aktivierung der nächstgelegenen Gendarmeriedienststelle in die Wege zu leiten und den Kanzleidienst dortselbst zu leiten.

3. Zur Komplettierung auf den systematisierten Stand von 1938 sind Hilfsgendarmen im Einvernehmen mit den Rayons-Gemeinden zu wählen. Als Hilfsgendarmen kommen in erster Linie jüngere, ledige, über 18 Jahre alte Bewerber in Betracht, die die Absicht haben Berufsgendarmen zu werden und im Allgemeinen die Eignung für einen Gendarmerie-Anwärter besitzen. Bewerber die auch nur entfernt jemals mit der NS-Bewegung sympathisierten, kommen nicht in Betracht.

4. Über Uniformierung, Bewaffnung und Ausrüstung ist das engste Einvernehmen dem zuständigen Kommandanten der Besatzungstruppen hauptsächlich durch die Landesgendarmerie- und Abteilungskommandanten zu pflegen.

5. Bequartierung und Verpflegung: Ledige Organe sind auf den vorhandenen Dienststellen zu bequartieren.

6. Hinsichtlich der Besoldung und sonstiger Auslagen werden Weisungen folgen."

Der Befehl hat insgesamt 12 Punkte wobei noch dieser anzuführen wäre:

Der Text für den Dienstausweis, welcher vom zuständigen alliierten Militärkommando zu vidieren wäre, ist als Beilage angeschlossen.

Der Staatssekretär:
gez. H o n n er

Es folgten dann noch mehrere Erlässe, die sich mit allen möglichen Sachen befassten und mehrere Seiten einnehmen würden. So möchte ich noch einen kurzen Auszug aus einem solchen Befehl bringen:

Dermalen genügt es, wenn jedes Gendarmerieorgan über eine Uniform verfügt. Die Armbinden sind mit dem Rundstempel des zuständigen Kommandos der Besatzungsmacht versehen zu lassen.

Von allen Gendarmerieorganen sind die Fragebogen nach beiliegendem Muster gewissenhaft auszufüllen und dem LGK vorzulegen.

Ohne ein Denunziant zu sein, muss jeder Gendarm gravierende Fälle nicht österreichischer Gesinnung eigener Korpsangehöriger einschließlich der Pensionisten zur Anzeige bringen.

Auf eine wahrheitsgetreue Verfassung der Situationsberichte wird größter Wert gelegt. Bis zum Funktionieren der Post sind die Berichte nur durch verlässliche Gelegenheitsboten kostenlos zu befördern.

Für den Staatssekretär:
i. V. Stillfried, Major

Nach Kriegsende wurden die verschiedensten Uniformen getragen.

Die Beamten des Gend.-Posten Semmering/ Zonengrenze NÖ-Steiermark, von links: Tremmel, Mlinar, Postenkommandant Vogl, Eggenberger, Pfeifhofer.

Am Semmering, Bewachung der Myrtenbrücke durch Gendarmen.

In der 7. Sitzung der provisorischen Regierung am **15. Mai 1945** bringt der Staatssekretär für öffentliche Sicherheit HONNER zur Kenntnis, dass am 12. Mai 1945 am Nachmittag 171 Angehörige des 2. Österreichischen Freiheitsbataillons in der Uniform der jugoslawischen Armee kriegsmäßig ausgerüstet in Wien eingetroffen und gegenwärtig in der Burg einquartiert sind. Diese Kämpfer für die Freiheit Österreichs seien in den Straßen Wiens mit großem Jubel begrüßt worden.

Das Staatsamt beabsichtigt, diese Kämpfer, die außerordentlich diszipliniert sind, in den Polizeiapparat einzugliedern, sofern sie nicht den Wunsch äußern, in die Heimat beurlaubt zu werden. Er bittet um die Ermächtigung diese Leute für den Sicherheitsdienst zu verwenden und sie eventuell später für den ersten Ansatz des österreichischen Heeres heranzuziehen.

Der Kabinettsrat ermächtigt den Staatssekretär, diese Kämpfer für die Befreiung Österreichs namens der Staatsregierung zu begrüßen und sie in den polizeilichen Sicherheitsdienst einzugliedern.

Mit nachstehend angeführtem Erlass des Gendarmerie Zentralkommandos, Zahl 4371-5/45 vom **13. Juli 1945**, wurde die Aufstellung von Assistenzzügen befohlen:

„Der Flüchtlingszuzug aus der Tschechoslowakei, der Einfall von Banden aus der Slowakei, wie überhaupt die ungünstigen Sicherheitsverhältnisse im nördlichen und östlichen Niederösterreich, bedingen einen verstärkten Sicherheits- und Grenzüberwachungsdienst in den erwähnten Gebieten des Landes Niederösterreich, da mit den örtlichen Sicherheitsorganen nicht das Auslangen gefunden werden kann. Zu diesem Zweck werden aus dem in Wien stationierten österreichischen Freiheitsbataillon 9 Züge, in der Stärke von je 2 Offizieren und 28 Mann gebildet."

Diese Assistenzzüge hatten die Aufgabe den Grenzschutz zu bilden und die Gendarmerie bei der Durchführung des Sicherheitsdienstes zu unterstützen.

Diese Maßnahme erfolgte auf Grund einer Besprechung vom 12. Juni 1945 in der provisorischen Regierung und brachte die Verstärkung des Grenzschutzes durch Freiheitskämpfer ein.

Am **25. November 1945** wurden die ersten freien Nationalratswahlen für Gesamtösterreich abgehalten, bei denen sich 97 Prozent der Bevölkerung für die demokratischen Parteien und eine Demokratie westlicher Prägung entschieden. Ab 20. Dezember 1945 gab es eine Konzentrationsregierung aller drei Parteien ÖVP, SPÖ und KPÖ unter Bundeskanzler Leopold FIGL und Vizekanzler Adolf SCHÄRF, Oskar HELMER wurde Innenminister.

So war dann ab Dezember 1945 auch das Gendarmerie Zentralkommando in der Lage, seine Befehlsgewalt über das gesamte Bundesgebiet auszuüben.

Am **15. Dezember 1945** ist die Erste Nummer der „Amtlichen Verlautbarungen für die Österreichische Bundesgendarmerie" erschienen.

II. Die sowjetische Besatzungszone in NÖ

Vor allem in der sowjetisch besetzten Zone herrschte eine gesetz- und rechtlose Zeit. Ein Großteil der Bevölkerung war aus politischen und persönlichen Gründen, viele auch aus bloßer Angst, nach dem Westen geflüchtet. Fast alle wehrfähigen Männer waren noch beim Militär oder bereits in Gefangenschaft. Die einzelnen Gemeindeverwaltungen

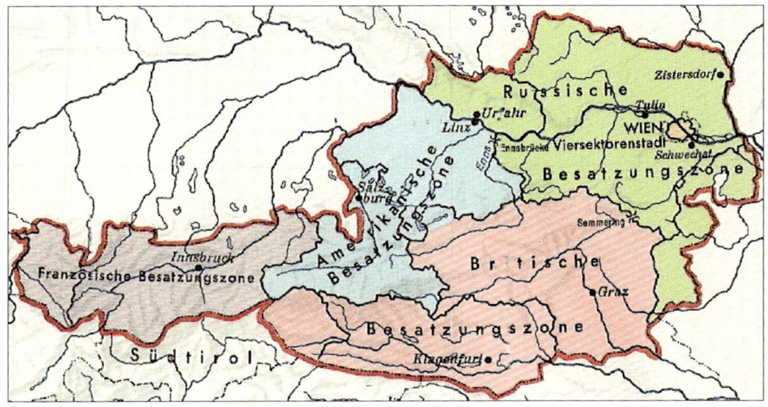

Die vier Besatzungszonen nach dem Zweiten Weltkrieg.

waren faktisch aufgelöst, der Sicherheitsdienst auf Patrouillen der Militärverwaltung beschränkt. Die Rechtsauffassung dieser Personen deckte sich in vielen Fällen nicht mit unseren mitteleuropäischen Rechtsbegriffen.

In der Folgezeit wurde der Sicherheitsdienst zuerst durch Männer der einzelnen Ortschaften versehen, die lediglich durch rot-weiß-rote Armbinden gekennzeichnet waren und keine Berechtigung zum Führen einer Waffe hatten. Diese Männer durchstreiften zur Nachtzeit die Ortschaften, um so die Bevölkerung vor Übergriffen zu schützen bzw. wenigstens durch „Alarmschlagen" zu warnen. Wenn auch durch diesen Sicherheitsdienst selbst verschiedene Übergriffe vorgekommen sind, so gebührt ihnen doch der Dank der Bevölkerung da in dieser Zeit jedenfalls ein erhebliches Maß an persönlichen Mut und patriotischer Einstellung erforderlich war, um diesen Dienst zu versehen und sein Leben in jedem Augenblick für die Mitmenschen zu opfern.

Bei der Neuaufstellung der Gendarmerie fehlte es an Personal, wie an Waffen, Geräte, Munition, Ausrüstung, Einrichtung und Unterkunft. So musste eine Arbeit unvorstellbaren Ausmaßes auf sich genommen und bewältigt werden, um die neue Grundlage für das Wiedererstehen unseres alten österreichischen Korps zu legen. Hierzu kamen noch die unsäglichen Erschwernisse, die besonders in den von der sowjetischen Armee besetzten Landesteilen, die Gendarmerie zu überwinden hatte.

Die nun folgenden Berichte sollen ein anschauliches Bild dafür bieten, wie aus den Trümmern des bisher größten und furchtbarsten aller Kriege die österreichische Bundesgendarmerie in Niederösterreich neugestaltet und mit der alten, nie versiegenden Liebe zu Volk und Heimat an die Arbeit ging um seinen Menschen jenen Schutz wiederzugeben und ihre Sicherheit zu gewährleisten, die es für einen erfolgreichen Wiederaufbau dringend nötig hatte.

So erfolgte bereits am **10. Mai 1945** unter Zahl 4010/5/45 der 1. ERLASS zur Aktivierung der Gendarmerie im Lande Niederösterreich, der für das Staatssekretariat für Inneres von Major STILLFRIED unterzeichnet wurde. Dieser Erlass lautete:

„Das Staatsamt für Inneres würde es begrüßen, wenn die an ihren Dienstort abgehenden Bezirkshauptleute angewiesen werden würden, im Rahmen der ihnen zur Verfügung stehenden Möglichkeit, an der Wiedererrichtung der Gendarmerie-Postenkommanden mitzuwirken. Als Richtlinien für diese zur Aufrechterhaltung der Sicherheit außerordentlich wichtige Tätigkeit hätte zu dienen, dass sämtliche ehemaligen Gendarmerieangehörigen, welche bis zum 13. März 1938 in der österreichischen Gendarmerie gedient haben, ihren physische Tauglichkeit vorausgesetzt und einwandfreier politischer Gesinnung sind, angewiesen werden, einen provisorischen Sicherheitsdienst im vertrauensvollen Einvernehmen mit der örtlichen Hilfspolizeistelle auf der ihrem Wohnort nächstgelegenen Gendarmerie-Dienststelle einzurichten.

Es ist selbstverständlich, dass die aus der örtlichen Hilfspolizei herausgezogenen geeigneten Kräfte vor allem einwandfrei österreichisch-demokratisch gesinnt sind und die entsprechende körperliche und geistige Tauglichkeit besitzen müssen.

Anzustreben wäre, dass Uniformen der ehemaligen Bundesgendarmerie zur Verwendung gelangen, sofern solche nicht vorhanden sein sollten, wären zur Verfügung stehende Uniformstücke nach Entfernung aller Hoheits- und Gradabzeichen zu verwenden. Auf jedem Fall ist eine rot-weiß-rote Armbinde mit der Aufschrift „Österreichische Gendarmerie" in deutscher und in der in Betracht kommenden Fremdsprache zu tragen.

Überdies wären die Gendarmerieorgane anzuweisen, sofern es die Verkehrs- und örtlichen Verhältnisse gestatten, mit dem Landesgendarmerie-Kommando Niederösterreich Verbindung aufzunehmen und über eingeteilte Personen beim Posten sowie über den eingerichteten Dienstbetrieb zu berichten."

Das Landesgendarmerie-Kommando für Niederösterreich befand sich in Wien III., Landstraßer Hauptstraße Nr. 87, hatte dort nur einen Eingang, während sich die Einfahrt in der Hintzerstraße befand.

Stabsrittmeister Ludwig STALLEKER; der von Anfang an bei der Errichtung des Landesgendarmerie-Kommando für Niederösterreich dabei war, über die damals herrschenden Zustände in seinem Bericht:

„Als wir uns Mitte April 1945, es waren damals 1 aktiver und 7 pensionierte Gendarmeriebeamte die sich zur Mitarbeit beim Aufbau des Landesgendarmerie-Kommando für Niederösterreich zur Verfügung stellten, fanden wir, durch die Kriegsverhältnisse bedingt, im Kommandogebäude Zustände vor, wie man sie bisher nicht erlebt hatte und kaum für möglich gehalten hätte.

So waren schon die 3 Hofräume des Kommandogebäudes allein infolge Einstellung von Pferden der in Wien eingezogenen sowjetischen Kampftruppen durch Mengen von Pferdemist völlig verunreinigt.

Die Kommandomagazine, in denen sich teils Uniformen, Ausrüstungsgegenstände, Bettensorten und verschiedenes mehr befunden hatten, standen offen: Die Türen waren aufgebrochen, der Großteil des eingelagerten Gutes war verschleppt worden. Desgleichen waren auch die in den einzelnen Werkstätten wie Autoreparatur-, Sattler- und Tischlerwerkstätte verwahrten Gegenstände, Einrichtungen, Werkzeuge und dergleichen zur Gänze geraubt worden.

Das gleiche Bild war auch in allen Garagenabteilungen anzutreffen, wo man überall deutlich Spuren von Gewaltanwendung und stattgefundener Verschleppung wertvollen Gutes wahrnehmen konnte. Selbst in der Küche war das Abhandenkommen von allerlei Kochgeräten, Geschirr, Gläsern und verschiedenen anderen Gegenständen von ebenfalls beträchtlichem Wert, sowie der bei der Einstellung der Kampfhandlungen noch vorhanden gewesenen Lebensmittelvorräte zu beklagen. Besonders arg aber sah es in sämtlichen Kanzleiräumen des Kommandogebäudes aus. Hier gab es in jedem einzelnen Raum ein wüstes Durcheinander von gewaltsam eingeschlagenen Kanzleieinrichtungsgegenständen wie Kästen, Schreibtischen, Sesseln usw. Die Fußböden waren mit Glasscherben übersät und darunter in den Räumen überall verstreut, lagen absichtlich zerrissen und dadurch völlig unbrauchbar gemacht verschiedene Dienstbücher, Aktenteile, Papierfetzen und dergleichen herum.

Was von den in unmittelbarer Nähe des Kommandogebäudes gefallenen Fliegerbomben noch verschont geblieben war, wurde von Menschenhand absichtlich noch verwüstet. So waren nicht nur eine Anzahl von Türen zertrümmert, sondern auch mehrfach Kachelöfen zerstört, Beleuchtungskörper und Fenster zerschlagen und teilweise sogar Mauern arg beschädigt worden.

Die Aufzählung all der vorstehend geschilderten Zustände sei vorwiegend deshalb erwähnt, um die Schwierigkeiten bis zur Aufnahme des Dienstbetriebes aufzuzeigen. Aber die restlose Beseitigung dieser Übelstände war notwendig, welche von der kleinen Schar der verfügbaren Gendarmeriebeamten eine entsprechende Arbeitsfreudigkeit voraussetzte. So wurde in erster Linie an die Reinigung der 3 Hofräume geschritten, wo unser Landesgendarmerie-Kommandant als erster an der Spitze der paar Gendarmeriebeamten, mit Schaufel und Besen in der Hand, diese Arbeiten nicht nur leitete, sondern bis zum letzten Handgriff mit den Gendarmeriebeamten teilte.

Anschließend erfolgte das Einsammeln der herumliegenden Waffen und Munition, welche an die Besatzungsmacht abgeliefert werden mussten. Die so eingesammelten Waffenteile und Munition wurden sodann von den Beamten mittels Handwagen in zweimaliger Fahrt zur sowjetischen Ortskommandantur gebracht und dort abgeliefert.

Am **15. Mai 1945** konnte die Adjutantur des LGK ihren Dienstbetrieb im allerbescheidensten Umfang aufnehmen.

Der erste Landesgendarmerie Befehl, mit dem die Aufstellung des neu errichteten LGK für NÖ den unterstehenden Dienststellen bekanntgegeben wurde, gelangte am 1. Juni 1945 zur Versendung.

Besonders erschwert aber war der Aufbau allein schon dadurch, dass mit der Absetzung des früheren Kommandostabes von Wien auf das flache Land, sämtliche Akten, Protokolle, Karteien usw. teilweise vernichtet oder mitgenommen worden waren, wodurch die Neuanlage all der Befehle mit wesentlicher Mehrarbeit verbunden war.

Empfindliche Nachteile ergaben sich weiteres noch dadurch, dass der Kontakt mit dem Großteil der Dienststellen mangels an Postverbindungen, sowie gänzlicher Zerstörung des Telefonnetzes und des Fehlens von Beförderungsmitteln wie Eisenbahn, Kraftfahrzeugen u. dgl. fast völlig unterbunden war.

Am **25. Mai 1945** wurden die neuerrichteten Bezirkskommanden PERG und FREISTADT mit Rücksicht auf die ganz besonders gelagerten Verhältnisse (sowjetische Besatzungszone) dem hs. LGK unterstellt.

8. Juni 1945. Die Gendarmerie beging das Jubiläum ihres 96jährigen Bestehens. Der Gendarmerie Zentralkommandant hat mit Erlass den Gendarmerie Gedenktag wieder aktiviert und zu einer feierlichen Begehung des Tages aufgerufen. Im neuerstandenen Rundfunk wurde nachstehende Ansprache gehalten:

„Heute begeht die Österreichische Gendarmerie den 96. Jahrestag ihres Bestandes, seit sie als staatliche Sicherheitsexekutive für das damalige österreichische Gebiet eingeführt wurde. Im Rahmen des Wiederaufbaues der unabhängigen demokratischen Republik Österreich ersteht auch heute wieder die Österreichische Bundesgendarmerie. In jedem geordneten Staat muss es Organe geben, deren Aufgabe es ist, die Ruhe, Ordnung und Sicherheit aufrecht zu erhalten und die Einhaltung der geltenden Gesetze zu überwachen. Sie bedarf der Mithilfe und Unterstützung, wie das uneingeschränkte, volle Vertrauen der rechtschaffenen, ordnungsliebenden Bevölkerung, wenn sie ihren Dienst erfolgreich ausüben soll. Im Grenzschutz, wie bei Elementarkatastrophen war sie und ist sie stets am Platze, verwurzelt im Volk, zu seinem Schutz und seiner Hilfe, wann immer es nottut." Das war ein kurzer Auszug aus dieser Rede.

Das LGK Niederösterreich meldet am **10. Juni 1945** dem Gendarmerie Zentralkommando, dass **24** Berufsgendarmen im Zuge der Besetzung des Landes, nicht bei Kampfhandlungen, sondern durch die Besatzungsmacht erschossen wurden und **19** Berufsgendarmen den Freitod wählten.

Der folgende Situationsbericht des Landesgendarmerie-Kommandanten von Niederösterreich Dr. Josef Kimmel an das Gendarmerie Zentralkommando beleuchtet die ungemein schwierige Lage der Bevölkerung und in welcher der Gendarmeriedienst vollzogen werden musste: Immer mehr kann die Lage hinsichtlich der Bebauung der Felder überblickt und dabei festgestellt werden, dass die Bestellung in manchen Gegenden bis zu 85, im Bezirk Horn fast 100 Prozent beträgt.

Stark zu leiden haben unter den Zerstörungen der Kirschbäume und Verwüstungen der Felder an den Straßen, noch immer die Orte an den Hauptverkehrsstraßen. Auch die Bevölkerung an diesen Durchzugsstraßen ist noch immer nicht zu Feldarbeiten zu bewegen, sie hält vielmehr die Haustore verschlossen und ist weiterhin um ihr Hab und Gut, Vieh und Fahrzeuge sehr besorgt, da die Requirierungen noch immer nicht aufgehört haben.

Der Zuzug der Sudetendeutschen nimmt weiterhin zu. Allein im Bezirk Mistelbach sind bisher 20.000 Südmährer und Sudetendeutsche eingetroffen, wodurch die ungünstige Ernährungslage noch verschlechtert wird.

Die Sicherheitslage ist zwar noch sehr verworren, aber es zeichnet sich bereits eine leichte Besserungen der Gesamtsicherheitslage ab. Von den aufgestellten Gendarmerieposten werden bereits Streifen durchgeführt, Lebensmittel- und Milchtransporte bewacht.

Uniformen kommen jetzt langsam an die Gendarmeriebeamten zur Ausgabe und auch Waffen wurden schon von einigen Ortskommandanturen bewilligt. Viele sowjetische Ortskommandanturen haben bereits die Bewilligung zur Aufstellung von Gendarmerieposten erteilt, andere verhalten sich trotz Übermittlung der Erlässe ablehnend und geben vor, erst in Wien fragen zu müssen.

Bisher stehen im NÖ Landesgendarmerie-Kommandobereich bereits 300 Gendarmerieposten und 19 Bezirksgendarmerie Kommandos.

Handel und Gewerbe liegen derzeit noch darnieder, weil weder Vorräte noch Lagerbestände vorhanden sind. Ein Großteil der Gewerbetreibenden arbeitet für die Besatzungsmacht.

Die Ernährungslage ist in den Landgemeinden vorläufig noch annehmbar, in naher Zukunft aber werden fast keine Lebensmittel mehr zur Verfügung stehen. Der Viehstand ist in manchen Gegenden sehr geschwächt. Große Teile der Getreidefelder wurden von den durchziehenden Truppen abgemäht und vom Weidevieh beschädigt.

Die sanitäre Lage ist, obwohl Ärztemangel herrscht, im Allgemeinen günstig. An Tierärzten herrscht Mangel. Deren Entsendung auf das flache Land wäre dringend notwendig um die Maul- und Klauenseuche eindämmen zu können.

An der Freimachung der Verkehrswege, der Wiederherstellung von Bahnen, Brücken usw. wird allseits gearbeitet.

Die Stimmung der Bevölkerung ist infolge der noch bestehenden Schwierigkeiten und Mängel zur Zeit noch einigermaßen gedrückt.

Die ehemalige österreichische-tschechoslowakische Grenze nach dem Stand von 1937 wurde wieder errichtet. Damit sind wieder der Stadtteil Gmünd III, und 13 nö. Gemeinden des Bezirkes CSR Staatsgebiet. Durch die in dieses Gebiet eindringenden tschechischen Partisanen wurden alle Personen deutscher Volkszugehörigkeit nur mit dem Handgepäck über die Grenze nach Österreich getrieben. Die Zahl dieser Flüchtlinge ging in die Tausende. Die Reichs- und Volksdeutschen wurden dann im Frühjahr 1946 nach Deutschland gebracht.

2. Juni 1945. Über Wunsch des sowjetischen Bezirkskommandanten werden vom Gendarmerieposten Grafenschlag zur Herstellung der besseren Sicherheitsverhältnisse besonders bei den an den Truppenübungsplatz angrenzenden Posten, Milizmänner in der Stärke von 20 Mann je Postenrayon aufgestellt. Dieser Miliz wurde das Recht eingeräumt gegen Plünderer einzuschreiten. Als Bewaffnung wurden Stöcke und dgl. bewilligt.

Seit **12. Mai 1945** wurden durch sowjetische Soldaten und ausländische Arbeiter nachstehend angeführte Tiere und Sachen gestohlen:

14 Pferde, 10 Rinder, 5 Schweine, 386 Stück Hühner, 4 Kaninchen.

18 Wirtschaftswagen, 2 Autos, 4 Krafträder, 26 Fahrräder, 3 Fotoapparate, 2 Feldstecher. 2 Jagdgewehre, 1 Schreibmaschine, 8 Radios, 8 Akkordeons, 73 Festmeter Bretter, 26.000 Stück Zigaretten und sonstige Tabakwaren.

30 goldene und silberne Uhren, 20 goldene Ringe, 50 verschiedene goldene und silberne Ketten.

58 Paar Schuhe und Stiefeln, 80 Damenkleider, 50 Herrenanzüge, 390 verschiedene Leibwäschestücke.

47.534 Stück Eier, 2.417 kg Selchfleisch, 485 kg Schmalz, 131 kg Speck, 1.046 kg Zucker, 782 kg Mehl, 4.485 Liter Milch, 252 Liter Rahm, 157 kg Butter, 1.046 Liter Wein, 3.174 kg Brot.

660 kg Korn, 10.660 kg Hafer, 52.440 kg Heu und Klee, 2.550 kg Stroh und 2.750 kg Kartoffeln.

Diese Plünderungen wurden trotz der vorhandenen Miliz verübt, da sie gegenüber den bewaffneten sowjetischen Soldaten machtlos war.

Die provisorische Regierung befasste sich am **12. Juni 1945** mit den Vorfällen an der Grenze des nördlichen Niederösterreichs.

Gegen Ende Mai bemerkte man ein Ansteigen der deutschsprachigen Heimatvertriebenen. Um diese Zeit fand der berüchtigte „Brünner Todesmarsch" statt. Die Überstellung erfolgte in dieser Gegend in der Weise, dass die Betreffenden auf landesüblichen Fuhrwerken an die Grenze gebracht und dort, nachdem sie auch ihrer letzten am Leibe getragenen Habe von den tschechischen Zollbeamten beraubt, einfach abgeladen wurden. Viele dieser Personen sind in einem derartigen Zustand, dass sie nicht einmal mehr im Stande sind, in den Ort Drasenhofen hineinzugehen und einfach am Wege liegen bleiben. So wurden erst vor einigen Tagen sieben halbverweste Leichen, die auf der Straße gefunden wurden, begraben.

In letzter Zeit mehren sich die Überfälle von Tschechen auf österreichischem Gebiet und zwar sind sie zum Teil in russische Uniformen gekleidet und teilweise agieren sie als Partisanen. Es wurden junge Tschechen dabei beobachtet, wie sie russische Uniformen anlegten.

Die Ortschaften werden ständig von bewaffneten Plünderer, die von der nahen tschechischen Grenze kommen, heimgesucht um der Bevölkerung das bewegliche Gut wegzuschleppen, hauptsächlich Lebensmittel und Vieh und wenn sich der Besitzer diesen Banden gegenüber zur Wehr setzt kann es vorkommen, dass er über den Haufen geschossen wird, was schon geschehen ist. Besonders betroffen von diesen Plünderungen wurden die Orte Poysdorf, Schützenhofen, Drasenhofen, Gutenbrunn, Ottental, darüber hinaus noch eine große Anzahl weiterer Ortschaften. Die Tschechen gehen soweit, den Bauern die Fuhrwerke auf den Feldern zu nehmen, sie rauben Wein, Getreide, Kartoffeln, Vieh, Fässer, Geld und Gebrauchsgegenstände. Der Bürgermeister von Drasenhofen hat erklärt, er werde zurücktreten, falls nicht binnen kürzester Zeit entsprechende Schutzmaßnahmen ergriffen werden. Von sowjetischer Seite wird nichts gegen die Plünderungen unternommen. Die Leute leben in ständiger Furcht und Unruhe, können keiner geregelten Beschäftigung nachgehen, da sich diese Vorfälle auch am Tag abspielen.

Die Entlohnung für die Gendarmeriebeamten beträgt 150 Reichsmark.

Das LGK Niederösterreich meldet einen Stand von derzeit 600 aktiven und 400 Probegendarmen.

Die Bewaffnung der Gendarmerie wird fortgesetzt, bzw. wo die Besatzungsbehörden dies bewilligen auch durchgeführt. Auch wird jeder Gendarmeriebeamte mit einer Uniform beteilt.

Mit **24. Juli 1945** wird die Sicherheitsdirektion für das Bundesland Niederösterreich wieder errichtet.

Aber wie sah es auf dem Lande, den Posten im Einsatzgebiet aus: Unbewaffnet nur mit einer Armbinde versehen, oft weite Fußmärsche, mit nur einem Stück trockenem Brot im Magen, Vernehmungen, Anhaltungen, Verhaftungen, nicht selten auch selbst Misshandlungen und Haft erdulden zu müssen, so versahen die Beamten ihren Dienst, aber immer treu dem Wahlspruch: „TREU, TAPFER und HILFSBEREIT", nicht des Verdienstes wegen (150 RM im Monat) sondern für den Aufbau eines sicheren, demokratischen und unabhängigen Österreich.

Stand der Bahngendarmerie Dienststellen am **10. Juli 1947**. Allgemeine Dienstanweisung da immer wieder aus den Zügen notwendige Güter gestohlen, wurden im hs. LGK Bereich folgende Bahngendarmerie Dienststellen errichtet:

a) Gendarmerie Detachement für den Bahndienst, LGK.
b) Westbahnstrecke:
Gendarmerie-Postenkommando St. Pölten
Bahngendarmerieposten Amstetten
Bahngendarmerieposten St. Valentin

c) Nordwestbahnstrecke:
Gendarmerieposten Stockerau
Bahngendarmerieposten Sigmundsherberg
Bahngendarmerieposten Gmünd

e) Ostbahnstrecke:
Gendarmerie-Postenkommando Bruck a. d. Leitha

f) Südbahnstrecke:
Bahngendarmerieposten Leobersdorf
Gendarmerie-Postenkommando Wr. Neustadt
Bahngendarmerieposten Gloggnitz

Als vorläufige Übergabe- bzw. Übernahmeposten an der Bundesgrenze werden bestimmt:
1) an der österreichisch-tschechischen Grenze: Hohenau
2) an der österreichisch-ungarischen Grenze: Bruck a.d. Leitha

Vom 27. April 1945 bis 31. März 1947 wurden im Zuge der Entnazifizierung ausgeschieden:

a) entlassen:	38 Beamte
b) pensioniert:	0
c) vom Dienst enthoben:	69 Beamte

Im Jahr 1947 haben 14 Gendarmeriebeamte den Tod gefunden, 32 wurden schwer verletzt, so dass sich die Zahl der getöteten, seit der Befreiung Österreichs auf 85 und der verletzten auf 167 Gendarmeriebeamte erhöht.

Im Jahr 1949 wurde Dr. Josef KIMMEL Gendarmerie-Zentralkommandant.

10. April 1949 Der Alliierte Rat hat beschlossen:

Bewaffnung der österreichischen Polizei und Gendarmerie:
1.) Es wird der österr. Gendarmerie gestattet, Gewehre und der Sicherheitswache Revolver zu tragen. Es wird den Offizieren der Gendarmerie gestattet, Revolver statt Gewehre zu tragen.

2.) Diese dürfen nichtdeutscher Erzeugung sein.

3.) Diese Waffen werden dem österreichischen Ministerium des Innern mit Rücksicht auf die Anzahl der Mitglieder dieser Truppe übergeben.
Gegenwärtig in Gebrauch stehende Waffen und Munition inkl. jener, die eingelagert sind (insbes. Maschinengewehre, schwere Waffen und Munition), müssen innerhalb einer Woche, nachdem die neuen Waffen und die neue Munition ausgegeben wurden, abgeliefert werden.
Die alliierten militärischen Behörden werden über die eingelieferten Waffen verfügen.

4.) Die von den Alliierten ausgegebenen Feuerwaffen sollen ein deutliches Kennzeichen tragen, welches anzeigt, dass sie amtlich der Polizei oder Gendarmerie gehören.

5.) Alle Gewehre und alle Revolver sollen nach einem Muster hergestellt sein, um die Ausbildung zu vereinfachen.

6.) 40 Stück Munition werden für jede Waffe ausgegeben. Die Polizei und Gendarmen dürfen nur per Waffe den Inhalt von 2 Magazinen mit sich tragen; der Rest wird in Aufbewahrung bleiben.
10 von den 40 Stück können für die Ausbildung reserviert werden.

7.) Ehe Gewehre und Revolver ausgegeben werden, wird man das BMI ersuchen, ins einzelne gehende Angaben über die Ausbildung im Gebrauch von Feuerwaffen, die man der Polizei angedeihen lassen will, zur Genehmigung zu unterbreiten.

Der monatliche Gehalt war auch gestiegen und Längerdienende konnten sich glücklich schätzen, wenn sie mit 500 bis 600 Schilling nach Hause gingen.

26. September bis 10. Oktober 1950 Unruhen und Streiks.
Gegen Ende des Monats September machte sich plötzlich eine weit ausgedehnte Streikbewegung in NÖ bemerkbar, deren tiefere Ursache zweifellos durch die politische Lage in der sowjetischen Zone bestimmt war.
Als Anlass wurde das 4. Preisabkommen genannt, in Wahrheit war es aber vor allem ein versuchter Putsch der Kommunisten um in der russischen Zone, mit Unterstützung der roten Armee, über die Gewerkschaft, doch noch an die Macht zu kommen. So waren es vor allem die Arbeiter der USIA Betriebe die überall auftauchten und versuchten Postämter, Bahnhöfe und die Bezirkshauptmannschaften zu besetzen. Von den größeren niederösterreichischen Betrieben streikten ca. 15.000 Arbeiter.

Rückblick auf das Jahr 1950
Das Jahr 1950 hat für die Darstellung eine ganz besondere Bedeutung, weil in dieser Ära seitens radikaler kommunistischer Elemente versucht wurde, das österr. Regierungssystem zu stürzen und die kommunistische Partei mit der Führung der Regierungsgeschäfte zu befassen. Ein solches Vorgehen hätte die Umwandlung Österreichs von einem demokratischen Staat in eine Diktatur bewirkt. Da die sowjetische Besatzungsmacht das Treiben der kommunistischen Partei in jeder Weise unterstützte, aber auf die Sicherheitskräfte des Staates immer wieder hemmend einwirkte und ihre volle Entfaltung zur Hintanhalten dieser gesetzwidrigen Vorfälle hinderte, so hing die Möglichkeit den demokratischen Zustand zu erhalten im ganz besonderem Maße von der Haltung der Arbeiterschaft ab. Diese aber hat sich in einer jeden Zweifel ausschließenden Weise für die Erhaltung der demokratischen Staatsform mit Mut und Entschlossenheit eingesetzt und ihr ist es daher im besonderem Maße zu verdanken, dass sie im Zusammenwirken mit den bewaffneten Kräften des Staates, insbesondere der Gendarmerie, diesen gefährlichen Angriff auf unsere demokratische Verfassung abwehren konnte.
Der Umstand, dass es den staatlichen Machtmitteln an geschlossenen Verbänden, die sofort eingesetzt hätten werden können, im größten Maße mangelte, führt auch dazu, dass mit dem Ausbau der sogenannten **GENDARMERIE-ALARMEINHEITEN** begonnen wurde, um in Fällen besonderer Bedrohung der Staatssicherheit geschlossene Einheiten in Kompanie allenfalls Bataillonsstärke einsetzen zu können.

Seit der Befreiung Österreichs wurden in Ausübung des Dienstes **107** Gendarmeriebeamte getötet und **356** schwer verletzt. Die Gendarmeriebeamten waren Freiwild der sowjetischen Besatzungsmacht. Mit einem Fuß standen sie in Sibirien mit dem anderen Fuß im Grab, wie das anschließende Beispiel zeigt.

Meldung an Bundespräsident Dr. Karl Renner in Wien. (Foto Gend.-Museum)

Jänner 1957, Begräbnis Bundespräsident Theodor Körner, Ehrenspalier der Bundesgendarmerie.

Beide Bilder dieser Seite: Begräbnis Bundespräsident Theodor Körner.

Am Semmering war das Grand Hotel Panhans bereits wieder geöffnet und von Direktor Fischer, einem ehemaligen Offizier geführt, der sich beim Postenkommandanten VOGL beschwerte, dass die Gendarmen immer die Hauptstiege benützen, wenn sie im Hotel eine Amtshandlung hatten. Seiner Ansicht nach sollten sie den Lieferanteneingang benützen. Dies wurde aber von den jungen Beamten mit der Begründung abgelehnt, dass sie die Vertreter des österreichischen Staates wären und sich daher nicht durch einen Hintereingang zu schleichen brauchten.

Dann wurden sie wieder einmal zu einer Intervention in das Hotel Panhans gerufen. Drei betrunkene sowjetische Offiziere hatten einen größeren Wirbel angefangen. So begaben sich zwei Beamten in das Hotel, wo sie von den drei Russen sofort umringt wurden. Ein Offizier zog dem provisorischen Gendarmen Hermann EINFALT die Pistole aus der

Tasche, setzte sie ihm an die Brust und drückte ab, worauf es nur „Klick" machte. Der Russe gab die Pistole grinsend zurück und verschwand aus dem Hotel.

Hermann EINFALT hatte mit dem Leben bereits abgeschlossen und konnte sich nicht erklären, warum die Pistole die er ja geladen hatte, nicht losgegangen war. Bis er am Posten die Pistole zerlegte und feststellte, dass der Schlagbolzen gebrochen war.

13. Juni 1953 Aufhebung der sowjetischen Demarkationslinie für österreichische Staatsbürger.

Das Sowjetelement der Alliierten Kommission für Österreich hat mitgeteilt, dass sich die Vorteile, die sich aus der Auflassung der regelmäßigen Personenkontrolle an den sowjetischen Demarkationslinien ergeben, grundsätzlich nur auf österreichische Staatsbürger beziehen.

Hinsichtlich der nichtösterreichischen Staatsangehörigen insbesondere der Staatsangehörigen der drei westlichen Besatzungsmächte, bleiben alle derzeit bestehenden Vorschriften unverändert aufrecht.

Mit Erlass des Ernährungsamtes der Niederösterreichischen Landesregierung wurde die endgültige Auflassung sämtlicher Lebensmittelkarten mit 1. Juli 1953, welche mit Beginn des 2. Weltkrieges im Jahre 1939 eingeführt wurden, verfügt.

Rückschau auf das Jahr 1953

Auch im Jahr 1953 fanden zahlreiche Überfälle, besonders auf Frauen, durch Soldaten in russischen Uniformen, welche Räubereien und Notzuchtshandlungen vollführten, statt.

Vorladungen und Anordnungen zur Erstattung von Meldungen an die Bezirksgendarmerie- und Postenkommandanten, sowie an eingeteilte Gendarmeriebeamte wurden auch in diesem Jahr von den russischen Kommandanturen angeordnet. Immer wieder wurden Postenbesichtigungen durch sowjetische Offiziere vorgenommen und Personaldaten von Angehörigen der Gendarmerie angefordert. Ebenso erfolgten Anforderungen von Kraftfahrzeugen durch die russische Besatzungsmacht.

Was die Sicherheitsverhältnisse im Allgemeinen anbelangt, erfolgte weiterhin eine Konsolidierung der Verhältnisse.

III. Mein Weg zur Gendarmerie

Friedrich Brettner: Die Jahre vergingen und eines Tages war es soweit, dass ich die Pflichtschule absolviert hatte. Während ein Großteil meiner Freunde bereits nach dem vierten Schuljahr in die Hauptschule nach Gloggnitz fuhren, musste ich in Schottwien weiter in die Schule gehen, da wir das Geld nicht hatten und leider auch nicht die Bekleidung, denn meine Mutter mit ihrer kleinen Kriegerwitwenrente musste mich und meine Schwester ja auch noch ernähren. Jetzt kam erst so richtig zum Tragen, dass mein Vater leider nicht mehr aus dem Krieg zurückgekehrt war.

Der Familientradition folgend wollte ich natürlich Elektriker werden. Hatten doch meine Großeltern mütterlicherseits in Gloggnitz das erste Elektrogeschäft besessen. So trat ich gleich nach Schulschluss beim Elektrikermeister Leopold Hudolin in Schottwien in die Lehre ein. Unser Meister war ein geselliger Mann und auch kein Kostverächter was das Trinken betraf. Nur vor den Russen hatte er Angst, er war ja auch der ÖVP Obmann von Schottwien und traute den Russen nicht über den Weg. Wir mussten auch sehr oft in der russischen Kommandantur am Semmering arbeiten. Meistens schlugen die Russen die Nägel zum Bilderaufhängen in die elektrischen Leitungen ein, sodass es Kurzschlüsse zu jeder Tages- und Nachtzeit gab. Dann kam immer ein Jeep mit einem Wachposten mit MPi nach Schottwien um meinen Freund und Gesellen Sepp und mich zu holen. Zuletzt befand sich die Kommandantur im Hotel Post auf der Passhöhe. Arg war es nur, wenn wir in die Waffenkammer mussten um eine Leitung zu überprüfen, da mussten wir ihnen erst einmal alles genau erklären, dann wurden die Wachen verstärkt, da sah man ganz genau, dass sie uns nicht trauten und immer etwas fürchteten. Dabei hatten wir ja nur das Essen im Sinn. Diese Einsätze bei den russischen Besatzungstruppen hatten jedoch auch was Gutes. So gab es in der Vorratskammer der Kommandantur die besten Leckerbissen, natürlich nur für Offiziere. Obwohl wir dauernd bewacht wurden, gelang es uns fast immer eine Stange Wurst, Käse oder Fleisch zu ergattern. Wir hatten uns dafür einen Trick ausgedacht. Sepp stand auf der Stehleiter und beschäftigte sich mit den Drähten im Verteilerkästchen, in der Hand hielt er einen Seitenschneider, ich befand mich unter der Leiter mit dem offenen Werkzeugrucksack. So versuchten wir immer in die Nähe von etwas Essbaren zu gelangen, wo dann Sepp die Schnur schnell durchzwickte und die Stange Wurst in den von mir untergehaltenen Rucksack fiel, worauf ich schnell den Rucksack verschloss. Dieser Trick gelang uns immer, nur hatten wir dann leider kein Brot zum dazu essen und bekamen schrecklichen Durchfall.

Zu dieser Zeit gab es aber noch oft große Schwierigkeiten mit den russischen Besatzungstruppen, besonders dann, wenn sie betrunken waren. Dann mussten schnell alle Gasthäuser zusperren und jeder verließ so schnell er konnte die Straße. Aber eines Samstag abends war ich gerade im Ort Schottwien unterwegs zum Gasthaus Hoberstorfer um dort Tischtennis zu spielen. Das Gasthaus war verschlossen und nirgends in Schottwien brannte Licht, als plötzlich ein LKW voll betrunkener Russen um die Hirschkurve bog und beim Hoberstorfer stehen blieb. Dabei fielen manche Russen betrunken vom Wagen wobei sie mit ihren MPs andauernd herumfuchtelten und in die Luft schossen. Für mich gab es nur eines, so schnell wie möglich die Flucht zu ergreifen. So lief ich in das Gassl Richtung Gemeinde hinunter und weiter zur Hirschkurve, leider hatten aber einige der Russen meine Flucht bemerkt und verfolgten mich auf der Straße. Als ich Richtung Adlitzgraben einbog schossen sie mir noch mit der MPi nach, worauf ich mich rechts in den Straßengraben warf, da die Adlitzgrabenstraße ja nicht beleuchtet war getrauten sich die Russen auch nicht weiter, ich sprang in einer Feuerpause auf und rannte um mein Leben. Bei den Stadeln bog ich von der Straße ab und kletterte die Felsen zur Ruine Klamm hinauf und das alles bei stockdunkler Nacht, dabei war ich noch bedacht ja keinen Stein loszutreten, damit die eventuell mich verfolgenden Russen nicht hören konnten wo ich mich befand. Wer bei Tag diese Felsenwand sieht wird nur verwundert den Kopf schütteln, aber die Todesangst verleiht einem Menschen Kräfte, von denen er selbst keine Ahnung hat. Von Klamm hinunter zum Schaffer-Felsen war es nur mehr ein Spaziergang, wo ich mich auf die Lauer legte und unser Haus beobachtete. Aber bei uns blieb alles still, nur im Ort hörte ich noch eine Weile die betrunkenen Russen grölen und als sie endlich Richtung Semmering weiterfuhren, begab ich mich nach Hause und legte mich gleich schlafen. Nur von Schlaf konnte keine Rede sein, so aufgewühlt war ich. Was hatte ich vom Leben bis jetzt gehabt? Obwohl ich keinem Menschen etwas Böses angetan hatte, musste ich in diesen jungen Jahren bereits x-mal um mein Leben fürchten. Meine Mutter war am nächsten Morgen ganz verwundert, dass ich so zeitlich schon nach Hause gekommen war. Mein Erlebnis mit den betrunkenen Russen verschwieg ich ihr, sie hatte so schon genug Sorgen.

Meine Lieblingsbeschäftigung in der Freizeit war Fußballspielen, seit einiger Zeit spielte ich in der Jugendmannschaft vom SV Gloggnitz. Als ich dann in der Juniorenmannschaft war, fuhren wir mit einer NÖ Auswahl mit dem Zug nach Jugoslawien in die Städte Subotica und Novisad. Leider haben wir kein Spiel gewonnen.

Aber dann hatte ich noch eine heikle Situation zu meistern. In der Firma hatten wir in der Zwischenzeit ein Dienstmotorrad bekommen, nur war ich ja noch nicht 18 Jahre und hatte daher natürlich auch noch keinen Führerschein. Eines Tages, sonst war niemand da, musste ich dringend nach Gloggnitz zur Newag fahren. Beim Nachhause fahren, oh Schreck, hielt mich in der Semmering-Straße der Gendarmerie Rayonsinspektor Penetsdorfer in Uniform auf und fragte mich, ob ich ihn nach Schottwien zum Dienst mitnehmen könnte. Ich sagte sofort zu, obwohl mir dabei nicht ganz gut zu Mute war. In Schottwien vor dem Gendarmerieposten bedankte er sich recht herzlich bei mir und ich fuhr erleichtert zur Firma weiter. Gott sei Dank, war ich froh, dass alles so gut gegangen war.

Nach einiger Zeit, ich war in der Zwischenzeit bereits 18 Jahre alt geworden, bekam ich Post, dass ich zum Gendarmerieposten kommen sollte. Im Geist ging ich alles durch was ich in letzter Zeit angestellt haben könnte, aber beim besten Willen mir fiel nichts ein. So ging ich dann halt mit einem gewissen unguten Gefühl zum Gendarmerieposten. Dort empfing mich dann der Rayonsinspektor Penetsdorfer und erklärte mir, mein Führerscheinansuchen für PKW sei gekommen und ich habe 3 Fragen dazu zu beantworten, ob ich ein körperliches Gebrechen hätte, Alkoholiker oder süchtig sei, was ich mit ruhigem Gewissen verneinen konnte. Nun, nachdem ich blitzschnell die Antworten gegeben hatte, gab es für mich nur eines, raus aus der Postenkanzlei und das mit einem gewaltigen Herzklopfen. Aber als ich aus dem Haustor trat ging oben ein Fenster auf und Penetsdorfer fragte mich: „Ich habe vergessen, welche Nummer hat denn dein Motorradführerschein?" Ich rief ihm hinauf, dass ich ja noch gar keinen Führerschein habe und weg war ich. Penetsdorfer starrte noch einige Zeit mit offenem Mund aus dem Fenster heraus, dann schloss er das Fenster. Von diesem Zeitpunkt an machte ich um ihn immer einen großen Bogen.

Nach Abschluss meiner Lehre als Elektroinstallateur musste mich mein Lehrherr noch drei Monate behalten, das war gesetzliche Vorschrift. Es gab damals in den 50er-Jahren fast keine Arbeit und so wie mir erging es auch meinen Freunden Karl Klein nach der Schneiderlehre und Otto Dorfstätter nach der Tischlerlehre. Da wir drei alle nur eine Mutter und Geschwister hatten, gab es für uns nur eines – jede Arbeit annehmen. So bekamen wir Arbeit bei einer Gleisbaufirma aus Salzburg, die die Gleise der Semmeringbahn zwischen Eichberg und Klamm–Schottwien neu verlegte. Wir drei „Znirchterln" waren im Grunde für diese schwere Arbeit nicht geeignet Ich hatte bereits zwei Aufnahmegesuche, eines an die Bundesbahn und eines an die Gendarmerie geschrieben. Ungeduldig wartete ich jeden Tag auf die Post, dann endlich kam Post von der Bundesbahn. Ich hatte in zwei Wochen auf der Bahnmeisterei in Gloggnitz eine Aufnahmeprüfung abzulegen. An dem Tag waren dann ca. 50 Burschen in einem Saal und nach Grundrechnen und einem Aufsatz war die Prüfung beendet und wir wurden mit dem Hinweis verabschiedet, dass uns das Ergebnis per Post zugesendet wird. Kurz darauf musste ich auf dem Gendarmerieposten in Schottwien meinen Lebenslauf und ein Diktat schreiben, Gott sei Dank war Rayonsinspektor Penetsdorfer nicht am Posten. Das Ergebnis sollte ich mit der Post bekommen. Nun begann eine Wartezeit, während ich schon die Tage zählte, endlich Post von der ÖBB, ich bin aufgenommen und sollte mich am nächsten 1. um 8.00 Uhr in der Bahnmeisterei Gloggnitz einfinden. Jetzt war guter Rat teuer, eigentlich schlug mein Herz ja für die Gendarmerie. Was mache ich, auf gut Glück sagte ich bei der Bundesbahn ab, obwohl ich von der Gendarmerie noch kein Ergebnis hatte.

Mein Traumberuf

Dann endlich Post von der Gendarmerie, eine Vorladung zur Musterung/Prüfung. Auch dort waren wir so 20–30 Burschen. Nach einer Untersuchung und mündlichen Prüfung wurden drei an der Gendarmerieschule des Bundesministerium für Inneres in Wien III. Rennweg aufgenommen. Die meisten anderen Kollegen bekamen Einberufungen nach Graz, Klagenfurt, Innsbruck und Hörsching.

Mit 1. März 1955 rückte ich in die „Gendarmerieschule des Bundesministerium für Inneres" ein.

IV. Die „Rennweger“

Auf Grund der Oktoberunruhen entstand in der britischen Zone von Wien, in der alten Rennwegkaserne die Gendarmerieschule des Bundesministeriums für Inneres. In dieser Schule wurden die in Wien, Niederösterreich und Burgenland aufgenommenen Hilfsgendarmen in zweijährigen Kursen ausgebildet. Deren Aufgabe aber war vor allem der Schutz der österreichischen Regierung und alle repräsentativen Aufgaben durchzuführen.

Gendarmerie-Major Ferdinand Käs, Schulkommandant der Gendarmerieschule des Bundesministeriums für Inneres.

Ein eigenes Kapitel möchte ich der „Gendarmerieschule des Bundesministerium für Inneres“ in Wien III, Rennwegkaserne widmen und dabei als Grundlage den Bericht von Oberst Franz HESZTERA zitieren:

„Die Gendarmerieschule des BMI war im Gegensatz zur Entwicklung in den westlichen Bundesländern von Anfang an stets ein Bestandteil der normalen Gendarmerie.

Die österreichische Bundesregierung nützte nach den Unruhen die Besatzungszonen der westlichen Alliierten in Wien, um auch in Wien ein Bataillon kasernierter Gendarmerie aufzustellen. Die Aufgabe dieser Einheit sollte im Bedarfsfalle der Schutz der Bundesregierung in Wien sein.

Als am 11. Oktober 1950 die ersten 150 Hilfsgendarmen in der Kaserne eintrafen, stellte sich heraus, dass man fast nichts für ihre Unterbringung hatte vorbereiten können, denn die Kaserne war erst kurz vorher von der britischen Besatzungsmacht geräumt worden und sollte zu Wohnungen, an denen es damals in Wien mangelte, umgebaut werden. So musste in bewährter Weise improvisiert werden. Der Großteil der Hilfsgendarmen wurde für 14 Tage beurlaubt, ein Teil blieb zurück und baute mit den wenigen Beamten des Stabspersonals der ersten Stunde die Schule notdürftig auf. Schließlich konnte der Dienstbetrieb, anfangs mit nicht ganz zwei Kompanien, noch vor dem 1. November 1950 aufgenommen werden. Erster Kommandant der Schule war bis zum Jänner 1951 Stabsrittmeister Johann LUTSCHINGER und nach ihm Rittmeister Friedrich HOCK.

Im Jänner 1951 wurde Rittmeister Ferdinand KÄS Kommandant der Schule.

Der **Ferdl**, wie ihn die Beamten des Stabes und natürlich auch alle Hilfsgendarmen inoffiziell nannten, war für diese Aufgabe wie geschaffen. Durch seinen Kontakt zum Oberkommando der 3. Ukrainischen Front der Roten Armee, die er während des Endkampfes um Wien als Oberfeldwebel der Deutschen Wehrmacht im Auftrag der österreichischen Widerstandsbewegung gewonnen hatte, war er der sowjetischen Besatzungsmacht bekannt und wahrscheinlich weniger verdächtig als andere Gendarmerieoffiziere. Darüber hinaus war er ein ausgezeichneter Organisator und Soldat, was sich auf den raschen Ausbau der Schule, auf die Disziplin und den Zusammenhalt der Schüler sowie das Auftreten in der Öffentlichkeit sehr vorteilhaft auswirkte.

1955

Kommandant der Schule:	Gendarmerie-Major KÄS Ferdinand
Stellvertreter:	Gendarmerie-Rittmeister PIEGLER Johann
Adjutanten:	Gendarmerie-Rittmeister GRUBER Rudolf
	Gendarmerie-Rittmeister VRANA Ferdinand
	Gendarmerie-Oberleutnant WALDHERR Paul

Stand am 1. Jänner 1955: Leitende Beamte 11, Dienstführende Beamte 71, Eingeteilte Beamte 48, Vertragsbedienstete Schüler 91.

Noch heute hat die Bezeichnung **RENNWEGER** für jene Gendarmen, die durch diese Schule gingen und dort Pflichterfüllung, Manneszucht, echten Gehorsam und Kameradschaft lernen konnten, einen besonderen Klang.

Bald bestanden vier Kompanien und eine Technische Abteilung, mit Einschluss des Stammpersonals betrug der Personalstand etwa 600 Beamte, Offiziere, Unteroffiziere und Chargen des Bundesheeres der 1. Republik oder der Deutschen Wehrmacht.

Die Ausrüstung der Gendarmerieschule stammte durchwegs aus österreichischen Quellen, von alliierter Seite wurde nichts zur Verfügung gestellt. Die Bewaffnung bestand zunächst aus dem Stutzen M 95 „S“, System Mannlicher, samt Bajonett. Jede Kompanie verfügte aber auch über MG 42 und MPi 40, sowie anfänglich über verschiedene Typen von Faustfeuerwaffen. Jeder Beamte war außerdem mit einem Gummiknüppel ausgerüstet. Die Schule war vollmotorisiert mit Patrouillenwagen VW Käfer, VW-Kombitransportern und Mannschaftstransportwagen Steyr 380b. Die Uniformierung entsprach der Gendarmerie Uniformierungsvorschrift, mit wenigen Ausnahmen. Die als Ausbildner eingeteilten Hilfs- und Probegendarmen trugen ab 1953 das Bajonett mit Portepee, um ihre gehobene Verwendung kenntlich zu machen.

Später wurde für Einsätze ein Gendarmeriegrauer „Einsatz-Anzug" eingeführt, den man als Vorläufer des Kampfanzuges des SEG und der EE bezeichnen kann.

Neben einer besonders intensiven Exerzier- und Ordnungsdienstausbildung wurde auch die normale Grundausbildung in allen Unterrichtsfächern des Gendarmeriedienstes betrieben. Die Ausbildungszeit für Hilfs- und später Probegendarmen dauerte zwei Jahre. Bei entsprechender Eignung wurden die Schüler nach dieser Ausbildungszeit im Wege der Gendarmerie Zentralschule in Horn zu den Landesgendarmerie Kommanden ausgemustert. Insgesamt wurden bis 1963 etwa 1.500 Gendarmen ausgebildet.

Beide oben: Die Ausbildner der 1. Kompanie Rennweg-Schule, in der Bildmitte Chefausbildner Kontrollinspektor Hofmann.

Gruppe beim Exerzieren „Fällt das Bajonett".

Gendarmerieschüler, eingeteilt zum Arbeitsdienst.

Alle drei Bilder rechts: Ganginspektionen im Kompaniebereich.

Oben links: Musterkastenordnung in der Rennweg-Kaserne; rechts: Gendarmerieschüler Adolf Weisgram.

Eine Zimmerbesatzung.

Zur Wachablösung angetreten – links Wachkommandant Johann Jagesberger, ganz rechts der Autor.

Die 3. Kompanie Rennweg-Kaserne.

Links: Schikurs der 3. Kompanie, ganz rechts Josef Kappel.

Rechts: Staatsbesuch in der Rennweg-Kaserne – Wache angetreten.

Beide links: Zillenausbildung am Donaukanal und an der Donau.

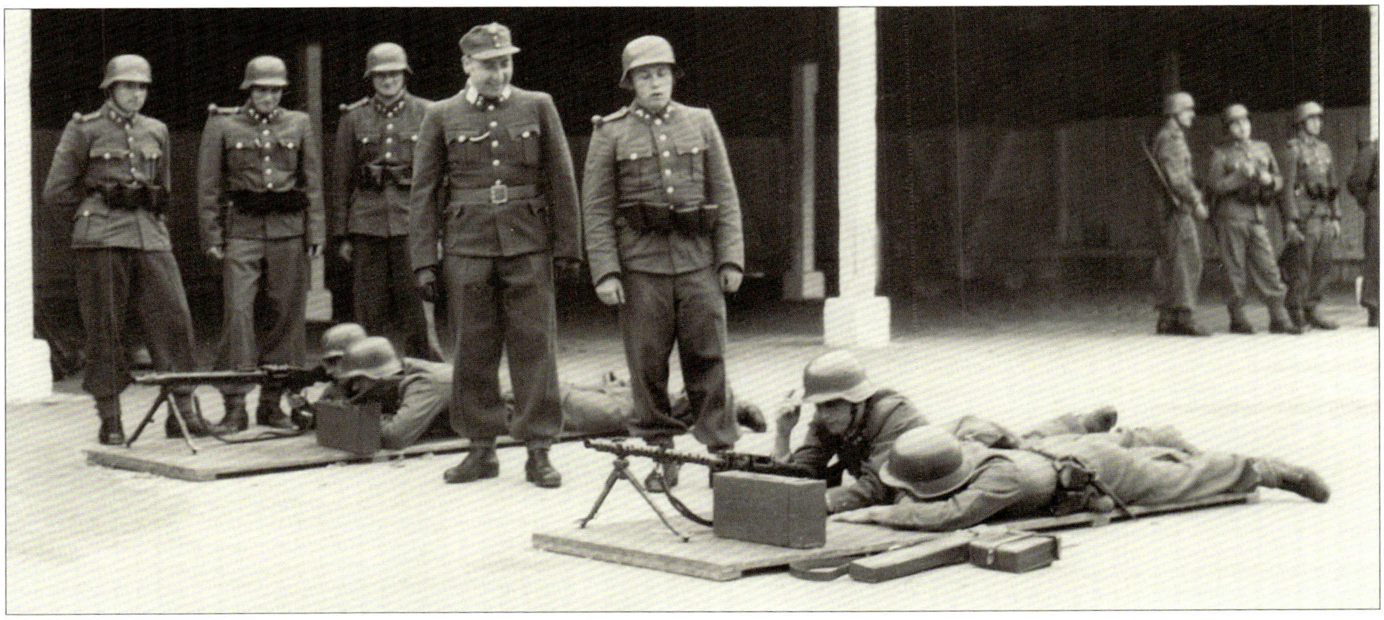

Ausbildung am MG 42 und MG 34, Rennweg-Kaserne

4. Kompanie in Meidling.

Beide links: Gendarmerieschüler in der Kaserne Meidling

Wachablösung in der Kaserne Meidling

Gendarmerie-gedenktag in der Kaserne Rennweg.

Links und Mitte: Gendarmerie-gedenktag in der Kaserne Rennweg.

Gedenkfeier 1949 am Heldenplatz, 100 Jahre Bundes-gendarmerie. (Foto: Gend.-Museum)

Diese Seite: Gedenkfeier 1949 am Heldenplatz, 100 Jahre Bundesgendarmerie. (Fotos: Gend.-Museum)

Die Gendarmerieschule Rennweg, 1. und 3. Kompanie, stellten bei den Staatsvertragsverhandlungen am Sowjetischen Flughafen Vöslau die Ehrenkompanien.

Beide Fotos: Aufmarsch der Ehrenkompanie Gendarmerieschule Rennweg. Bundeskanzler Raab und eine Regierungsdelegation flogen am 11. April 1955 nach Moskau.

Bundeskanzler Ing. Julius Raab schreitet mit Schulkommandant Major Käs die Front der Ehrenkompanie ab.

Links: Bundeskanzler Ing. Julius Raab in seinem Dienstauto.

Rechts: Am 15. April 1955 wird die bei den Staatsvertragsverhandlungen erfolgreiche österreichische Regierungsdelegation von Moskau zurück erwartet.

Ehrenkompanie am 13. Mai 1955 zum Empfang des sowjetischen Außenministers Molotow angetreten.

Beide Bilder: Die Außenminister Molotow und Figl schreiten die Front der Ehrenkompanie ab.

Meldung des Kommandanten der Ehrenkompanie Major Ferdinand Käs an Außenminister Molotow.

Die österreichische Regierungsdelegation mit Bundespräsident Schärf, Bundeskanzler Raab und Staatsekretär Kreisky (links hinten) bei der Verabschiedung von Molotow.

17. Mai 1955, Aufmarsch der Ehrenkompanie 1. und 3. Kompanie Rennweg-Kaserne zur Verabschiedung des sowj. Außenministers Molotow.

Der sowjetische Außenminister Molotow startet nach der Unterzeichnung des Staatsvertrages Richtung Moskau – ***Österreich war frei!***

Sowjetischer Flughafen Vöslau – Staatsbesuch des indischen Ministerpräsident Jawaharlal Nehru, 26. Juni 1955.

Rechts: Aufmarsch der Ehrenkompanie.

Der Ehrengast schreitet mit Bundeskanzler Julius Raab und Gendarmeriemajor Käs die Ehrenformation ab.

Amerikanischer Flughafen Tulln – Langenlebarn. Die Ehrenkompanie der Gendarmerieschule Rennweg zum Empfang des amerikanischen Außenministers Foster Dulles zur Staatsvertragsunterzeichnung.

Links: Die Ehrenkompanie ist zum Empfang angetreten.

Der amerikanische Außenminister verlässt seine viermotorige Sondermaschine.

Abzug des letzten amerikanischen Soldaten am Freitag, den 30. September 1955 vom Fliegerhorst Langenlebarn.

Bilder links: Aufmarsch der Ehrenformation, 3. Kompanie Rennweg-Kaserne.

Rechts, Mitte links: Flaggenparade, die amerikanische und österreichische Hymne werden gespielt – Die Ehrenkompanie „präsentiert das Gewehr".

Mitte rechts, unten links: Die US-Fahne wird eingezogen und dem letzten amerikanischen Flugplatzkommandant Major Rybos überreicht.

Unten rechts: Die beiden Ausbilder der 1. Kompanie Alfred Paukerl und Josef Kessler schreiten zum Fahnenhissen.

Die österreichische Fahne wird aufgezogen.

Rechts und Mitte links: Der letzte US-Flugplatzkommandant übergibt den Flugplatz an den Landesgendarmeriekommandant von Niederösterreich, Oberst Krail (4. v. li.).

Mitte rechts und unten: Der letzte US-Soldat auf österr. Boden verladet sein Gepäck, die Maschine, eine Douglas C-47, ist startklar. Nach zwei Ehrenrunden über dem Gebiet um Langenlebarn ging es in Richtung einer US-Airbase in Deutschland.

Auszüge aus der Chronik der Gendarmerieschule des Bundesministerium für Inneres – Rennweg:

17. Jänner 1955 Einberufung und Überstellung von 19 Gendarmerie Bewerbern am 19. 1. zu den Gendarmerieschulen Tirol I und Vorarlberg (B-Gendarmerie).

3. Februar 1955 Österreichische Bundesskimeisterschaften am Semmering – Sichheits- und Absperrdienst.

27. März 1955 Höhenstraßenrennen Schulabteilung: Sicherheits- und Absperrdienst.

11. April 1955 Abflug der österr. Regierungsdelegation nach Moskau vom sowjetischen Militärflughafen Vöslau.

15. April 1955 Rückkehr am sowjetischen Militärflughafen Vöslau der Delegation aus Moskau. Stellung der Schulehrenkompanie und Absperrdienste.

13. Mai 1955 Ankunft und Abflug des sowjetischen Außenministers Molotow vom sowjetischen Flughafen Vöslau aus Anlass der Unterzeichnung des Österreichischen Staatsvertrages. Stellung einer Ehrenkompanie.

15. Mai 1955 Motorradrennen in der Stadt Baden. Sicherheits- und Absperrdienst.

26. Juni 1955 Ankunft des indischen Ministerpräsidenten Pandit Nehru am Flughafen Vöslau. Stellung einer Ehrenkompanie.

1. Juli 1955 Beförderungen Gendarmerie Oberleutnant Wünsch Otto zum Gendarmerie Rittmeister.

Bis zur Zeit des Staatsvertrages hatte die Gendarmerieschule des BMI in Niederösterreich und zum Teil auch in Wien sehr erfolgreich jene repräsentativen Aufgaben wahrgenommen, die heute dem Bundesheer zukommen.

Neben der großen Parade vor Bundespräsident Dr. Körner wurden Trauerkondukte für hohe Staatsfunktionäre sowie Ehrenkompanien gestellt, wie etwa für den amerikanischen und den sowjetischen Außenminister, den indischen Ministerpräsidenten und schließlich 1955 als letzter Höhepunkt für die erfolgreich aus Moskau heimkehrende Regierungsdelegation unter Führung von Bundeskanzler Raab.

15. Juli 1955 Vorsprache des Schulkommandanten Major Käs beim Gendarmerie Zentralkommandanten General Dr. Josef Kimmel, um über den Bestand der Schule Klarheit zu erhalten. Entscheidung des Gendarmerie Zentralkommandanten: Die Schule bleibt weiterhin bestehen.

27. Juli 1955 Inkrafttreten des Österreichischen Staatsvertrages – Kaserne Beflaggung.

16. August 1955 Vorübergehende Verlegung der Gendarmerie Zentralschule von Horn in die Rennwegkaserne bis zur Freimachung der von den Sowjets besetzten Objekte in Mödling.

17. September 1955 Stellung eines Wachkommandos der 1. Kompanie in das freigewordene Gebäude der Gendarmerie-Zentralschule Mödling.

19. September 1955 Ausbildungskurs im Zillen fahren und Schwimmen für die Schüler der Kaserne.

10. Oktober 1955 Katastropheneinsatz: Bergung und Bewachung eines in der Höhe der Josefinenhütte abgestürzten jugoslawischen Verkehrsflugzeuges, unter dem Kommando von Gendarmerie Rittmeister Gruber.

22. Oktober 1955 125 Jahr-Feier der Zollwache: Ausrückung einer Ehrenkompanie unter dem Kommando von Gendarmerie Rittmeister Piegler.

19. November 1955 Benützung des Schießplatzes Süßenbrunn durch die Schule.

22. November 1955 Einführung der Uniformbluse mit offener Kragenfasson, Hemd und Krawatte.

25. Dezember 1955 Skispringen auf dem Semmering: Sicherheits- und Absperrdienst.

1955 wurden über die Gendarmerieschule des Bundesministeriums insgesamt 176 Bewerber für die B-Gendarmerieschule in den westlichen Bundesländern einberufen und überstellt.

Die Chronik der Gendarmerieschule des Bundesministeriums für Inneres endet mit dem Datum 25. Dezember 1955.

Diese und nächste Seite: Wien, Heldenplatz, 125 Jahre Österreichische Zollwache, 23. 10. 1955.

Rechts und unten: Marsch der Gendarmerie-Ehrenkompanie (1. Kompanie, Rennwegschule) über die Ringstraße zum Heldenplatz.

Oben, links: Aufstellung der Ehrenkompanie am Burgplatz.

Unten: Defiliermarsch vor der Bundesregierung über den Burgplatz.

Anfang 1955 war in der Rennwegkaserne, zu diesem Zeitpunkt nur die 3. Kompanie im Mitteltrakt voll aufgefüllt. Kompaniekommandant war Oberleutnant Paul WALDHERR, Spieß Revierinspektor CALUPSKI.

Ehemalige Rennweger, eingerückt 1954 und 1955 erinnern sich noch heute.

KAPPEL Josef Abtlnsp i. R. Jahrgang 1934: „Ich kam im Jahr 1954 zur damaligen 3. Kompanie, Kompanieführer Oberleutnant Paul WALDHERR; Spieß war Revlnsp CALUPSKI.

Schon die Aufnahme bildete ein Ausnahmekriterium, so wurden nach der Prüfung und Untersuchung von meistens 30 Bewerbern nur 3–4 als A-tauglich genommen und die anderen B-tauglichen kamen nach Westen zur B-Gendarmerie und zwar über die in der Rennwegkaserne befindliche Abteilung 5 Sch. Aber auch für uns am Rennweg war nicht klar ersichtlich wohin wir einmal gehören würden.

Gendarmerieschüler Josef Kappel.

Da es im Osten noch kein Militär gab, war unser Dienst vor allem militärisch ausgerichtet und so gab es tagtäglich exerzieren und wieder exerzieren wobei jede Menge Gewehrgriffe geklopft wurden, dann wieder Waffenkunde. Zum Teil gab es an den Nachmittagen auch Unterricht über Waffengebrauch und Dienstinstruktion. Die Ausbildung war sehr streng und wer nicht spurte, der konnte seine Koffer packen. Die Offiziere und Chargen kamen ja alle vom deutschen Militär.

Wir erhielten am Donaukanal eine Zillenausbildung. Für die Alpinausbildung hatten wir im Winter am Semmering einen Schikurs und die Rettungsschwimmer Ausbildung erfolgte zum Teil im Dianabad. Für den Sport verantwortlich war Revlnsp Tolloschek.

Eines Tages im Frühherbst befahl Revlnsp Tolloschek eine Übung für die Rettungsschwimmer und zwar im Schwimmbecken in der Rennwegkaserne. Dazu muss ich noch erwähnen, dass dort das Wasser immer sehr kalt war und an diesem Tag war es schon besonders kalt. Das Wasser aus dem Becken sollte schon abgelassen werden. Nachdem wir bereits 2 Stunden geübt hatten mussten wir einen Kameraden, der ganz blau im Gesicht und bereits bewusstlos war, aus dem Wasser ziehen. Wir erklärten, dass wir nicht mehr in dieses kalte Wasser gehen. Worauf Tolloschek uns den Befehl gab sofort wieder in das Wasser zu gehen. Obwohl vorher alle erklärten nicht mehr hineinzugehen, blieben nur insgesamt 6 Mann und ich standhaft und verweigerten den Befehl. Das gab natürlich einen Riesenwirbel und wir mussten uns zum Schulrapport melden. Vom Schulkommando kam dann Rittmeister GRUBER hielt der gesamten Kompanie eine Standpauke und wir 7 mussten nach rechts raustreten und wurden nachher in der Kompaniekanzlei einzeln einvernommen. Dabei wollten sie unbedingt den Rädelsführer erfahren. Wir erklärten aber immer wieder, dass es keinen Rädelsführer gibt und wir alle das gleiche wollten und hatten daher unseren älteren Kameraden Gabriel als Sprecher bestimmt. Man wollte uns zuerst wegen Befehlsverweigerung entlassen als man aber feststellte, dass die Wassertemperatur nur 14 Grad betragen hatte und auch Revlnsp Tolloschek nicht den Vorschriften entsprechend gehandelt hatte, wurde uns folgendes Urteil verkündet: Von der Entlassung ist wegen der niedrigen Wassertemperatur abgesehen worden, aber jeden Tag ist über das Thema „Selbstbeherrschung als Grundlage der Disziplin" eine schriftliche Arbeit abzugeben. Außerdem bekamen wir 4 Wochen Ausgangssperre. Nachdem wir zwei Arbeiten abgegeben hatten wurden sie uns von Revlnsp Koch korrigiert zurückgegeben, so dass wir jeden Tag vier Themen schreiben mussten. Diese Schikanen waren ärger als in einer Strafkompanie. Aber wir mussten sie ja erdulden, Arbeit gab es keine und uns wurde ja bei der geringsten Widerrede gesagt, wir haben sie ja nicht gerufen, sie können ja wieder hingehen, von wo sie hergekommen sind. Außerdem stehen ja schon 50 andere vor der Tür.

Tagwache war jeden Tag um 6.00 Uhr anschließend Frühsport, Körperpflege, Bettenbauen, Frühstück, nach der Befehlsausgabe begann der Dienst bis 17.00 Uhr. Aber dann gab es noch die besonderen Appelle – Raustreten mit Marschgepäck, alles musste im Rucksack sein, dann in 5 Minuten antreten in Sportbekleidung, wieder in 5 Minuten antreten in der Ausgangsuniform, hatte man die geringste Kleinigkeit vergessen gab es Ausgangssperre für das Wochenende. Auch das Packen des Tornisters mit der gerollten Decke war eine eigene Wissenschaft. Wenn man keinen Dienst hatte war Ausgang bis 22.00 Uhr. Dann gab es noch den Zimmerdurchgang bei dem der Revlnsp vom Dienst noch den Hockerbau kontrollierte. Einer der Ausbildner hatte es besonders mit der Fußpflege. Bemerkte er bei einem Kameraden Fußgeruch, hob er die Decke und der musste sich dann noch im eiskalten Wasser die Füße waschen. Warmes Wasser gab es nur am Samstag zum Brausen. Nur bei besonderen Anlässen wie Theaterbesuche konnte man um Überzeit bis 24.00 Uhr ansuchen. Samstag am Vormittag war Waffen- und Stubenreinigung anschließend Zimmerappell. Wenn dann keine Beanstandung war konnte man den Absentierungsschein für das Wochenende in Empfang nehmen und um 13.00 Uhr war Dienstschluss.

Ich war meistens zum Wochenende in einer privaten Kapelle als Trompeter tätig da gab es dann die größten Schwierigkeiten, wenn ich Ausgangssperre hatte. Wir haben dann auch in unserer Kompanie eine kleine Musikkapelle ins Leben gerufen.

Links, Mitte, unten links: Gendarmerieschüler als Filmstatisten, Film „Deutschmeister“.

Unten: Filmstatisten „Der Kurfürst“.

Diese Seite und nächste Seite oben: Gendarmeriegedenktag – Defilierung am Rennweg und Landstraßer Hauptstraße.

Platzkonzert der Gendarmeriemusik.

Aber es gab auch einige lustige Stunden, wenn wir dann bei einem Kompanieabend unsere Lehrer und vor allem die Ausbildner so richtig verreißen konnten. Da wurde dann gedichtet über den Higerl Giesswein auch „Roter Bill" genannt: *Ein Ausbildner und von Format das ist der Giesswein in der Tat. Es gibt nur eines was ihn freut, das ist der Dienst und unser Leid.*

Über den Higerl Schwarz: *Es fehlt uns noch ein junger Mann, wir nennen ihn den Schwarz Johann. Er ist zwar noch nicht alt an Jahren doch mangelt es ihm schon an Haaren.*

Im Jahr 1955 ging es sehr turbulent zu. Mehrere Einsätze im Erdölgebiet im Raum Gänserndorf. Ein Güterzug sollte entladen werden aber die Erdölarbeiter hatten sich mit Holzlatten und Eisenstangen bewaffnet und den Zug besetzt. Unsere Einsatzfahrt war sehenswert. Voraus ein PKW mit dem kommandierenden Offizier mit Stahlhelm, anschließend unsere Mannschaftstransporter und den Abschluss bildete ein VW-Bus. Wir alle mit Kampfanzügen und Stahlhelmen, bewaffnet mit Karabiner M 95 und MPi 40, Gummiknüppel und Bajonett. Aussteigen durften wir vorerst nicht, nur unsere Offiziere und Chargen die dabei angespuckt und als Arbeitermörder beschimpft wurden. Am nächsten Tag fuhren wir wieder hinaus, vorher mussten alle ihre Distinktionen ablegen, damit die Vorgesetzten von uns nicht zu unterscheiden waren. Dann mussten wir in Gänserndorf unsere Waffen ablegen und durften nur den Gummiknüppel und das Bajonett behalten. Die USIA Arbeiter hatten mit Autobussen von Wien Verstärkung herangebracht und unsere Kompanie stand damals einer 10 fachen Übermacht gegenüber. Doch dürfte der Streit am Verhandlungstisch gelöst worden sein.

Jetzt im Jahr 1955 wurde uns auch bewusst, warum wir so viel Exerzieren und Gewehrgriffe üben mussten. Jetzt kam unsere Zeit wo wir zeigen konnten was in uns steckte, so stellten wir bei den Staatsvertragsverhandlungen bei Abflug und Ankunft der verschiedenen Delegationen die Ehrenkompanie. Auch bei Paraden marschierten wir über den Heldenplatz und über die Landstraßer Hauptstraße. Wir waren damals die Paradesoldaten der Regierung und somit die Vorgänger der heutigen Garde.

Der Autor **BRETTNER Friedrich**, BezInsp i. R., Jahrgang 1935:

Mit 1. März 1955 rückte ich zur 1. Kompanie ein, Kompaniechef war Rittmeister Ferdinand VRANA, Spieß RevInsp Franz BOJA, Waffenausbildung Revierinspektor Obermüller, Verwaltungsrecht Revierinspektor Eschlmüller und Dienstinstruktion und Strafrecht Kontrollinspektor Hofmann. Zuerst waren wir nur ein Zug, erst im Laufe des Jahres rückten der 2. und 3. Zug ein. In der Kaserne herrschte damals noch die ehemalige 08/15 Disziplin. Waren doch alle Offiziere und Unteroffiziere noch vor kurzem in der deutschen Wehrmacht gewesen. Wer sich dieser Disziplin nicht unterordnen wollte, der konnte gleich wieder gehen, denn der damalige Slogan lautete: Sie brauchen nur zwei Zeilen zu schreiben und ihren Koffer packen, denn vor der Tür stehen schon 50, die herein wollen. Beim Ankerbrot bekommen sie auch eine Uniform! Was auch stimmte, denn es gab fast keine Arbeit und jeder war froh, irgendwo unterzukommen.

Am Rennweg war zu diesem Zeitpunkt nur die 3. Kompanie voll aufgefüllt.

Der Alltag sah dann so aus, fast jeden Tag im Kasernenhof exerzieren bis zur Vergasung, was aber auch einen Sinn hatte, nur konnten wir den damals nicht verstehen, wir wurden eine verschworene Gemeinschaft.

Am Kasernenhof herrschte Kontrollinspektor Hofmann 1. Kompanie, von uns wegen seiner geringen Körpergröße nur „Meterfünf" genannt, aber dafür hatte er eine gewaltige Stimme.

Wenn dann auch noch die 3. Kompanie im Hof war und deren Schleifer PLATZEK (Anton Giesswein auch „Roter Bill" genannt) brüllte, dann ging es rund: „Laufen sie 5 Runden sie Mündungsschoner"! „Linkes Ohr tiefer, Brust heraus, Mann wie stehen sie mit ihren Latschen da"! „Gruppe Laufschritt, voller Lauf"! „Kompanie ein Lied – Kehr ich einst zur Heimat wieder"! Unsere Ausbildner waren der Nitsche Helmut, Preineder Pepi, Kessler Pepi, Pauckerl Alfred und der Pichhöfer Otto.

Waffenhandhabung und „Großer Ordnungsdienst" waren unsere Hauptausbildungsfächer. Nachher kam dann noch die Dienstinstruktion dazu und erst nach Abschluss des Staatsvertrages begann das Lernen der erforderlichen Gesetze.

Nachdem im Laufe des Jahres die Kompanie voll aufgefüllt war, wurden einige von unserem 1. Zug Hilfsausbildner, bei der Telefonvermittlung sowie als Melder beim Schulkommando eingesetzt. Als gelernter Elektriker wurde ich in der Vermittlung und beim Schulkommando eingesetzt. Dabei hatte ich einmal ein folgenschweres Erlebnis zu überstehen.

General Dr. KIMMEL war privat, telefonisch nur über die Vermittlung der Rennwegkaserne zu erreichen. Nun einer meiner lieben Kameraden rief mich eines Abends in der Vermittlung an, gab sich als General Kimmel aus und verlangte seine Wohnung. Nachdem ich zuerst herumgestottert hatte, ich hatte mit dem Herrn General ja noch nie etwas gesprochen, hörte ich mehrere bereits laut lachen, nun wusste ich, man hatte sich einen Spaß erlaubt, worauf auch ich in das Lachen einstimmte. Nun nach zwei Diensttouren meldete sich wieder ein General KIMMEL, worauf ich antwortete: „Und hier spricht der Kaiser von China" und legte auf. Bereits kurz darauf erschien der zur Kaserneninspektion eingeteilte RevInsp Obermüller und ich erhielt einen Anschiss der sich gesehen hatte, es war leider der richtige General am Telefon gewesen.

Nun am nächsten Morgen musste ich um 8.00 Uhr mit Stahlhelm adjustiert zum Schulrapport bei Major KÄS. Ich war auf einiges gefasst, zuerst brüllte er mich ca. 5 Minuten an, dann erklärte er mir mit ganz ruhiger Stimme, ich solle besser auf die Stimmen achten und als Strafe müsse ich jetzt seinen Dienst-VW waschen. Ich war natürlich heilfroh so gut davongekommen zu sein. Hatte ich doch schon befürchtet eine gewaltige Ausgangssperre zu bekommen.

Großer Ordnungsdienst und Waffenhandhabung waren unsere Hauptausbildungsfächer und die lernten wir bei Revierinspektor Obermüller sehr gründlich. Wenn einer eine Waffe auf einen anderen richtete, da konnte er so richtig wild werden und das bei einer Größe von so ca. zwei Meter. Einer seiner Sprüche lautete: „Der Teufel schläft nicht, auch ein Besenstiel kann losgehen!“ An diese Worte musste ich später noch mehrmals denken, nachdem es in meiner unmittelbaren Umgebung gekracht hatte.

Gendarmerieschüler Friedrich Brettner.

Als ich meinen Führerschein für A- und B-Gruppe bereits hatte und zum Wochenende zu Hause war traf ich Rayonsinspektor Penetsdorfer in einem Gasthaus in Schottwien, wo er dann die Geschichte wie er mit einem Motorradfahrer ohne Führerschein mitgefahren war, zum Besten gab und alle, auch er, recht herzlich lachten, denn sowas war ihm in seiner langen Gendarmeriedienstzeit nicht untergekommen. Schon damals stand für mich fest, dass auch ich zur Gendarmerie gehen werde und kurz darauf hatte ich bereits die graue Uniform an.

Eine schöne Abwechslung war immer wenn wir mit der 3. Kompanie zu Filmaufnahmen fuhren. Deren Chef Oberleutnant Waldherr hatte gute Beziehungen zu den Filmteams. So waren wir als Statisten in den Filmen: „Deutschmeister“, „Der Kongress tanzt“, „Der Manöverzwilling“, „Oberst Redl“, „Der letzte Akt“ und noch einige mehr, oft mehrere Tage beschäftigt. Pro Tag erhielten wir 100 Schilling, 1 Paar Würstel und ein Getränk. Das Geld war eine willkommene Aufbesserung unseres Gehaltes von 750 Schilling.

Die andere Abwechslung war, die Stellung einer Ehrenkompanie beim Empfang oder bei der Verabschiedung von Regierung und ausländischen Ehrengästen. Es gab ja noch kein Bundesheer. Da wurden dann die besten Exerzierer der 3. und 1. Kompanie zu einer Ehrenkompanie zusammengefasst. Aber auch bei Paraden stellten wir die Ehrenkompanie der Gendarmerie.

So auch bei einem Jubiläum der Zollwache, wo die Ehrenkompanien der Zollwache, der Justiz, der Polizei und der Gendarmerie vom Burgtor heraus an der gesamten Bundesregierung und den ausländischen Diplomaten vorbei defilierten. Während die anderen Exekutiveinheiten alle Gummisohlen, wir aber genagelte und an den Fersen mit Eisen versehene Schuhe anhatten, war dieses defilieren im Parademarsch ein Triumph für unsere Kompanie. Auch hatte unser Ferdl (Major Käs) durchgesetzt, dass nicht der Gendarmeriemarsch sondern der Schönfeldmarsch gespielt wird. Der natürlich so richtig zum Parademarsch in die Knochen ging. Die Wiener Bevölkerung brach in Jubel aus. Waren wir doch zu dieser Zeit die einzige uniformierte Sondereinheit der Regierung in Wien.

Vor allem die Ehrenkompanien anlässlich der Heimkehr der österreichischen Delegation aus Moskau, sowie die Ankunft des sowjetischen Außenministers Molotow am Flugplatz Vöslau und dann die Verabschiedung der letzten amerikanischen Einheit vom amerikanischen Flugplatz Langenlebarn werden immer ein bleibendes Erlebnis sein.

Mit dem Abschluss des Staatsvertrages begann bei uns das große Rätselraten, was wird mit uns geschehen, kommen wir auch zur B-Gendarmerie oder sind wir bei der richtigen Gendarmerie. Nachdem diese Unruhe auch von unseren Vorgesetzten bemerkt worden war und auf unsere Fragen wurde uns dann endgültig erklärt, dass wir natürlich alle richtige Gendarmen werden.

Dann noch ein besonderer Einsatz im Oktober. Die von den Russen geräumte Gendarmeriezentralschule in Mödling mussten wir nach deren Abzug rund um die Uhr eine Woche lang bewachen. Unsere Unterkunft hatten wir im ehemaligen Wohnhaus. Wachkommandant war Kontrollinspektor Popp. So mussten dann immer 4 Stunden lang, 3 Posten ihre Runden um diese drei Gebäude drehen. Natürlich standen wir in der Nacht auch öfters in der Kreuzungsmitte zusammen, da diese 3 Gebäude ja durch Straßen getrennt waren. Ein ziemlich öder Dienst, denn wir fragten uns, was wir denn da zu bewachen haben, die Russen hatten ja alles was nicht niet- und nagelfest war mitgenommen. Aber Dienst ist Dienst und zur Abwechslung schossen wir halt öfters in der Nacht mit unseren Karabinern, was natürlich unseren Kontrollinspektor auf die Palme brachte, musste er doch dann immer eine Meldung schreiben. Zu dieser Zeit war in Mödling noch die Wiener Sicherheitswache und in der Nacht kam auch öfters der zuständige Rayonsposten vorbei und brachte uns Äpfel oder Birnen aus einem Garten mit. Kurz vor dem Wochenende sahen wir in der Nacht plötzlich das Licht im Zimmer des Kontrollinspektors angehen und neugierig schlichen wir zum Fenster um zu sehen, ob er sich anzieht um uns zu kontrollieren. Aber nein er nahm seinen Pantoffel sprang mit Nachthemd und langer Unterhose, unten zugebunden, auf das Bett und schlug mit dem Pantoffel gegen die Mauer. Es war an diesem Tag bereits sehr kalt und wir hatten erstmals eingeheizt. Wir konnten uns nicht erklären was er denn hatte. Aber als wir dann einrückten und ich ihm die Wache ohne Vorfälle zurückmeldete, schrie er plötzlich, was keine Vorfälle, Wanzen, Wanzen haben wir, schaut mich an und zeigte dabei auf seine Arme. Nun, zuerst konnten wir das Lachen fast nicht zurückhalten, wir hatten ja in unserem Zimmer nicht eingeheizt.

Als wir aber am Samstag endlich wieder am Rennweg einrückten, mussten wir zuerst in den Waschraum und uns dort nackt ausziehen, dann wurden wir vom Sanitäter besprüht und unsere Uniform bekamen wir erst später wieder zurück. So blieb uns nur mehr ein freier Sonntag nach dieser langen Woche.

Gendarmerieschüler Adolf Weisram und als späterer Gendarmeriebezirkskommandant von Wiener Neustadt.

WEISGRAM Adolf Oberstleutnant i. R. Ich bin am 31. Jänner 1951 in Wien, in die Rennwegkaserne zur Gendarmerie Schulabteilung eingerückt. Begonnen hat es mit Arbeitsdiensten, im Kasernenhof Gras zupfen, Betonierungsarbeiten, Haus- und Kasernenhofarbeiten, Autowaschen. Auch in der 3. und 4. Kompanie waren einige Leute eingerückt. Erst am 1. September 1959 hat der Kurs bei der 1. Kompanie begonnen, nachdem auch die Leute aus den anderen Kompanien dazu gekommen waren, dabei waren Leute auch aus den anderen Bundesländern. In unserer Kompanie war Kommandant Rittmeister Vrana, Spieß der Wunsch Richard, Bojer, Eschlmüller und Weiss waren Lehrer, unsere Kompanie bewohnte den Landstraßer Trakt.

Als ein Schüler zu spät und angeheitert einrückte und noch den Posten beleidigte, legte ihm der Kommandant nahe freiwillig auszutreten, denn sonst müsste er ihn feuern, worauf dieser seinen freiwilligen Austritt einreichte, aber durch die Protektion seiner Tante aus dem Innenministerium bei einer anderen Einheit einrücken durfte.

Ich bin dann in der Fologe auf den Posten Altenmarkt gekommen.

V. Niederösterreich

Die sowjetische Besatzungsmacht, vertreten durch die Militärkommandanturen, zeigt immer besonderes Interesse für die Gendarmerie, immer wieder mussten unzählige Listen mit Personaldaten vorgelegt werden.

Eine solche Liste mit Namen, Dienstgrad, Dienstort, Wohnort, Gendarmerieausbildung, Dienstleistung in der deutschen Wehrmacht, Waffen und Munition sollte über Weisung der Sowjetkommandantur Neunkirchen bis zum 19. Jänner 1954 vorgelegt werden. Über Intervention der Bundesregierung unterblieb erstmalig die Überreichung der Listen.

Am **28. September 1950** um 14.00 Uhr traten ca. 800 Arbeiter der Nord- und Süd-Rampe des Semmering-Tunnelbaues in den Streik. Für Notstandsarbeiten wurden 30 Arbeiter auf der Süd-Rampe zurückgelassen. Für 14.00 Uhr des 28. September 1950 wurde im Hotel Stefanie am Semmering eine Versammlung der streikenden Arbeiter abgehalten, die gegen 17.00 Uhr ohne Zwischenfall beendet wurde. Der offenbar von kommunistischen Funktionären in Szene gesetzte wilde Streik wird bis 2. Oktober 1950 fortgesetzt.

Auswanderer 1950 Im Verlauf des Jahres wurden unter Gendarmeriebewachung per Bahn insgesamt 18.759 jüdische Auswanderer, zumeist aus Polen, Ungarn und der Sowjetunion mit dem Reiseziel Palästina nach Tarvis geschleust.

Unruhen und Streiks. Beginn am 26. September bis 10. Oktober 1950 die Kommunistische Partei wollte an die Macht gelangen.

11. März 1955 Bundeskanzler Ing. Julius Raab fuhr mit einer aus Vizekanzler Dr. Adolf Schärf, Außenminister Ing. Leopold Figl und Staatssekretär Dr. Bruno Kreisky bestehenden Regierungsdelegation und ihre Begleitung zum russischen Flugplatz Vöslau, von wo sie mit Flugzeugen der Sowjetunion nach Moskau zur Aufnahme von Verhandlungen über einen österreichischen Staatsvertrag flogen.

15. April 1955 Einführung der neuen Dienstpistole M 35 auf den Posten.

15. Mai 1955 Rückkehr der österreichischen Regierungsdelegation aus Moskau. Dank des Herrn Bundeskanzlers an die Exekutive. Der Herr Bundeskanzler hat für die vorbildliche Haltung, welche die Organe der Bundesexekutive anlässlich der Rückkehr der österreichischen Regierungsdelegation aus Moskau bewiesen haben und für die musterhafte und taktvolle Durchführung aller für diese Gelegenheit getroffenen Maßnahmen im eigenen und im Namen der Regierungsdelegation herzlichst gedankt.

1. Juni 1955 Beschränkung der sowjetischen Kommandanturen auf militärische Belange.

Der sowjetische Botschafter in Österreich Iljitschow, erklärt am 20. Mai 1955 dem Herrn Bundeskanzler, dass vom gegenwärtigen Zeitpunkt bis zum Abzug der Sowjettruppen aus Österreich sowjetische Militärkommandanturen nur noch in jenen Bezirken verbleiben, in denen sich noch sowjetischen Truppenteile befinden. Die Funktion dieser Kommandanturen werde sich lediglich auf den mit der Anwesenheit der Truppen verbundenen Garnisonsdienst beschränken. Eine Kontrolle über die Verwaltungstätigkeit der österreichischen Behörden werden diese Kommandanturen nicht mehr ausüben.

Meldungen oder Berichte sind an die sowjetischen Kommandanturen ab sofort nicht mehr zu erstatten. Nur von Vorfalleinheiten, an denen Angehörige der sowjetischen Besatzungsmacht beteiligt sind, soll wie bisher die nächste Kommandantur verständigt werden.

Mit Erlass des BMI vom **18. April 1955** ist das Mindestalter für die Aufnahme in die Bundesgendarmerie mit 18 Jahren festgesetzt.

Das Jahr **1955** war für die Entwicklung in Österreich von historischer Bedeutung.

Nachdem Österreich durch 10 Jahre auf den Abschluss des Staatsvertrages wartete, wurde nun endlich durch die Einsicht sämtlicher Besatzungsmächte die Befreiung Österreichs zur Wirklichkeit und es konnte in diesem Jahr wieder als selbstständiges Staatswesen in die Reihen der übrigen europäischen Staaten eintreten.

Durch den Abschluss des Staatsvertrages war auch die Räumung des Bundesgebietes durch die Besatzungsmächte bedingt, die mit **26. Oktober 1955** ihren Abschluss fand.

Dieser Zeitpunkt wurde daher später durch die österreichische Regierung zum Tag der österreichischen Fahne und Staatsfeiertag erklärt. Der Staatsvertrag brachte auch die Rückkehr der restlichen Gefangenen aus Rußland und es trat auch eine wesentliche Besserung der Sicherheitsverhältnisse ein.

So kam es dann am **1. August 1963** zur Auflassung dieser Gendarmerieschule. Eine ausgezeichnete Institution hatte damit zu bestehen aufgehört. Jetzt hat jedes Bundesland seine eigene Gendarmerieschule.

Der zum Bundesminister für Landesverteidigung berufene ehemalige Staatssekretär im BMfl Ferdinand Graf führte in einem Schreiben aus: **Rückblickend kann der Aufbau und Ausbau der Exekutive aus dem Nichts als ein wahres Wunderwerk bezeichnet werden. Dieses Werk gelang vor allem deshalb, weil für die Beamten ihr Dienst auch Berufung war.**

Tschechoslowakei Volksaufstand gegen die sowjetische Besatzung.

Beginn am **21. August 1968**. In der Nacht zum 21. August marschierten die Truppen des Warschauer Paktes in der CSSR ein. Sowjetische Einheiten waren bereits am Vormittag bis an die österreichische Grenze vorgedrungen.

An dieser Stelle einige Zeilen zum Autor: In der Gendarmerie musste man beim Eintritt eine Erklärung unterschreiben, dass man 4 Jahre nicht heiraten darf. So traf mich das Schicksal hart nachdem ich geheiratet hatte, der Austritt. Nach kurzer Zeit wurde aber diese Bestimmung bei der Bundespolizei aufgehoben und ich übersiedelte in die Polizeischule Wien in die Marokkanerkaserne. Nach meiner Ausbildung bei der Gendarmerie wurde ich bei der Polizei Lehrgangsältester. Unser Dienstführender Kontrollinspektor Aichinger übertrug mir die monatliche Dienstplanerstellung, den Exerzierunterricht und die Sportausbildung gemeinsam mit Kontrollinspektor Hertl, überhaupt war ich für Vieles verantwortlich. Bei der Polizei herrschte nicht so eine militärische Zucht und Ordnung wie bei der Gendarmerie und es wurde mehr auf „Beamtenniveau" Wert gelegt.

Polizeischule Marokkanerkaserne. Der Autor mit Zimmerkollege Herbert Münzker – später Oberst der Kriminalpolizei.

Dann wurde mir ein Posten bei der Stadtpolizei Gloggnitz angeboten. Nachdem ich ja in Gloggnitz mit Frau und zwei Kindern wohnhaft war, entschloss ich mich, auch da meine Familie mich überzeugt hatte, das Angebot anzunehmen. Wir waren dort dann 5 Mann, nach mir kamen noch 2 Beamte von der Bundespolizei, als erster mein Freund Horst Wenzl von der gleichen Kameradschaft.

Nachdem ich ein freundschaftliches Verhältnis zum Gendarmerie-Postenkommandanten von Gloggnitz, Siegfried Eggenberger, hatte, redete der mir immer zu, doch zur Gendarmerie zurückzukommen. Dann wurde am Gendarmerieposten Gloggnitz eine Planstelle frei und ich konnte endlich wieder in diese Einheit, der ich ja mit dem ganzen Herzen verbunden war, zurückkehren.

Polizeischule Marokkaner-kaserne – Polizeischüler.

Mit meiner Kameradschaft auf Schikurs in Losenheim / Der Autor auf Schi.

Der Autor als Sport- und Exerzierausbilder und in Verkehrs-adjustierung.

Bei der Stadtpolizei Gloggnitz.

VI. Die Bundesgendarmerie

Am Posten Gloggnitz waren zu dieser Zeit auch zwei Rennweger, der Kappel Josef als Postenkommandant Stellvertreter und der Kahofer Fritz. Nach kurzer Zeit hatte ich mich eingelebt. Die Kameradschaft war vorbildlich, vor allem weil unser Chef großen Wert darauf legte. Damals war die Gendarmerie wirklich noch ein „Militärisch organisierter Wachkörper".

So hatte man jede Patrouille oder Außendienst beim Kommandanten abzumelden und auch das Eintreffen mit oder ohne Vorfälle zu melden. Dazu war die Haltung „Habt acht" am Anfang und am Ende zu salutieren. Auf den militärischen Ablauf legte der Siegfried E. großen Wert, er selbst würde für jeden seiner Leute durch das Feuer gehen.

Ein besonderer Einsatz, ich hatte mit Karl W. Nachtpatrouille als wir über Funk nach Hart beordert wurden, denn dort hatte ein Mann der seinen Hund ausführte gegen 2.00 Uhr bei einem Bungalow ein Fenster klirren gehört. Dort angekommen, schlichen wir jeder an einer Hausseite zur rückwärtigen Terrasse. Tatsächlich war dort die Scheibe der Terrassentür eingeschlagen. Karl als der schlankere von uns kroch durch das Loch in den Wohnraum des Hauses. Als er zur Hälfte in dem Loch war, sah ich von der Seite zwei Füße hervorkommen, ich überlegte, soll ich schießen, wenn der den Karl erschlägt und ich schau zu. Gott sei Dank war das nicht der Fall. Karl öffnete die Tür und da stand der Karl B. nicht ganz nüchtern. Auf die Frage ober er allein sei bekamen wir keine vernünftige Antwort. Wir mussten zuerst den Generalschalter für das Licht finden um das Haus durchsuchen zu können. Aber oh Schreck die Handschellen hatten wir im Auto, wir können den Verdächtigen doch nicht so allein lassen und ein unbekanntes Haus durchsuchen geht allein auch nicht. Als ich im Wohnzimmer den schönen großen Teppich sah, befahl ich Karl B. dass er sich hinlegt, die Hände angelegt und den Kopf frei, so rollten wir ihn ein und wir konnten in Ruhe das gesamte Haus durchsuchen. Aber es war kein zweiter Täter im Haus nur Karl B. Im Zuge der Vernehmung konnten noch einige Diebstähle und ein Kircheneinbruch geklärt werden.

Ich teilte mit dem Fritz K. und dem Karl J. eine Kanzlei. Der Karl war ein super Kamerad, auch wenn er sehr sparsam war und ihm nachgesagt wurde, dass er die Kaffeebohnen auf einem Zwirn durch das heiße Wasser zieht. Dann gab es noch den Leopold J. beide aus Ternitz und gleich alt aber nicht verwandt. Der Poidl hatte das größte Mundwerk weit und breit, wenn er einen auf die Schaufel nehmen konnte und die Lacher auf seiner Seite waren, war er glücklich. Nach Dienstschluss wurde öfters im Sozialraum, bei uns Küche genannt, Karten gespielt. Wo der Poldi natürlich als Schnapserprofi seine Reden schwang. Da ich kein Kartenspieler war wollte man mich immer wieder überreden mitzumachen. Nun eines Tages ließ ich mich überreden und siehe da gleich im 1. Spiel Ass und 40er, nach kurzer Zeit, ich hatte dreimal die gleichen Karten und der Poldi hatte seinen Schneider. Worauf er voller Wut die Karten gegen die Wand schleuderte, ein Anfänger hatte gegen ihn einen Schneider gewonnen. Daraufhin wurde ich nie mehr zum Kartenspielen eingeladen.

Der Älteste unserer Mannschaft war der Hans Sch., Bomberpilot im Weltkrieg, dreimal abgeschossen und immer überlebt. Wenn der Hans im Dienst war wusste man es bereits im Stiegenhaus da der Hans Zigarren rauchte. Am Posten waren rechts die Nichtraucherkanzleien und links die Raucherkanzleien. Der Hans hatte das größte Wissen und schrieb das beste Deutsch. Ich kannte den Hans schon aus meiner Jugendzeit, da hatte er einmal den Posten Schottwien geführt, wo ich aufgewachsen war. Beim Nachtjournaldienst drehte der Hans beim Fernseher meistens seine Sendungen auf um kurz darauf einzuschlafen. Worauf wir meistens auf einen Sportsender umschalteten, doch der Hans war sofort wach und sagte nur, ich schaue ja, zurückschalten und wieder das gleiche Spiel, wir resignierten meistens. Mir vertraute er einmal eine seiner Jugendsünden an:

Als junger Gendarm musste er natürlich auch am Posten schlafen. Dann gab es die große Liebe zwischen dem Hans und des Försters Töchterlein. Aber wohin, am Posten war es nicht möglich und bei ihr zu Hause auch nicht. Doch da gab es ja die Jagdhütte ihres Vaters. Aber der Schlüssel war nicht zu finden. Da zog der Hans seine Dienstpistole und das Vorhängeschloss war offen. Das Glück war grenzenlos. Das Schloss wurde mitgenommen, um keine Spuren zu hinterlassen wurde alles sorgfältig aufgeräumt.

Die Wirklichkeit kam am nächsten Tag, als der Förster am Posten beim Hans die Anzeige erstattete, dass in seine Jagdhütte eingebrochen wurde. Aber es wurde nichts gestohlen nur das Vorhangschloss war nicht zu finden. Als gewissenhafter Beamter nahm Hans die Anzeige auf und erstattete die Anzeigen gegen unbekannte Täter.

Dann gab es am Posten noch die zwei Sportkanonen Heinz Sch. und Herbert K., die aber dann zur Cobra gingen. Heinz wurde dort Ausbildner und Herbert kam nachher zur Niederösterreichischen Kriminalabteilung, Außenstelle Wiener Neustadt.

Aber natürlich hatten wir am Posten auch viel Arbeit, jeder Beamte machte seine Arbeit, Akte erledigen, Verkehrsunfälle aufnehmen, Kriminaldelikte bearbeiten, Anzeigen erstatten.

VII. Einsätze am Gendarmerieposten

6. September 1979 Gloggnitz In der Nacht richteten unbekannte Täter im städtischen Bergfriedhof schwere Verwüstungen an. Dabei haben sie in ihrem Zerstörungstrieb 251 Grabsteine größtenteils umgeworfen, wobei auch Grabplatten erheblich beschädigt und vereinzelt Laternen zerquetscht wurden. Die Täter sind vermutlich von der Bergseite in den Friedhof gekommen.

Diese Zerstörungen trifft zum Teil alte Leute besonders schwer, weil sie wegen ihrer geringen Rente die Instandsetzungskosten nicht aufbringen können.

Von der Stadtgemeinde Gloggnitz wurde für Hinweise, die zur Ergreifung der Täter führen, eine Belohnung von 10.000 Schilling ausgesetzt.

Der angerichtete Schaden dürfte zwischen 200.000 und 300.000 Schilling liegen.

Verkehrsunfälle, Einbrüche, Diebstähle und Brandstiftungen gab es immer wieder. Aber dann gab es wieder einen Mord in Gloggnitz:

Am **14. Oktober 1980**, um ca. 8.00 Uhr wurde neben dem rechten Schwarzaufer im Stadtgebiet Gloggnitz, Hauptstraße 24, eine zunächst unbekannte Frauenleiche gefunden. Die Tote war nur teils bekleidet, lediglich ein zerrissener Rock hing an ihren Beinen. Die Leiche lag mit dem Kopf im Wasser, der Unterkörper auf der Böschung. Worauf die NÖ Kriminalabteilung zur weiteren Amtshandlung verständigt wurde.

Im Zuge der Erhebungen konnte die Identität der Toten als die 38 Jahre alte Renate A. ermittelt werden. Auch dass sie gegen 24.00 Uhr gemeinsam mit Karl B. das Lokal verlassen hatte. In der Folge kam es dann im Keller des Gasthauses zwischen beiden zu einem Geschlechtsverkehr. Renate A. wollte ihn dann erpressen und drohte ihm mit einer Anzeige wegen Notzucht. B. bekam es mit der Angst zu tun, weil er einschlägig vorbestraft war. Daraufhin würgte er die Frau und schlug auch mit einer Latte auf sie ein, bis sie bewusstlos war. Da sie aber noch röchelte trat er mit den Füßen so lange auf ihren Hals, bis sie verstummte. Er schleppte das Opfer dann durch den Hof des Hauses, Hauptstraße 24, wo er wohnte, worauf er es in die Schwarza warf. Dort erst ergab die Obduktion, starb Renate A. durch Ertrinken. Zum Glück wurde die Leiche nicht abgetrieben. So war es möglich, nach Feststellung der Identität, den Mord in Kürze zu klären. Die Handtasche mit wenig Bargeld der Toten hatte B. in der mütterlichen Wohnung versteckt.

Der Täter wurde zu lebenslangen Freiheitsentzug verurteilt.

Unser Chef GrpInsp Siegfried Eggenberger wurde mit **1. April 1981** als Stellvertreter des Bezirkskommandanten nach Neunkirchen versetzt.

Mit Wirkung vom **1. Juli 1981** wurde Gruppeninspektor Josef Kappel zum Kommandanten des Postens Gloggnitz ernannt. Der Pepi legte nicht mehr so viel Wert auf den militärischen Umgang, aber Zucht und Ordnung waren gleich obwohl am Posten alle Arbeiten sehr kameradschaftlich erledigt wurden.

13. März 1983 Gloggnitz Raubüberfall auf die Esso Tankstelle in Gloggnitz, Wiener Straße 91. Gegen 19.45 Uhr betraten zwei maskierte und bewaffnete Täter den Tankwartraum und forderten den Tankwart Günter Habeler auf sich auf den Boden zu legen. Dann öffnete einer der Täter die Kassenlade, doch die war leer, da der Tankwart bereits die Abrechnung gemacht hatte. Worauf die Täter ohne Geld die Tankstelle verließen.

Nachdem sie sich im Harter Wald umgezogen und die Kleidung sowie eine Gaspistole und MPi Attrappe unter Reisig versteckt hatten, gingen sie zum Bahnhof Gloggnitz. Kurz vorher konnten sie von einer Patrouille angehalten und festgenommen werden.

Mit **11. April 1983** wurde auf dem GP Gloggnitz eine **Gendarmerie Diensthundestation** (GDHSt) errichtet. Dem GDH Führer RevInsp Friedrich Brettner wurde der Deutsche Schäferhund „Ferry vom Schwadorfer Schloss" zugewiesen. Genannt DINGO, er wurde bereits am 29. März 1983 übernommen. Der Gendarmerie Diensthundeführer musste einen Revers unterschreiben, dass er nicht an einem Chargen- oder anderen Kurs teilnehmen darf.

8. November 1983 Der Gendarmerie Diensthund „Ferry vom Schwadorfer Schloss" Hundegrundbuch Nummer 155 hat in der Zeit vom 5. 9. 1983 bis 22. 10. 1983 unter der Führung von Gendarmerie Diensthundeführer Revierinspektor Friedrich Brettner durchgeführten Grundausbildungslehrgang 2/83, teilgenommen und eine Gesamtbewertung „sehr gut" erreicht.

Die Beamten des Gendarmeriepostens Gloggnitz – vorne Mitte Kommandant BezInsp Siegfried Eggenberger.

Kleines Foto: Friedrich Brettner war der letzte Rayonsinspektor in Gloggnitz.

Warten auf den Einsatz am Bezirksgendarmeriekommando Neunkirchen.

Festlichkeiten zu „125 Jahre Gendarmerieposten Glognitz".

Bischof Kuntner besucht den Gendarmerieposten Gloggnitz.

Landesgendarmeriekommandant von Niederösterreich, Oberst Kurz, überreicht dem Autor ein Belobigungsdekret.

Einsatz bei der Hainburger Aubesetzung, Dezember 1984.

Links: Motorrad-Patrouille mit einer Puch 250 Gend.-RayInsp Anton Prasch GP. Schottwien, um 1970. (Foto: Gend.-Museum); rechts: Der Autor auf einer Honda 900.

VIII. Einsätze mit dem Diensthund

Lassen wir nun Diensthund DINGO einige Einsätze erzählen:

13. November 1983 um 15.10 Uhr war der erste scharfe Einsatz. In Klamm war ein Mann gesehen worden wie er in einem unbewohnten Sommerhaus ein Fenster aufgebrochen und eingestiegen war. Der Helmut A. vom Posten Schottwien war auch bereits in Klamm. In Einsatzfahrt nach Klamm, dann durch den Wald schlichen wir zum Haus, wo ich an der Rückseite bei den Fenstern lag und mein Herrl bei der Tür hineinrief: „Sofort herauskommen, sonst schick ich den Hund hinein." Doch dieser dachte nicht daran, sondern öffnete leise eines der Fenster an der Rückseite des Hauses und stieg verkehrt heraus und wollte über den Zaun flüchten. Dann sah er mich und meine gefletschten Zähne und erstarrte. Ich hatte mich bereits zum Sprung geduckt. Als mein Herrl um die Ecke kam brauchte er dem Verbrecher nur mehr die Handschellen anlegen. Im Haus hatte der Mann bereits alle gestohlenen Sachen für den Abtransport bereitgelegt.

Dem Verbrecher konnten noch weitere vierundzwanzig Einbrüche nachgewiesen werden.

In Mollram bei Neunkirchen war am **26. Jänner 1984** gegen 19.00 Uhr der Besitzer vor seinem Haus in einer Blutlache tot aufgefunden worden. Auf der Küchenbank hatte man ein Gewehr gefunden und angenommen, der Mann sei erschossen worden. Nachdem ich an dem Mann Witterung aufgenommen hatte, stöberte ich durch den großen Garten zu unter einem Flugdach abgestellten PKW, bei dem die Fahrertür nur angelehnt war, ich kratzte an der Tür, da ich aus dem PKW den gleichen Geruch wahrnahm. Mein Herrl öffnete die Tür und unter dem Fahrersitz lag eine Hacke und ein Messer, beide voll Blut. Der Mann war nicht erschossen, sondern mit der Hacke erschlagen und mit dem Messer der Hals aufgeschlitzt worden. Nachdem das Gartenareal durchstöbert war, begannen wir den angrenzenden Wald abzusuchen. Dann kamen wir auf die dort vorbeiführende Straße, wo ich einen jungen Burschen stellte, der sagte sofort zu meinem Herrl: „Ich bin der, den sie suchen, ich habe meinen Vater umgebracht, die Werkzeuge liegen im Auto, der unter dem Flugdach steht!" Womit die Täterschaft erwiesen war.

Dann gab es wieder reine Bewachungseinsätze, so im **Februar 1984**, in einer eiskalten Nacht, direkt an der Donau, nach einer Bombendrohung gegen das Kraftwerk Dürnrohr.

Im März die Frauenstrafanstalt Schwarzau am Steinfeld, in die wir aber nicht hineindurften um uns zu wärmen. Aber in den Viehstall durften wir. Plötzlich witterte ich eine Katze. Ein Ruck an der Leite und mein Herrl hinter mir nachziehend durch die offene Stalltür ins Freie. Doch genau dort befand sich ein Berg frisch gemähtes Gras. Vom Licht in die Finsternis sah mein Herrl natürlich nichts und flog im großen Bogen über den Grashaufen. Ich war zwar jetzt frei aber die Katze war auf den nächsten Baum geflüchtet.

Im Juni zu Pfingsten hatten rechtsextreme Jugendgruppen am Kreuzberg ein Ausbildungszeltlager errichtet, wo sie militärische Ausbildung betrieben. Das Lager wurde in der Nacht überwacht und am nächsten Tag aufgelöst.

28. Juni 1984 erhielt Bezirksinspektor Friedrich Brettner des GP Gloggnitz im Sitzungssaal des NÖ Landtages das „Goldene Verdienstzeichen des Bundeslandes Niederösterreich" durch den LH Dr. Erwin Pröll überreicht.

Aber es gab nicht nur Erfolge sondern auch jede Menge von verschiedenen Einsätzen, auch oft ohne Erfolge oder nur Teilerfolge.

29. Oktober 1984 Puchberg Um 8.15 Uhr Alarm. In Puchberg am Schneeberg in der Edelweißhütte waren zwei verdächtige Burschen gewesen. Sofort als sie weggingen hatte der Hüttenwirt den Posten Puchberg verständigt, da in letzter Zeit in der Gegend mehrere Einbrüche waren. So ging es in rasender Fahrt nach Puchberg und weiter nach Losenheim. Von dort ging es über einen Forstweg den Schneeberg hinauf, bis der Weg zu Ende war. Bei uns im Patrouillenwagen befand sich auch der Puchberger Postenkommandant Dannhauser. Das Auto wurde abgestellt, Dannhauser ging einen Steig entlang und mein Herrl begann mit mir den Aufstieg, gerade den steilen Berg hinauf.

Da bekam ich plötzlich von links oben eine Witterung, aber ich konnte nicht hinlaufen da ich ja immer noch angeleint war. Erst kurz vor dem Grat leinte er mich dann ab. Ich sauste zu einer Felsengruppe und um diese herum. Was sah ich da. Ein Bursch stand mit einer Wurstsemmel in der Hand und getraute sich nicht mehr sich zu bewegen, der zweite Bursch saß im Gras und hatte eine Konservendose in der einen und ein Messer in der anderen Hand. Die zwei waren bei meinem Erscheinen erstarrt. So umkreiste ich sie bellend, bis mein Herrl, schnaufend und nach Luft ringend eintraf und die beiden anschrie: „Hände hoch." Den beiden wurden Handschellen angelegt und die übrigen Patrouillen verständigt, dass die Täter von mir gestellt und von Dannhauser festgenommen worden waren. Die Burschen gestanden vier Raubüberfälle und zehn Einbrüche verübt zu haben. Diebesgut im Wert von 8.000 Schilling konnte sichergestellt werden.

Gendarmeriediensthund am GP Gloggnitz, Deutscher Schäfer, Rüde, „Ferry vom Schwadorfer Schloss", genannt „Dingo".

Mein Herrl war nun mächtig stolz auf mich, hatte er doch zuerst, als ich wie der Blitz von ihm weg sauste vermutet, dass ich vielleicht wilderte, was eine meiner negativen Eigenschaften war.

11. Jänner 1985 gegen 20.00 Uhr. Einsatz im Stadtgebiet Gloggnitz.

Eine sechzigjährige Frau hatte in einem unbeaufsichtigten Augenblick das Haus nur in Hausschuhen und einem Kleid bekleidet verlassen. Ihr Gatte befürchtete das Ärgste, da sie seinen Angaben nach sehr schnell die Orientierung und Übersicht verliert.

Fährtenansatz mitten im Stadtgebiet, es ist wolkenlos und hat minus achtzehn Grad, eine Saukälte. Die Fährte führte vorbei am Eislaufplatz, den kurz vorher jede Menge Kinder, verlassen hatten. Richtung Enzenreith, dann am Urnenhain beim Bergfriedhof und in den angrenzenden Harter Wald. Beim Durchstreifen des Waldes ertönt ein ganz leises Stöhnen, ich hatte die Frau ja längst gerochen und meinen Herrl zu dieser Stelle geführt. Die Frau lag in einem halb verfallenen Schützengraben und wäre bestimmt in kurzer Zeit erfroren. Sie wurde mit der Rettung in das Krankenhaus Neunkirchen gebracht, wo sie gesund gepflegt wurde.

Für diese Lebensrettung wurde der Diensthund Dingo am 9. Mai 1985 für besondere Leistungen unter Führung von Revierinspektor Brettner die Goldene Leistungsplakette vom Bundesministerium für Inneres, Generaldirektion für die öffentliche Sicherheit, zuerkannt.

Wie viele Menschenleben haben die Hunde der Gendarmerie und Bergrettung schon gerettet? Leider gibt es keine Statistik darüber.

Nachweislich fand **1935** der 1. Lawinensuchhundeeinsatz in Österreich im Bundesland Tirol statt. Nach einem Lawinenabgang befürchtete man, dass ein Bauer von einer Lawine verschüttet worden sei. Daraufhin durchsuchte ein Jäger mit seinem besonders gut abgerichteten Hund die Lawine und dieser fand tatsächlich den Verschütteten. Das war der Beginn der Lawinensuchhundearbeit in Österreich.

Gendarmerie Diensthundeführer Friedrich Brettner mit DH Dingo nach einem Baustelleneinbruch.

15. April 1985 wieder ein Einsatz in **Puchberg**. Der Bezirkskommandant beorderte uns dorthin, nicht ohne meinem Herrl zu sagen, er solle sich warm anziehen. Der aber dachte sich dabei nichts Besonderes. Erst als wir kurz vor Puchberg waren und sich mein Herrl über Funk meldete, hörte er, dass sich auch die Libelle (Hubschrauber des Innenministeriums) über Funk meldete. Nun sollten wir vielleicht mit dem Hubschrauber fliegen? Kurz darauf kam die Meldung durch und jetzt war es gewiss, wir würden fliegen. Am Sportplatz in Puchberg erfuhren wir, dass am Hochschneeberg im Hotel eingebrochen worden war und der Täter dort auch genächtigt hatte. Da zu diesem Zeitpunkt im Raum Puchberg ein Mörder flüchtig war, befürchtete man, dass er sich am Schneeberg aufhalten könnte. An diesem Tag herrschte ein richtiges Aprilwetter auf dem Hochschneeberg, es stürmte furchtbar, sodass der Hubschrauber zweimal fliegen musste, zuerst mit dem Alpingendarmen Bigo (Bichler) und dann kamen wir an die Reihe.

Im Hubschrauber, der mit dem Wind kämpfte und mehrmals seitlich abgetrieben wurde, streichelte mich mein Herrl andauernd und redete mir gut zu. Was hatte er nur, ich hatte weder Angst noch war ich nervös. Aber vermutlich musste er seine eigene Angst irgendwie abreagieren, da der Flug wirklich sehr stürmisch verlief. Am Schneeberg ging es an die Arbeit. Ich durchsuchte das gesamte Hotel, fand das Zimmer mit dem Bett, in dem der Einbrecher genächtigt hatte. Durch ein aufgebrochenes Fenster hatte er auch das Haus verlassen, ich verfolgte die Spur Richtung Bahnstation Hochschneeberg, die Gleise entlang bis zum Baumgartnerhaus. Dort war für mich die Fährte zu Ende da uns ein Zug entgegen kam.

Dann gab es noch die Überwachungseinsätze im Fußballstadion in der **Südstadt** bei Heimspielen der Admira, vor allem gegen Austria und Rapid. Nach Spielende wurden die Anhänger der Auswärtsmannschaft noch bis zur Station der Badnerbahn begleitet. Am Bahnsteig sah ich dann meinen Erzfeind, den Diensthund Bör mit seinem Führer, den Ertl Fritz aus Neunkirchen. Jeder an einem anderen Ende des Bahnsteiges, wenn wir uns dann zähnefletschend und laut bellend sahen, fegten wir den gesamten Bahnsteig leer, sodass die Leute für zwei Sonderzüge meistens in einem Platz fanden.

5. Mai 1986 Gloggnitz Herbert G. und Andreas D. beschlossen gegen Mitternacht, gemeinsam den kurz vorher in einem Gasthaus in Gloggnitz kennen gelernten Franz Allerbauer aus Ternitz zu berauben. Da in Gloggnitz die meisten Gasthäuser schon geschlossen hatten fuhren alle drei auf dem Moped des Allerbauers, das Herbert G. lenkte auf einem Feldweg entlang des Bahndammes Richtung Schlöglmühl. Dort hielt er an einer Stelle, welche ihm für ihr Vorhaben

Neuer DH Deutscher Langhaarschäfer, Rüde, „Icke vom Baiselberg", nachdem Dingo mit 8 Jahren an einer Magendrehung verendet war.

geeignet schien, wo er D. kurz darauf ein Zeichen für den Beginn ihres Vorhabens gab.

Etwa gegen 00.10 Uhr des 6. Mai 1986 schlug dann G. auf Allerbauer ein, hielt ihn dann mit einem Würgegriff am Boden nieder, worauf D. Allerbauer unzählige Fußtritte gegen den Kopf, Hals und Oberkörper versetzte und diesen dadurch schwer verletzte. Da sich Allerbauer trotz seiner schweren Verletzungen am Boden liegend immer noch flehend zur Wehr setzte, drückten ihn G. und D. abwechselnd den Kehlkopf bzw. Hals zu und traten ihn weiterhin mit den Füßen. Da Allerbauer in weiterer Folge am Boden liegend noch immer röchelte, beschlossen sie ihn zu töten, damit sie dieser nicht verraten könne. Sie schleppten Allerbauer zu dem einige Meter entfernten Schwarzafluss, wo sie ihn mit dem Kopf voran bis zum Bauch ins Wasser legten. Herbert G. hielt dann mit seinem Fuß den Kopf Allerbauers so lange unter Wasser, bis er kein Lebenszeichen mehr von sich gab.

Anschließend durchsuchten sie das Gewand Allerbauers und nahmen seine Geldtasche mit 70 Schilling Bargeld, den Zulassungsschein, Kleidungsstücke und den Sturzhelm an sich. Dann nahmen sie das Moped in Betrieb und stellten es beim Bahnhof Gloggnitz ab.

Die Leiche wurde am 6. Mai 1986 um 11.08 Uhr entdeckt. Herbert G. stellte sich um 11.35 Uhr bei seinem Bewährungshelfer in Wiener Neustadt und erzählte diesem, dass er einen Menschen umgebracht hätte. Er wurde in Wiener Neustadt von der Bundespolizei verhaftet.

Bei seiner Einvernahme auf dem GP Gloggnitz gab G. zu, die Tat mit seinem Freund Andreas D. durchgeführt zu haben. D. wurde in der Wohnung seiner Mutter, wo er ruhig schlief verhaftet.

Franz Allerbauer erlitt Kopf- und Weichteilprellungen, Nasenbeinbruch, Bruch des Lungenbeines, enorme Prellungen und Blutunterlaufungen der Halsweichteile, Rippenserienbrücke rechts mit Prellungen der Lunge und Leberquetschungen mit Blutung in der Bauchhöhle. Er wurde sterbend ins Wasser geworfen.

Da verschiedene Gegenstände aus dem Besitz des Opfers fehlten wurde über Auftrag der Tatortgruppe entlang des Weges den einer der Täter gegangen war, abgesucht. Dabei stöberte ich an der Rückseite des Sportplatzes und des Alpenbades entlang des Erlbaches aus dem Besitz des Opfers eine Toilettentasche, ein Führerscheinetui und Teile eines Motorradinnenhelmes auf.

Wilderer-Einsatz am **17. November 1986** um 17.00 Uhr im Postenbereich von **Kirchberg am Wechsel**. Ein unbekannter Wilderer hatte am Vortag im Oberwald einen Rehbock mit einer Schlinge gefangen und unter Reisig versteckt. Der Rehbock war jedoch vom Aufsichtsjäger gefunden und weggebracht worden. Am Nachmittag hielt der Jäger Vorpass. Als der Wilderer am späten Nachmittag den Bock holen wollte, bemerkte er sofort, dass dieser nicht mehr da war, worauf er unerkannt flüchten konnte.

Erst jetzt holte man mich, fliegender Fährtenansatz am Rande eines tiefen Graben, über eine Lichtung, einen schmalen Waldpfad den Berg hinauf, es war bereits stockdunkel, auf einer aufgeforsteten Lichtung mehrmals zwischen den Bäumchen im Kreis herum, zu einem Hohlweg, diesen Berg hinunter Richtung Kirchberg, über eine Wiese in den Hofraum eines Bauernhofes und wieder heraus, einen Feldweg entlang, nach ca. 500 Meter im rechten Winkel zu einer Häusergruppe dort nach links abzweigend einen Pfad entlang zu einem kleinen Holzhaus bzw. zu dessen Eingangstür. Als der Bewohner öffnete, wurde er von mir sofort freudig beschnuppert, er war der Täter, auch das Muster seiner Schuhsohlen passte zu den Abdrücken. Ein alter Wilderer aus Leidenschaft. Sein Freund bewohnte das Bauernhaus in dessen Hof wir zuerst waren.

Bei der Hausdurchsuchung wurden 78 Rehkrickerl, 17 Rehgeweihe, Dammhirschgeweih, 1 Eulenfalle, 1 Karabiner M 95 mit 29 Patronen und ein Flobertgewehr mit 625 Schuss Munition, gefunden.

28. November 1987 2.45 Uhr Posten Schottwien, Franz H. erhebt in Aue einen Verkehrsunfall. Der Lenker ist im Schock geflüchtet. Aufnahme der Fährte wo der Lenker zuletzt gesehen wurde, bei einer zwei Meter hohen Mauer, die

Diensthund Icke nimmt eine Täterfährte auf.

er hinunter gesprungen war, neben dem Auebach Richtung Schottwien, über eine Holzbrücke auf eine große Wiese. Dort führte die Fährte mehrmals im Kreis herum und am anderen Ufer des Auebaches wieder zurück nach Aue, wo der Mann hinter dem Haus Nr. 42 bereits stark unterkühlt und nicht ansprechbar lag. Er wurde mit der Rettung in das Krankenhaus Neunkirchen gebracht, wo er sich dann wieder rasch erholte.

11. Jänner bis 15. Jänner 1988 Am LGK NÖ. erfolgreich absolvierter Abrichter Kurs für Schutz-, Fährten- und Stöberhunde.

23. April 1989 Bezirkskommandant Friedrich Erblich: Am Semmering waren 47 Flüchtlingsmädchen der jüdischen Flüchtlingshilfestelle, in einer Pension untergebracht worden. Auf Grund der politischen Lage musste ich die ganze Nacht das gesamte Pensionsareal mit der Patrouille Schottwien unter Helmut A. bewachen, was auch anstandslos gelang und die Mädchen konnten ruhig schlafen.

25. Juli 1990 Ein Tag wie jeder andere auch, und doch sollte es mein letzter werden. Nur wusste es weder mein Herrl noch ich. Was hätten wir sonst anders gemacht?

Diensthundepatrouille mit den Kollegen vom GP Reichenau, RevInsp Ernst Lungenschmid und BezInsp Josef Kornberger.

MELDUNG – Gendarmerie Diensthund Ferry vom Schwadorfer Schloss genannt DINGO durch Magendrehung verendet. Der Befund des Tierarztes: Durch den extremen Druck der Magengase auf das Zwerchfell erstickte der Hund und war nicht mehr zu retten. Was hatte dieser Diensthund alles geleistet und dann dieses Ende.

661 Einsätze davon
163 Fährteneinsätze
55 Stöbereinsätze
66 Personen- und Objektschutzeinsätze
22 Suchaktionen nach Abgängigen
60 Erfolge
4 Menschenleben gerettet
Der Wert des zustande gebrachten Gutes betrug in etwa 279.249 Schilling

Aber die Zeit bleibt nicht stehen und so steht jetzt der Deutsche Schäferrüde **ICKE vom BAISELBERG,** ab 20. Oktober 1990 bei jedem Einsatz an meiner Seite, treu dem Motto:

„EINEN BESSEREN FINDEST DU NICHT"

Aber wieder zurück zum Posten Gloggnitz:

31. Dezember 1991 geht Abteilungsinspektor Josef Kappel in den dauernden Ruhestand.

16. April 1992 Fährteneinsatz um 15.00 Uhr im Gemeindegebiet Erlach. Nach zwei Fährteneinsätzen und einem Stöbereinsatz konnte der Täter im Wald vom freilaufenden Diensthund gestellt und festgenommen werden. Es handelte sich um Wolf F. in Mönichkirchen wohnhaft. Durch sein sofortiges Geständnis konnten seine 4 rumänischen Mittäter in Mönichkirchen gestellt und verhaftet werden.

Bei der Hausdurchsuchung konnten Diebesgut wie, Schmuck, Elektrogeräte, Wertgegenstände und Bargeld in der Höhe von ca. 300.000 Schilling sichergestellt werden.

5. Mai 1992 NÖ Landesausstellung im Schloss Gloggnitz. Für die Beamten des Postens eine große Belastung. Durch Zuteilungen aus dem Bezirk konnte das Verkehrsaufkommen und Personenaufkommen ohne geringste Schwierigkeiten bewältigt werden.

1. Oktober 1992 Gruppeninspektor Heinz Schuh wird neuer Postenkommandant.

16. März 1993 Eine Frau hatte am Abend aus dem Waldgebiet zwischen Köttlach und Hilzmannsdorf Hilferufe gehört. Stöberarbeit oberhalb der S6 Richtung Hilzmannsdorf. Nach kurzer Zeit stellte der Diensthund Icke, den im Wald halb bekleidet herumirrenden Erich H. Der Mann wurde zum Posten gebracht. Anschließend wurde von seiner Bekleidung eine Pelzkappe, 1 Sakko und ein Wintermantel vom Hund verwiesen.

8. Juli 1993 Diensthundeanforderung um 12.45 Uhr, da aus der Jugendstrafanstalt Gerasdorf der wegen Mordes inhaftierte Norbert L. geflüchtet war.

Diensthund Icke wurde an der Mauer wo L. heruntergesprungen war zum Stöbern angesetzt. Der Hund lief zum in der Nähe befindlichen Beamtenwohnhaus, nach öffnen der Haustür lief der Hund die Stiegen zum Keller hinab, wo er eine weiße Maurerjacke des L. verwies. Da alle Kellertüren abgesperrt waren suchte der Hund alle Stockwerke ab, wo er im 2. Halbstock hinter den Fensterblumen Arbeitshandschuhe und eine Maurerhose verwies. Anschließend lief der Hund in das oberste Stockwerk, wo er bei der eisernen Leiter zum Dachboden zu bellen anfing. Am Dachboden wurde L. um 13.20 Uhr gestellt und den Justizbeamten übergeben. L. hat noch bis 2005 seine Haftstrafe zu verbüßen.

900 Jahre Gloggnitz – am **3. Juni 1994** wurde im Park des Schlosses Gloggnitz die Feier durch einen Festakt feierlich eröffnet. Ansprachen Unterrichtsminister Scholten, Landeshauptmannstellvertreter Liese Prokopp und Ernst Höger, Bezirkshauptmann Karl Halbauer, Bürgermeister Cerny.

Schauübung der Gendarmerie:
Vorführung der Sondereinsatzgruppe SEG–NÖ
Vorführung der Diensthundestaffel
Geräte- und Waffenschau, Ausrüstungsgegenstände der SEG und EE

1. Oktober 1994 Mit diesem Datum traten mein Diensthund ICKE und ich in den Ruhestand. Icke hatte bis zu diesem Datum 194 Einsätze davon 7 Verhaftungen und 9 angezeigte Personen. Waren im Wert von 321.835 Schilling wurden sichergestellt.

Wir haben es geschafft! Mit 1. Oktober 1994 traten mein Hund und ich in den Ruhestand.

IX. Einsätze an den Bezirksgendarmerie-Kommanden Neunkirchen, Mistelbach, Wr. Neustadt

Neunkirchen

18. März 1957. Aspang Gegen 10.00 Uhr wurde in der Pension „Klausenhof", Aspangberg, Nr. 33, der 7jährige Karl N. aus Wien, im Bett des Zimmers Nr. 14 tot aufgefunden. Die durchgeführten Erhebungen ergaben, dass Karl N. von seinem Vater Johann N. erdrosselt worden war. Johann N. hat im Wald in Inneraigen durch Erhängen Selbstmord begangen und wurde am 16. Mai 1957 aufgefunden.

26. August 1981 Patrouille **Willendorf-Schwarzau Stfld.** Bewaffneter Überfall auf das Postamt Seebenstein. Um 11.00 Uhr betrat ein Mann mit einer Strumpfmaske und mit einer Pistole bewaffnet den Schalterraum des Postamtes Seebenstein. Die Postamtsleiterin Margarethe F., die sich allein im Postamt befand, war zu dieser Zeit im angrenzenden Paketraum und wollte gerade zurück in den Schalterraum gehen. Als sie den maskierten Mann mit einer Pistole in der Hand sah, schlug sie geistesgegenwärtig die Tür zum Schalterraum zu und rief um Hilfe. Der Leiter der Sparkasse Seebenstein Alois U., sah den maskierten Täter das Postamt verlassen. Er notierte sich das Kennzeichen des PKWs.

Die Alarmfahndung brachte sehr rasch Erfolg. Um 11.24 Uhr konnte der Täter in Sauerbrunn verhaftet und der geraubte Geldbetrag von 32.700 Schilling und die beim Überfall verwendete Waffe sichergestellt werden.

9. Oktober 1981. Schwarzau im Gebirge Um 14.45 Uhr wurde der in Schwarzau im Gebirge wohnhaft gewesene Bundesminister a. D. für Landesverteidigung General Karl Lütgendorf von seiner Ehegattin erschossen aufgefunden.

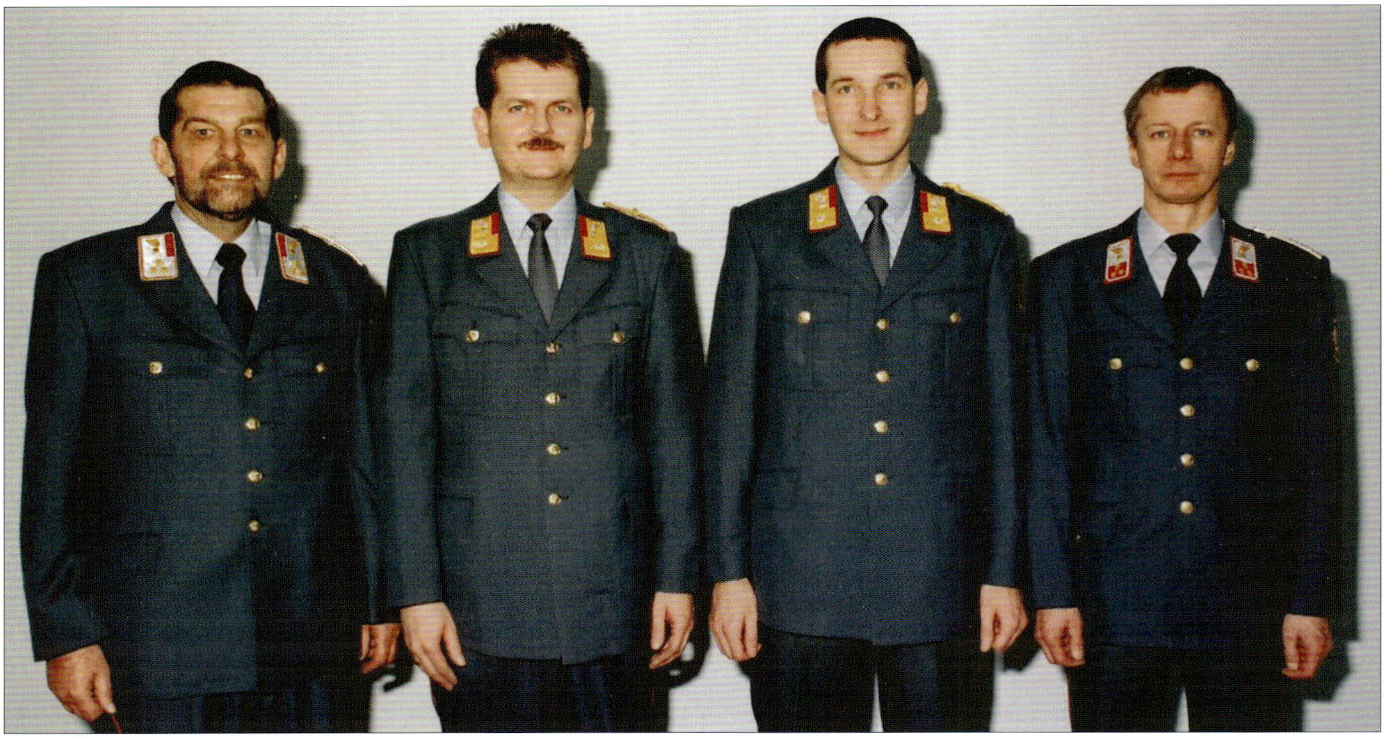

Die Beamten des Bezirksgendarmeriekommandos Neunkirchen, von links: Sachbearbeiter Chefinspektor Gerhard Bader, Bezirksgendarmeriekommandant Oberstleutnant Johann Neumüller, Stelllvertreter Major Gerold Bachinger, Bezirksinspektor Karl Petz.

General Lütgendorf saß auf dem Lenkersitz seines Geländewagens Lada-Taiga, welcher auf dem Wendeplatz des Güterweges nach Hirschbach, 4 km von seinem Anwesen entfernt, abgestellt war. General Lütgendorf wies einen Einschuss im rechten Gaumenbereich auf, ein Ausschuss war nicht wahrnehmbar. In der etwas geöffneten Hand hielt er einen Revolver der Marke „Smith&Wesson", Kal. 357 Magnum. Die Waffe war mit 6 Hollow point-Patronen geladen, unter dem Hammer war eine abgefeuerte Patrone. Auf dem Beifahrersitz lag der Hut und die Revolvertasche des Generals.

Bei den weiteren und sehr genau durchgeführten Ermittlungen konnte einwandfrei Selbstmord festgestellt werden. Motiv unbekannt.

25. Oktober 1981. Aspang Feier zum 100jährigen Bestehen der Eisenbahnlinie Wien–Aspang. Bei herrlichem Herbstwetter traf in den Vormittagsstunden ein ca. 400 Meter langer Sonderzug in Aspang ein und brachte 1.200 Festgäste. Die Teilnehmer wurden am Bahnhofsplatz begrüßt und in einem Festzug auf den Hauptplatz geleitet. Verschiedene Volkstanzgruppen und Musikkapellen unterhielten die Gäste. Es herrschte eine großartige Stimmung. Die Landwirte aus der Umgebung hielten einen „Bauernmarkt" ab.

In den Nachmittagsstunden lud Landeshauptmann Siegfried Ludwig und der Präsident der Bundesbahndirektion Wien, Erwin Semmelrath, die Festgäste in den Festsaal der Hauptschule ein.

7. November 1981. Semmering Um 22.30 Uhr fand der Landtagsabgeordnete a. D. Peter B. bei seinem Nachhauskommen seine Ehegattin Erika und seine Tochter Beatrix im Wohnzimmer auf dem Boden liegend tot auf. Es war dies in einem Nebenhaus des Schlosses Talhof bei Breitenstein, welches Eigentum der Familie B. war.

Der PKW der Marke „Subaru", Kombi, Kennzeichen N 115.111, wurde beim Anwesen nicht vorgefunden, weshalb anzunehmen war, dass der Täter mit diesem Fahrzeug den Tatort verlassen hat. Im Zuge der Fahndung wurde Günter N. in Schwarzenbach im Pongau, Salzburg am 8. 11. 1981 angehalten.

Günter N. wurde des Mordes an Erika und Beatrix B. überführt. Die Tatwaffe, eine Pistole „Walther PP", Kal. 7.65 mm, trug der Täter bei seiner Anhaltung bei sich. Er gab an, von den beiden Frauen durch ihre Heimkehr im Hause bei der Unterstandssuche überrascht worden zu sein. In einer Kurzschlusshandlung habe er die Frauen erschossen.

18. Jänner 1982. Aspang Um 4.45 Uhr lenkte der jug. Staatsangehörige Jankovic den Autobus, Marke „Sauros" mit dem jugoslawischen Kennzeichen VA-309-50, der mit 59 Personen besetzt war, auf der Wechselbundesstraße 54 talwärts Richtung Aspang.

Da die Betriebsbremse (Fußbremse) defekt war und der Lenker nur mit der Handbremse weiterfuhr, kam der Bus beim Befahren der Murtalkurve in Folge zu hoher Geschwindigkeit ins Schleudern, stellte sich schräg, schlitterte über die Gegenfahrbahn und stürzte in weiterer Folge über die steil abfallende Böschung ca. 26 Meter tief. Dabei überschlug sich der Bus und prallte gegen einen Tannenbaum, worauf der Bus zum Stillstand kam.

Bei dem Absturz wurden 3 Personen tödlich, 26 Personen schwer und 30 Personen leicht verletzt. Am Bus entstand Totalschaden.

Die Rettungsarbeiten gestalteten sich äußerst schwierig und zeitraubend, da die Verletzten bei einer Temperatur von minus 14 Grad über die 45 Grad steile, tief verschneite Böschung getragen bzw. mit Seilen hochgezogen werden mussten. Die Verletzten wurden in die Krankenhäuser Neunkirchen und Wiener Neustadt eingeliefert. Im Einsatz waren 5 Fahrzeuge des Roten Kreuzes und 2 Einsatzfahrzeuge des Arbeiter Samariterbund und die Feuerwehr Aspang.

Die tödlich Verletzten wurden in ihre Heimat nach Jugoslawien überführt.

19. Dezember 1982. Schwarzau am Steinfeld Gegen 10.30 Uhr wurde der Frühpensionist Josef A. im Wohnzimmer seiner Wohnung in Schwarzau am Steinfeld, Mittelstraße 245 ermordet aufgefunden. Der Tote wies zwei Kopfschüsse auf. Als Tatwaffe verwendete der Täter das Kleinkalibergewehr des Ermordeten. Im Zuge der Erhebungen in Zusammenarbeit mit den Beamten der Kriminalabteilung des LGK f. NÖ. verdichtete sich der Verdacht der Täterschaft immer mehr gegen den 18jährigen beschäftigungslosen Spengler Roland M. aus Schwarzau am Steinfeld.

M. wurde am 20. 12. 1982 in der Wohnung seiner Eltern in Zeltweg verhaftet. Er legte ein volles Geständnis ab.

6. Jänner 1983. Mönichkirchen Im unbewirtschafteten Alpenhotel Lang brach ein Brand aus. Das Feuer breitete sich rasch auf die Nebengebäude des Hotels aus. Weiters griff das Feuer auf die benachbarten Häuser Nr. 100 und 164 über. Der Gesamtschaden betrug 4 Millionen Schilling. Als Brandstifter konnte Peter E. aus Oberwart ausgeforscht werden.

6. Juni 1983. Schottwien Peter H., RevInsp, bedenklicher Todesfall. Um 8.25 Uhr wurde RevInsp Peter H., eingeteilter Beamter des GP Semmering, 28 Jahre alt, im Auebach in Schottwien, im Wasser liegend tot aufgefunden. Er hatte eine leichte Kopfverletzung. Sein PKW stand etwa 80 m vom Auffindungsort der Leiche entfernt unversperrt beim Friedhofstor. Da Fremdverschulden nicht ausgeschlossen werden konnte, wurden die weiteren Erhebungen von Beamten der Kriminalabteilung geführt. Als Todesursache wurde bei der Obduktion festgestellt: Bewegungseinschränkung durch Medikamenteneinnahme, finales ertrinken. Keine Anhaltspunkte für Fremdverschulden.

11. Juni 1983. Pottschach Johann Hutter BezInsp, schwere Schussverletzung im Dienst. Der Journalbeamte des GP Pottschach Johann H., 58 Jahre alt, forderte um 00.10 Uhr die Funkpatrouille Ternitz 1 zur Unterstützung an, weil in der Raiffeisenkasse Pottschach Alarm ausgelöst worden war. Da von außen keine verdächtigen Wahrnehmungen gemacht werden konnten, wollte BezInsp H. den im Nebenhaus wohnhaften Leiter der Raiffeisenkasse Manfred K. von der Alarmauslösung verständigen und die Schlüssel holen, damit im Inneren der Bank Nachschau gehalten und der Grund der Alarmauslösung festgestellt werden kann. Da sein Klingeln bei der Haustür ohne Erfolg blieb, ging BezInsp H. zu einem mit Holzläden verschlossenen Fenster. Als er anklopfte, wurde von innen durch den geschlossenen Fensterladen geschossen. Ein Schuss traf BezInsp H. Er erlitt einen Schussbruch in der rechten Mittelhand, der Grad der Verletzung ist schwer. BezInsp H. wurde sofort in die Unfallaufnahme des Krankenhauses Neunkirchen eingeliefert.

Manfred K. hat die beiden Schüsse aus seinem Revolver „Smith&Wesson", Kal. 357 Magnum abgefeuert. Als Motiv der Tat gab er an, er habe angenommen, Einbrecher oder Geiselnehmer seien auf seinem Grundstück, deshalb habe er einen Warnschuss abgefeuert. Der zweite Schuss sei unabsichtlich erfolgt. Er wurde der Staatsanwaltschaft Wiener Neustadt angezeigt.

30. September 1984. Aspang Gegen 21.30 Uhr ließ die 70jährige Maria Kastner den ihr persönlich bekannten Helmut I. in ihre Wohnung in Langegg. Im Küchenraum schlug Helmut I. mit einem mitgebrachten Holzstock mehrmals auf die Frau ein, worauf diese mit stark blutenden Kopfverletzungen zu Boden stürzte und bewusstlos liegen blieb.

Helmut I. durchsuchte die Wohnung nach Geld, fand in einer Geldbörse 1.100 Schilling und verließ die Wohnung ohne sich um die Schwerverletzte zu kümmern. Er versperrte die Eingangstür und warf den Schlüssel weg.

Am 1. Oktober 1984 gegen 1.00 Uhr erwachte Maria Kastner aus ihrer Bewusstlosigkeit, sperrte mit einem Ersatzschlüssel die Wohnung auf und schleppte sich zum Gemeindearzt Dr. Ziegler. Der Arzt leistete Erste Hilfe und verständigte den Gendarmerieposten.

Helmut I. konnte um 8.20 Uhr in Langegg verhaftet werden. Er gestand die Tat und wurde wegen Raubes und Mordversuchs zu 15 Jahren Gefängnis verurteilt.

29. Juni 1985. Schottwien Großbrand Hotel „Pollereshaus" Sonnwendstein.

Um 11.25 Uhr brach in der Küche des Hotels „Pollereshaus" auf dem Sonnwendstein, Gemeindegebiet Schottwien, Besitzer Anton Polleres, infolge Überhitzung eines Frittiergerätes ein Brand aus. Die vom Küchenpersonal mit Schaumlöschgeräten durchgeführten Löschversuche verliefen ergebnislos. Das Feuer erfasste innerhalb kürzester Zeit das gesamte Betriebsgebiet. Das Hotelpersonal und die Gäste konnten sich rechtzeitig ins Freie retten. Trotz des Einsatzes von 38 Feuerwehren mit 46 Tanklöschfahrzeugen und 273 Männern der Feuerwehren brannte das großteils in Holzbauweise errichtete Objekt vollständig nieder. Die unmittelbar neben dem Brandobjekt befindliche Bergstation des Sesselliftes Maria Schutz–Sonnwendstein wurde ebenfalls schwer in Mitleidenschaft gezogen. Der Liftbetrieb musste eingestellt werden. Es gab keine Verletzten. Der entstandene Sachschaden ist enorm hoch.

3. Juli 1985. Gloggnitz Freigabe des Schnellstraßen Bauabschnittes der S6 von Neunkirchen bis Gloggnitz. Am 3.

Juli 1985 um 12.30 Uhr wurde nach einem Festakt das neue Schnellstraßen Teilstück von Bundesminister für Bauten und Technik Dr. Heinrich Übleis und Landeshauptmann für NÖ Hofrat Siegfried Ludwig für den Verkehr freigegeben. Neben einer wirkungsvollen Verkehrsentlastung der Wohngebiete in den einzelnen Ortschaften wurde damit für die Region „Industriegebiet Niederösterreich Süd“ ein wichtiger Beitrag für die Verbesserung der gesamten Infrastruktur geleistet. Mit einem Kostenaufwand von 927 Millionen Schilling, der zur Gänze aus Bundesmitteln finanziert wurde, ist für diese Region sowohl die Verbindung in die Mur - Mürz - Furche (mit dem Weiterbau bis Maria Schutz wird in Kürze begonnen) als auch die Verbindung nach Wien nunmehr wesentlich verbessert. Auch die neuerbaute Straßenmeisterei Gloggnitz wurde in Betrieb genommen.

6. Oktober 1985. Schottwien Absturz eines Motorflugzeuges im Sonnwendstein Gebiet mit 3 Toten. Um etwa 16.45 Uhr stürzte das Motorflugzeug Cessna 175, Kennzeichen OE-DCK, Eigentümer Fliegerclub Kordon Wien, auf dem Sonnwendstein, Gemeindegebiet Schottwien, Myrtengrabenseite, ab und brannte aus. Abflug war um 15.38 in Zell am See mit Ziel Wiener Neustadt.

Unfallursache: Einflug in Nebel, Verlust der Orientierung, Baumberührung mit der rechten Tragfläche und Abbruch dieser Tragfläche, Aufschlag auf Steilhang mit Brandausbruch, kein technisches Gebrechen, kein Fremdverschulden. Bei diesem Absturz kamen alle drei Flugzeuginsassen ums Leben.

4. November 1985. Neunkirchen Natschbach. Gegen 2.00 Uhr drangen zwei unbekannte, mit Pistolen bewaffnete und maskierte Personen in das Wohnhaus der Familie Eduard St., Gärtnerreibetrieb ein. Sie fesselten im Schlafzimmer das Ehepaar Eduard und Margarete St. und die Tochter Andrea. Die Räuber verlangten und erhielten unter Androhung des Mordes der Tochter, den Safeschlüssel. Aus dem Safe stahlen sie Bargeld, Schmuck, Gold- und Silbermünzen im Gesamtwert von etwa 350.000 Schilling.

Die Familie wurde von den beiden Räubern anschließend in einem ungeheizten Raum der Gärtnerei, der vor der Tat von den Tätern ausgeräumt und für diesen Zweck vorbereitet worden war, verwahrt. Nach Hilferufen wurden sie um 7.00 Uhr vom Gärtnergehilfen entdeckt und befreit.

Die Täter flüchteten mit dem PKW, Ford Granada, Kennzeichen N 345.061 des Eduard Steurer. Der PKW wurde um 10.00 Uhr auf dem Parkplatz bei km 27,2 der A 2 Südautobahn aufgefunden.

21. August 1986 Schottwien Um 14.58 Uhr stürzte der Bundesheerhubschrauber Augusta-Bell 3 G-JL des Fliegerregimentes 1 Langenlebarn beim Überfliegen des Semmeringpasses in Richtung Wiener Neustadt, auf Höhe des Myrtengrabens, Gemeinde Schottwien, vermutlich infolge Orientierungsverlustes durch Schlechtwetter und Baumberührung, ab.

Der Hubschrauber war von Aigen im Ennstal in Richtung Langenlebarn unterwegs und musste wegen Schlechtwetter über den Semmering fliegen. Beim Absturz kamen der Pilot und der Techniker ums Leben. Die Erhebungen wurden von einer Flugunfallkommission des Bundesheeres durchgeführt.

14. Juli 1986. Ternitz Gegen 8.20 Uhr überfiel der arbeits- und unterstandslose Walter G., auf dem Petersberg die 76jährige Gastwirtin Maria P., bedrohte sie mit einer Handfeuerwaffe und raubte einen Bargeldbetrag von 4.000 Schilling. Der Täter konnte von den Beamten am Bahnhof Neunkirchen verhaftet werden.

20. April 1987. Reichenau a. d. Rax Gegen 21.00 Uhr wollte der Schlosser Klaus W im Leohof in Edlach den Mostheurigen besuchen. Im Hof traf er mit der dreieinhalb jährigen Cornelia M. zusammen, die im angrenzenden Haus wohnte und zu ihrer Mutter gehen wollte, die als Kellnerin beim Heurigen aushalf.

W. sprach das Kind an und brachte es mit seinem Kombi in seine Wohnung. Dort legte er das Kind auf das Bett und versuchte es auszuziehen. Auf Grund seiner Alkoholisierung erwürgte er das Kind als es sich zur Wehr setzte, ließ es im Bett liegen und schlief neben der Leiche ein. Als er gegen 4.00 Uhr erwachte, steckte er es in einen Plastiksack und brachte es mit seinem Kombi in den Wald nächst dem Schloss Wartholz, wo er den Sack über eine Böschung warf. Der Täter konnte noch am selben Tag nach der Beobachtung eines Postfahrers, ausgeforscht und verhaftet werden.

11. September 1989. Willendorf Zusammenstoß zweier Züge in Unterhöflein (Schneebergbahn). Eduard F. fuhr am 11. September 1989 als Zugführer mit dem Personenzug 6404 vom Bahnhof Puchberg am Schneeberg um 5.44 Uhr in Richtung Wiener Neustadt.

Triebwagenführer dieses Zuges, der aus Steuerwagen und Triebwagen bestand, war Günter M. Im Bahnhof Grünbach am Schneeberg sollte der Personenzug 6404 nach 25 Minuten aus dem Bahnhof Winzendorf in Richtung Puchberg abfahrenden Personenzug 6401, bestehend aus einer Diesellok und zwei vierachsigen Waggons, kreuzen, da eine Kreuzung außerhalb von Bahnhöfen auf der eingleisigen Bahnstrecke nicht möglich ist.

Als der Triebfahrzeugführer Günter M. mit dem Zug 6404, ohne das Abfahrtsignal des Zugführers und ohne die Kreuzung mit dem Gegenzug 6501 abzuwarten, aus dem Bahnhof Grünbach ausfuhr, unterließ es F. den Zug durch Betätigung der Notbremse oder entsprechenden Signalisierung mittels Summerton an den Triebfahrzeugführer anzuhalten. Kurz nach der Ausfahrt aus der Haltestelle Unterhöflein von wo M. angeblich wieder ohne Abfahrtsauftrag des Zugführers F. abgefahren war, kam es bei Bahnkilometer 16.980 gegen 6.05 Uhr zum Zusammenstoß mit dem Gegenzug 6401.

Dabei wurde der Triebfahrzeugführer des Zuges 6404, Günter M. getötet und der Fahrgast dieses Zuges, Margaret St. so schwer verletzt, dass sie um 11.05 Uhr desselben Tages im UKH Meidling verstarb. Fünf Fahrgäste des Zuges 6404 und der Zugführer F. wurden schwer, sieben weitere Fahrgäste dieses Zuges wurden leicht verletzt. Personal und Fahrgäste des Zuges 6401 blieben unverletzt.

Für die ÖBB entstand ein Sachschaden von ca. 4,5 Millionen Schilling. Der Zugführer F. wurde der STA Wiener Neustadt angezeigt.

17. April 1989. Enzenreith Die an schweren Depressionen leidende Hildegard G. aus Tachenberg fuhr am 17. April gegen 12.25 Uhr mit ihrem PKW nach Wörth und holte ihre neunjährige Tochter von der Volksschule ab. Sie fuhr sodann auf die S6 Richtung Neunkirchen auf, hielt auf dem Pannenstreifen der Autobahnbrücke über das Syrntal in Enzenreith an und ging mit der Tochter zum Brückengeländer. Dort stieß sie das Kind über das Geländer und sprang selbst nach. Beide stürzten ca. 55 Meter in die Tiefe und waren sofort tot.

6. Dezember 1989. Gloggnitz Feierliche Verkehrsfreigabe des Schnellstraßen Teilstückes von Gloggnitz–Maria Schutz, nach der Eröffnung durch Landeshauptmann Mag. Siegfried Ludwig. Wirtschaftsminister Schüssel sicherte den Fertigbau der S6 zu und beauftragte die ASAG mit dem sofortigen Beginn einer Detailplanung. Sehenswert ist die längste Spannbetonbrücke Europas 130 m hoch, 630 m lang.

30. März 1990. Neunkirchen Jürgen R. und Günther K. – Mord an den Pensionisten Walter F. Gegen 17.35 Uhr wurde der pensionierte Schuldirektor im Stadtpark Neunkirchen ermordet aufgefunden. Noch in derselben Nacht konnten die beiden 15jährigen Burschen von Beamten der Kriminalabteilung verhaftet werden. Die beiden Schüler der Landesberufsschule in Neunkirchen waren gerade dabei, den Ermordeten in ein Gebüsch zu zerren, als sie von einem anderen Schüler entdeckt wurden. Das Warum liegt noch im Dunkeln, war es Hass oder nur Langeweile.

7. September 1990. Aspang Zwischen 1.00 und 3.30 Uhr drangen unbekannte Täter in den Juwelierladen des Peter Leberl in Aspang, Hauptstraße 4 gewaltsam ein.

Es wurden über 200 Uhren, 48 Brillantringe, 100 Eheringe, goldene Ketten, Anhänger usw., im Gesamtwert von 2 Millionen Schilling gestohlen.

Beamte des Posten Kindberg konnten nach einem Einbruchsversuch 3 ungarische Staatsbürger und zwar Bela Budai, Zolt Nagy und Vojech Bangaski festnehmen. Bei den Erhebungen durch die Kriminalabteilung Steiermark konnte auch der Einbruch in Aspang geklärt werden.

Ein Teil des Schmuckes konnte sichergestellt werden. Mit einem gestohlenen Auto wurde der Schmuck nach Ungarn gebracht.

15. September 1990. Mönichkirchen Der Postenkommandant Bezirksinspektor Ernst Polzer war bei Bundespräsidenten Dr. Kurt Waldheim in dessen Haus in Mönichkirchen zum Mittagessen eingeladen.

1. September 1991 Gemäß Erlass der Generaldirektion für die öffentliche Sicherheit wurde der Gendarmerieposten Mönichkirchen mit Wirksamkeit vom 1. 9. 1991 aufgelassen. Der Gendarmerieposten Mönichkirchen bestand seit dem Jahre 1885.

13. Februar 1992. Ternitz Im Bordell „44" in Ternitz wurde mit Beamten der Steuerfahndung eine Überprüfung durchgeführt bei der alle 6 angetroffenen Prostituierten keinen Prostitutionsausweis vorweisen konnten. Eine Prostituierte, ungarische Staatsbürgerin, war erst 15 Jahre alt. Sie wurde wie die drei anderen ausländischen Prostituierten abgeschoben. Die beiden österreichischen Staatsbürgerinnen wurden angezeigt. Die Betreiber des Bordells Anton H. und der ungarische Staatsbürger Gyorgy S. wurden wegen Verdacht des Menschenhandels verhaftet. Die beiden Genannten haben im Raum Wien, Burgenland und Niederösterreich einen Handel mit ungarischen sowie tschechischen Mädchen aufgezogen, der im Zuge der Erhebungen aufgeklärt wurde und eine Reihe von Mittätern angezeigt werden konnten.

13. Jänner 1993. Weikersdorf Ein unbekannter Täter stürmte maskiert um 15.00 Uhr in die Raiffeisenkasse Weikersdorf und bedrohte die beiden Angestellten mit einer Pistole. Mit einer Beute von 33.627 Schilling flüchtete er und wurde dabei von Zeugen gesehen. Im Zuge der Alarmfahndung wurde im Stadtgebiet Neunkirchen der 29jährige M. als Täter festgenommen und der Großteil der Beute sichergestellt.

1. Mai 1993. Mit diesem Datum erfolgte die Einführung eines neuen Dienstsystems. Die Gendarmerie Abteilungskommanden wurden aufgelöst und die Bezirksgendarmerie Kommanden wurden mit Gendarmerieoffizieren besetzt.

Bezirkskommandant Kontrollinspektor Friedrich Erblich (links) und sein Nachfolger Bezirkskommandant Kontrollinspektor Josef Kessler.

23. August 1993. Aspang In der Nacht erfolgte ein Einbruch in die Kanzlei des Sägewerkes Schmidt. Es wurden 30.000 Schilling gestohlen. Auf Grund verschiedener Umstände musste der Täter Ortskenntnis gehabt haben. Als noch ein blauer PKW als Täterfahrzeug ermittelt werden konnte, richtete sich der Verdacht auf den Flüchtling Ciubuk. Am 22. August waren durch unbekannte Täter beim Wanghof von einem PKW die Kennzeichen BN 90 GC gestohlen worden.

Als am 24. August um 8.30 Uhr die Volksbank in Natschbach überfallen wurde und ein Teil des gestohlenen Kennzeichens abgelesen wurde, war klar, dass der Ciubuk und ein weiterer Täter die Tat begangen haben könnten.

Nach Auslösung der Alarmfahndung verfolgte die Verkehrsabteilung Warth das Fluchtfahrzeug. Bei der Abfahrt bei der A 2 stürzte das Fluchtfahrzeug von der Fahrbahn. Der zweite Täter Dragan Tufegdic wurde leicht verletzt. Ciubuk konnte mit der Beute von 275.000.- Schilling und 92.945 in Valuten und der Pumpgun flüchten.

Mit Einsatz des Hubschraubers, der SEG und EE/NÖ sowie Gendarmeriebeamten aus den Bezirken Wiener Neustadt und Neunkirchen konnte Ciubuk, nachdem er 3 Schüsse gegen die Beamten abgefeuert hatte, verhaftet werden.

26. Oktober 1993. Schwarzau am Steinfeld In der Nacht zum 26. 10. 1993 brachen unbekannte Täter in den zu dieser Zeit unbesetzten Gendarmerieposten Schwarzau am Steinfeld, Wechselbundesstraße 113 ein, indem sie ein Fenster entriegelten. Sie durchsuchten sämtliche Kanzleiräume und Schreibtische sowie den Waffenkasten. Die Täter stahlen 1 Maschinenpistole MP 88, 4 Dienstpistolen FN, 1 Revolver, 2 Reservemagazine für Dienstpistole FN, ca. 350 Stück Munition, 1 Funkgerät mit dazugehörigem Ladegerät und 2 Akkus sowie Bargeld in der Höhe von 10.000 Schilling. Die unbekannten Täter transportierten das Diebesgut in einem Gendarmerierucksack ab.

Im Zuge einer Großfahndung wurden am 6. November 1993 die Täter, der 32jährige Robert P. und der erst 15jährige Michael K., der dabei einen Polizeibeamten tötete und einen Gendarmeriebeamten verletzte, festgenommen.

13. Mai 1994. Aspang Ein unbekannter Täter verübte bis 15. Mai 1994 in Langegg, Mitterneuwald, Außeraigen und Aspang in 11 Wohnhäusern Einbruchdiebstähle und stahl Esswaren sowie Kleidungsstücke usw.

Da zuvor Einbruchdiebstähle im Burgenland und der Steiermark, insgesamt 116 Fälle, bekannt wurden, wo das gleiche „Modus Operandi" festzustellen war, konzentrierte sich die Fahndung auf diese Person. Da im Bezirk weitere Einbruchdiebstähle folgten konnte nach einer Großfahndung mit 200 Gendarmen am 31. Mai gegen 12.00 Uhr der Verdächtige auf der Steyersberger Schwaig vom Hubschrauber aus gesehen werden. Trotz Absetzen der Beamten vom Hubschrauber aus, konnte der Täter flüchten. Er musste jedoch seinen Rucksack mit Bargeld im Wert von 70.000.- Schilling zurücklassen.

Es konnte nun ermittelt werden, dass der rumänische Staatsbürger Mates Vasile sämtliche Einbruchdiebstähle verübt hat. Mates konnte aus Österreich flüchten und er wurde im Sommer 1995 in Budapest bei einem Wohnungseinbruch verhaftet.

21. September 1994. Willendorf Der 27jährige Johann W. erschoss seinen 35jährigen Unterkunftsgeber Walter H. nach jahrelangem Streit mit einem Schrotgewehr. Danach verlud der Täter das Opfer in seinen PKW in Urschendorf und fuhr zu einer Schottergrube in den Föhrenwald um den Toten zu vergraben. Dort konnte W. von einer Gendarmeriepatrouille gefasst und die Leiche sichergestellt werden.

12. Oktober 1995. Neunkirchen Überfall auf die Tankstelle Hochhauser in Neunkirchen – 21.000 Schilling wurden erbeutete. Auf Grund der Personsbeschreibung des Tankwarts konnte der Täter einige Tage später ausgeforscht und in das Gefangenenhaus Wiener Neustadt eingeliefert werden. Dem 30jährigen Erich E. konnten zwei weitere Raubüberfälle, eine erpresserische Entführung, eine schwere Körperverletzung und Nötigung nachgewiesen werden. Am 16. Oktober 1995 erhängte sich Erich E. im Gefangenenhaus Wiener Neustadt.

15. Juni 1996. Neunkirchen Brigitte W. wurde gegen 3.30 Uhr in Neunkirchen auf dem Parkplatz Urbangasse von einem zunächst unbekannten Mann vergewaltigt, als sie in ihr Auto einsteigen wollte. Obwohl das Opfer Gegenwehr leistete, bei der sie leicht verletzt wurde, konnte der Täter nach der Tat flüchten. Einige Tage später wurde der 30jährige Ramazan, türk. Staatsangehöriger wohnhaft in Ternitz ausgeforscht.

9. September 1996. Payerbach Nach umfangreichen verdeckten Ermittlungen durch die KA wurde der rumänische Staatsbürger Constantin B., wohnhaft in Küb, Bezirk Neunkirchen wegen Verdacht des Menschenhandels festgenommen. B. hatte in Rumänien Mädchen angeworben und diese an Bordelle in den Bezirken Wiener Neustadt und Neunkirchen vermittelt.

5. Mai 1997. Zöbern Der Schüler der Hauptschule Zöbern, Helmut Z. betrat um 13.30 Uhr mit dem Revolver seines Vaters den Handarbeitsraum, wo die Lehrerin Annemarie K. sechs Mädchen unterrichtete. Mit erhobener Waffe kündigte er an, dass er nun ein Mädchen vergewaltigen werde. Als die Lehrerin auf ihn zuging, um ihn davon abzuhalten, stieß er sie zu Boden und schoss einige Male in die Decke des Klassenzimmers. Annemarie K. richtete sich wieder auf und wollte Z. die Waffe entreißen. Er richtete jedoch den Revolver gegen ihren Körper, drückte ab und traf sie mindestens zweimal. Annemarie K. verstarb auf dem Boden des Klassenzimmers. Helmut Z. schoss die Trommel des Revolvers leer und bedrohte die sechs Mitschülerinnen. Dann lud er die Waffe neuerlich und ging zum Stiegenabgang. Dort bemerkte er die Lehrerin Gertrude W., die die Schießerei gehört und eine Schulklasse in Sicherheit brachte. Z. schoss auch auf sie und traf sie in den Oberschenkel. Während sich die schwerverletze Gertrude W. in die Direktionskanzlei schleppte und die Gendarmerie verständigte fuhr Helmut Z. mit dem Fahrrad davon. Ein Nachbar, der in der Zwischenzeit verständigt worden war, begegnete Z. und überredete ihn die Waffe herauszugeben. Beim anschließenden Eintreffen der Gendarmerie ließ sich Helmut Z. widerstandslos festnehmen.

13. August 1998. Aspang Gendarmerie-Gruppeninspektor Manfred Schreiner im Dienst ermordet.

Der 27jährige ehemalige Zeitsoldat, derzeit arbeitslos, Siegfried Sch. besuchte während des Tages das Gasthaus Wanders. Er trank 8 Bier, ½ Liter Sauren Apfel und 2–3 Gespritzte, 2,4 Promille.

Als er nach Hause kam begann er einen Streit mit seinen Eltern, der mit Beschimpfungen endete. Sch. bracht mit einem Schaleisen den Wohnzimmerschrank auf, wo die Mutter 2 Pistolen versperrt hatte.

Er nahm die Glock Pistole lud 13 oder 15 Schuss, ging in den Hof und feuerte vorerst in die Luft, dann in den Boden. Durch einen Geller erlitt seine Mutter Berta, einen Streifschuss am Gesäß und konnte flüchten. Auch sein Vater Anton, lief aus dem Hof und weiter die Nagelschmidgasse entlang. Siegfried Sch. schoss verdeckt durch die Tujen das gesamte Magazin leer. Er traf seinen Vater genau am Rücken und dieser blieb in Bauchlage am Gehsteig liegen. Er war sofort tot.

Um 19.40 Uhr verständigten Nachbarn über Notruf die Gendarmerie-Bezirksleitzentrale. Aspang 1 besetzt mit Gruppeninspektor Schreiner und Revierinspektor Gruber trafen bald beim Haus ein.

Als Gruppeninspektor Schreiner die Geschossschutzweste anzog, trat Sch. vor das Haus und gab aus einem K 98 Karabiner Schüsse gegen die Gendarmeriebeamten ab. Gendarmerie Revierinspektor Gruber wurde am Kopf durch einen Streifschuss verletzt, stürzte in das ca. 4 m tiefer liegende Bachbett des Großen Pestingbaches, verlor dabei seine Pistole und konnte nur mehr flüchten.

Gendarmerie Gruppeninspektor Schreiner gab noch einen Schuss mit der Pistole gegen Sch., traf ihn jedoch nicht. Das Projektil prallte bei der Eingangstür beim Langschild ab. Sch. schoss weiter mit dem Karabiner und traf Gendarmerie Gruppeninspektor Schreiner, der ebenfalls in das Bachbett stürzte. Schreiner gab noch verletzt, am Rücken im Wasser liegend, durch die Böschung und der hochgerutschten Schutzweste behindert 2 Schüsse gegen Sch. ab. Sch. ging zum Bachrand nach und gab 4–5 Schüsse aus dem Karabiner gegen den Beamten in Tötungsabsicht ab. Gruppeninspektor Schreiner wurde mit 6 Schüssen getroffen, wobei 4 tödlich waren.

Sch. wollte anschließend mit dem Funkpatrouillenwagen flüchten war aber nicht in der Lage, da Schreiner den Startschlüssel abgezogen hatte. Deshalb hielt Sch. mit dem Karabiner den LKW-Zug der Firma Plank an. Der Lenker Königshofer konnte mit einem Trick Sch. am wegfahren hindern und ihm sogar den leergeschossenen Karabiner entreißen. Als später ein Rettungswagen eintraf, bedrohte Sch. den Lenker mit einer Pistole und zwang diesen als Geisel mit Blaulicht wegzufahren. Vorher musste noch der Beifahrer vom Rettungsfahrzeug aussteigen.

Die Flucht ging über die BN55 nach Kirchschlag und weiter in Richtung Lockenhaus. Nach der Kreuzung mit der B50 wurde eine Straßensperre errichtet. Weil die Sperre nicht beachtet worden ist, wurde von der Gendarmerie Patrouille Lockenhaus gezielt auf die Reifen geschossen.

Beide Vorderreifen wurden getroffen und waren ohne Luft. An eine Weiterfahrt war nicht zu denken und so flüchtete Sch. zu Fuß weiter, konnte aber von der Patrouille Lockenhaus in Lerchenfeld festgenommen werden.

Am 1. Juni 1999 wurde Sch. am Kreisgericht Wiener Neustadt zu „Lebenslang" verurteilt.

12. November 1998. Saubersdorf Gegen 13.20 Uhr verursachte der Lenker des PKW, Kennzeichen WB24PS, auf der Bundesstraße 26 im Ortsgebiet von Saubersdorf einen Auffahrunfall, wobei eine Person verletzt wurde. Der Lenker beging Fahrerflucht. Die Unfallserhebungen wurden von Beamten des Postens Willendorf geführt. Von Unfallzeugen war das Kennzeichen genau erkannt worden. Während der Unfallaufnahme fiel der Lenker des gefahndeten Fahrzeuges im Bereich des Unfallortes auf und flüchtete beim Ansichtig werden der Gendarmeriestreife. Die Beamten nahmen die Verfolgung auf und konnten den Lenker in einer Seitengasse stellen. Dieser fuhr auf RevInsp Parapatics los, der aus dem Fahrzeug gestiegen war und eine Überprüfung vornehmen wollte. Dann fuhr K. los, stieß den Beamten zu Boden und verletzte ihn am Knie. Trotz der Abgabe mehrerer Schüsse setzte K. seine Flucht auf der Bundesstraße 26 in Richtung Wiener Neustadt fort. Die Streife Willendorf nahm unverzüglich die Verfolgung auf und löste eine Alarmfahndung aus. Der Verdächtige Lenker flüchtete auf der Landeshauptstraße 137 in Richtung Bad Fischau und auf der Bundesstraße Richtung Wöllersdorf. Dabei versuchte er mehrere Male die Gendarmeriestreifen Willendorf und Bad Fischau von der Straße zu drängen. In Weikersdorf und in Bad Fischau durchbrach er die errichteten Straßensperren, wobei die Beamten und auch unbeteiligte Personen schwer gefährdet wurden. Im Zuge der Nachfahrt gaben die involvierten Gendarmeriebeamten mehrere Male Schüsse auf das flüchtende Fahrzeug ab. Dieses wurde an beiden Seiten und in die Reifen getroffen. Endlich gelang es den Gendarmeriestreifen kurz vor der Kreuzung Bundesstraße 21 – Bundesstraße 21a im Gemeindegebiet von Wöllersdorf, Bezirk Wiener Neustadt, das Täterfahrzeug zu überholen und zum Anhalten zu zwingen. Auf dem Fahrersitz saß Anton K. und auf dem Beifahrersitz Roman R.

Roman R., der jeweils eine Schussverletzung im Bereich des rechten Ober- und Unterschenkels erlitt, wurde mit dem Notarzthubschrauber in das Krankenhaus Wiener Neustadt eingeliefert. Anton K, der vermutlich einen Rippenbruch erlitt wurde einer klinischen Untersuchung unterzogen, die eine mittlere Alkoholisierung, jedoch Deliktsfähigkeit ergab. RevInsp Parapatics zog sich eine Prellung und Schwellung des rechten Knies zu.

27. Mai 1999. Aspang Gegen 20.30 Uhr erstach der in der Schulgasse wohnhafte Pieter L. den 58jährigen Alois R. mit einem 20 cm langen Küchenmesser, nachdem ihm dieser mehrmals aus reiner Bosheit den Strom abgeschaltet hatte.

6. Oktober 1999. Puchberg Gegen 2.00 Uhr wurde der 26jährige Walter S. bei seinem Anwesen in Puchberg am Schneeberg, Neunkirchner Straße 49, von 4 maskierten Männern niedergeschlagen, mit einem Klebeband geknebelt, gefesselt und an einen Baum gebunden. Anschließend begaben sich die Täter zum Wohnhaus der Eltern. Sie hielten der Frau den Mund zu, schlugen den Vater und fesselten ihn. Die Täter durchsuchten die Wohnung, zerstörten die Telefonanlage und stahlen ca. 23.000 Schilling.

Als Täter wurden 4 rumänische Staatsangehörige ausgeforscht, die gelegentlich in der Landwirtschaft der Opfer ausgeholfen haben. Sie wurden auf der Flucht in Frankreich verhaftet.

23. Juni 2000. Scheiblingkirchen Um 15.22 Uhr wurde die Raiffeisenkasse von einem unbekannten, mit einem spitzen Gegenstand bewaffneten Täter überfallen, dabei erbeutete er 145.000 Schilling. Als Täter konnte der 50jährige frühpensionierte Justizwachebeamte Johann Sch. aus Stickelberg, Bezirk Wiener Neustadt ausgeforscht und verhaftet werden.

9. Juli 2000. Neunkirchen Zwei mit braunen Strumpfmasken vermummte und mit einer Pistole bewaffnete Täter überfielen um 22.00 Uhr die AGIP-Tankstelle in Neunkirchen, Triester Straße 94. Sie raubten der Tankwartin die Handtasche mit 150.000 Schilling. Die Täter flüchteten zu Fuß und konnten bisher nicht ausgeforscht werden.

18. April 2001. Neunkirchen Die Schüler des Polytechnischen Lehrganges Robert H., Stefan F. und Andreas St. in Neunkirchen beschlossen, die Lehrer Veronika K., Helga K., Ilse St. und Leopold G., sowie den Direktor Rudolf Sch. zu erschießen.

Die Schüler waren von ihren Lehrern beim Beschmieren von Heften und Wänden mit Hakenkreuzen erwischt und angezeigt worden. Außerdem hatten diese Lehrer den genannten Schülern schlechte Noten gegeben. Nach der Anzahlung von 1.300 Schilling hatte Andreas St. vom 12jährigen türkischen Staatsbürger Mert D. drei Pistolen bestellt. Aufgrund eines anonymen Hinweises konnte die Tat verhindert und die Jugendlichen in die Justizanstalt eingeliefert werden. Das Bekanntwerden des Mordkomplotts rief großes mediales Interesse hervor. Der Fall war einige Tage Gegenstand von Berichterstattung im Fernsehen und in den Tageszeitungen.

Das Strafverfahren wurde wegen mangelnder geistiger Reife der Burschen eingestellt.

4. Dezember 2001. Schwarzau im Gebirge Der 45jährige Gastwirt überfiel mit einer Faustfeuerwaffe bewaffnet und mit einer Hexenmaske maskiert die Raiffeisenkasse in Schwarzau im Gebirge und erbeutete Bargeld in der Höhe von 360.000 Schilling. Auf Grund von Zeugenaussagen konnte Herbert L. ausgeforscht werden. Am 8. Dezember verübte er in Graz auf der Flucht Selbstmord. Er wurde von einem Güterzug überfahren.

1. Jänner 2002. Währungsumstellung Die Umstellung der österreichischen Währung vom Schilling auf den Euro stellte für die Sicherheitskräfte im gesamten Bundesgebiet eine große Herausforderung dar. Euro-Banknoten und -Münzen im Wert von ca. 250 Milliarden Schilling wurden österreichweit auf Bank- und Poststellen verteilt.

Zum Jahreswechsel wurden 14.780 Transporte begleitet und stationär abgesichert. Die Österreichische Nationalbank sprach der Exekutive aufrichtigen Dank aus. Es gab keinerlei Vorfälle.

23. Juli 2002. Mönichkirchen Karl K. versuchte seine Lebensgefährtin Elisabeth M. im Gemeindegebiet von Mönichkirchen im Kraftfahrzeug mit Schwefeldioxid zu vergiften. Nach einem Handgemenge konnte die Frau flüchten. Sie wurde schwer verletzt in das Krankenhaus Wiener Neustadt eingeliefert. Karl K. flüchtete mit seinem PKW. Er wurde am 29. Juli 2002 im Gemeindegebiet von Wolfsbrunn, Bezirk Hollabrunn, erhängt aufgefunden.

1. Jänner 2002–31. Dezember 2002 In dieser Zeit wurde vom BGK Neunkirchen eine Suchtgiftermittlungsgruppe, bestehend aus je einem Beamten der GP Neunkirchen, Ternitz, Gloggnitz und Willendorf eingesetzt, wodurch insgesamt 30 Verbrechen und 389 Vergehen zur Anzeige gebracht wurden. Es konnten 3 Personen in vorläufige Verwahrung und 217 Personen zur Anzeige gebracht, sowie Suchtmittel beschlagnahmt werden.

8. April 2003. Neunkirchen Die GENOL-Tankstelle wurde um 17.40 Uhr in Natschbach von einem unbekannten Täter überfallen. Der Unbekannte stülpte der Tankwartin einen schwarzen Müllsack über den Kopf und raubte ca. EUR 400.-. Die Fahndung verlief negativ.

8. Mai 2003. Neunkirchen Um ca. 10.00 Uhr legten unbekannte Täter im Lagerraum der Firma FAHRAMANDI, genannt 1 Euro-Shop, in Neunkirchen, Wiener Straße 13 einen Brand. Der gesamte Lagerraum sowie der angrenzende Verkaufsraum wurden dadurch stark beschädigt. Die im Geschäft verweilenden Kunden und die im Haus wohnenden Personen konnten unverletzt das Gebäude verlassen. Durch das schnelle Eingreifen der Feuerwehr konnte ein Totalschaden am Gebäude verhindert werden. Der Sachschaden am Haus betrug ca. EUR 100.000.-, die verbrannten Verkaufsgegenstände im Geschäft wurden mit EUR 18.000.- beziffert.

7. November 2003. Ternitz Innenminister Ernst Strasser eröffnete den neuen Ternitzer Gendarmerieposten. Bis Jänner sollen alle Beamten in die neue Dienststelle Ternitz, Franz-Samwald-Straße 123, übersiedelt sein.

10. Dezember 2003. Neunkirchen Der Gendarmerieposten Neunkirchen und das Bezirksgendarmerie Kommando übersiedeln von den Räumlichkeiten der Bezirkshauptmannschaft Neunkirchen, Peischinger Straße 17, in das neu errichtete Gebäude, Urbangasse Nr. 8.

31. August 2004. Ternitz Um 8.25 Uhr erfolgte ein bewaffneter Raubüberfall auf die Raiffeisenkassenfiliale Ternitz-Sieding durch einen bewaffneten Täter, der die Angestellte mit einer Faustfeuerwaffe bedrohte und die Herausgabe des Bargeldes forderte. Mit EUR 20.345.- flüchtete er mit einem gestohlenen Fahrrad zu einem bereitgestellten Fluchtkraftfahrzeug. Auf der Flucht fühlte er sich von Passanten erkannt und sprang im Bereich des Naturparks in den Sierningfluss, wobei er die Raubbeute und die Tatwaffe verlor. Auf Grund seiner aussichtslos gewordenen Lage stellte sich der mehrmals vorbestrafte Michael H. einige Stunden nach dem Überfall der Gendarmerie. Von der Raub-beute konnten im Fluss noch ca. EUR 15.000.- sichergestellt werden.

8. November 2004. Mönichkirchen Ein unbekannter Täter betrat um 9.30 Uhr die Raiffeisenfiliale in Mönichkirchen, bedrohte die Angestellten mit einer Faustfeuerwaffe und erbeutete EUR 17.505.-. Danach flüchtete er mit einem dunkelblauen PKW, Marke BMW. Die sofort eingeleitete Alarmfahndung verlief ergebnislos.

12. Oktober 2004. Maria Schutz Verkehrsfreigabe des Semmeringtunnels durch den Bundeskanzler Dr. Wolfgang Schüssel, Verkehrsminister Hubert Gorbach sowie den Landeshauptleuten von der Steiermark Frau Waltraud Klasnic und Dr. Erwin Pröll von Niederösterreich.

24. Juni 2005. Gloggnitz Um 2.02 Uhr wurde die Sektorstreife nach einer Alarmauslösung zum Postamt, in Gloggnitz entsandt. Beim Eintreffen der Streife konnten die Beamten vorerst einen bosnischen Staatsangehörigen mit Diebesgut (Mobiltelefone) aus dem Postamt die er in einen PKW stellen wollte, vorerst festnehmen. Nachdem eine zweite Streife eingetroffen war und den Täter bewachte durchsuchten die zwei Gloggnitzer Beamten den Hinterhof des Postamtes. Dabei konnten sie einen weiteren Täter mit Diebesgut sichten. Trotz mehrmaligen Zurufen: „Halt Polizei, stehen bleiben!", reagierte der Täter nicht, lief mit einem Brecheisen und Schraubenzieher auf einen Beamten zu und wollte auf diesen einschlagen. Daraufhin schoss der zweite Beamte in Nothilfe auf den Täter. Dieser wurde zweimal im Brustbereich getroffen und schwer verletzt. Gegen den bereits einschlägig wegen Einbruchsdiebstählen vorbestraften rumänischen Staatsangehörigen bestand ein aufrechtes Aufenthaltsverbot. Er wurde zu einer mehrjährigen Haftstrafe verurteilt.

Links: Bezirks- und Postenkommando Neunkirchen mit Oberleutnant Gerhard Reizl (Bildmitte).

Rechts: Gendarmerie-Postenkommando Ternitz, Kommandant Chefinspektor Karl Ofenböck (Bildmitte).

Mistelbach

18. März 2003 Dienstag gegen 15.30 Uhr stürmte ein unbekannter Täter die Raiffeisenbank in Hörersdorf. Nachdem er die Angestellte mit einer silbrig glänzenden Handfeuerwaffe bedroht hatte, folgte die Frau dem Täter den Betrag von EUR 7.200 .- aus, worauf er sie in einen Nebenraum einsperrte und zu Fuß flüchtete. Eine sofort eingeleitete Alarmfahndung wurde gegen 18.00 Uhr eingestellt.

18. März 2003 Um 16.25 Uhr fuhr der tschechische Tankwagen auf der B7 Richtung Poysdorf beladen mit 22.920 Tonnen Eisenchlorid. Ein nachkommender PKW-Lenker bemerkte das Ausrinnen einer Flüssigkeit und verständigte die Gendarmerie. Zwischen Erdberg und Wetzelsdorf konnte der Tankwagen gestoppt werden. Um das Abfließen des Eisenchlorids zu verhindern errichtete die Feuerwehr unter Atemschutz einen Sandwall um den Tankwagen. Der Rest der Ladung wurde in einen angeforderten Tankwagen umgepumpt. Der defekte Tankwagen und die Fahrbahn wurden gereinigt, der Tankwagen unter Gendarmeriebegleitung zum Grenzübergang Drasenhofen gebracht. Die B7 war von 16.45 bis 1.55 Uhr total gesperrt da höchste Explosionsgefahr bestand. Eine lokale Umleitung wurde eingerichtet. Bei diesem Chemieunfall waren 13 Feuerwehren mit insgesamt 118 Mann eingesetzt.

23. April 2003. Mistelbach Ein Drogenring wurde von der Suchtgiftgruppe des Bezirkskommandos und der NÖ Kriminalabteilung aufgedeckt. Im Februar waren zwei Verdächtige wegen Handels mit Heroin, Kokain, Speed, Ecstasy und Cannabisprodukten festgenommen worden. Im Zuge weiterer Erhebungen konnte ein schwarzafrikanischer Dealer gefasst werden. Insgesamt konnten 16 Personen aus dem Raum Mistelbach, Gänserndorf und Wien als Suchtgiftmittelkonsumenten ausgeforscht und angezeigt werden.

6. Oktober 2003. Laa/Thaya Im Raum Laa-Umgebung und Wien haben die Beamten mit der Suchtgiftgruppe Mistelbach drei Dealer und 25 Konsumenten ausgeforscht und angezeigt. Die Jugendlichen haben einen Handel mit Marihuana und dem Aufputschmittel Ecstasy und Speed aufgezogen. Das Suchtgift wurde in Wiener Discos bezogen und im Raum Mistelbach verkauft und zum Teil selbst konsumiert.

23. Oktober 2003. Gendarmerieposten Laa/Thaya Um 13.15 Uhr kam die 14jährige Schülerin mit dem Autobus aus Hollabrunn und wollte zur HAK, um dort mit ihrer Freundin gemeinsam mit der Bahn nach Hause zu fahren. Am Thermenweg im Bereich des Sportplatzes sprang plötzlich ein Maskierter aus dem Gebüsch und forderte das Mädchen auf, stehen zu bleiben.

Diese tat das Richtige, sie schrie aus Leibeskräften um Hilfe und der Täter griff noch in die Tasche, entwendete ihr Handy und lief Richtung Goethestraße davon. Der Täter trug eine schwarze Nylonstrumpfmaske und war bekleidet mit einer schwarzen, gesteppten Jacke und blauen Jeans. Das Alter konnte von dem geschockten Mädchen nicht geschätzt werden. Der Täter konnte noch nicht ausgeforscht werden.

7. Februar 2004. Wildendürnbach Eine Neudorferin, die gegen 3.00 Uhr eine Freundin nach Hause gebracht hatte, sah wie vor der e-Bank-Filiale in Wildendürnbach zwei Vermummte herumliefen und etwas in eine VW Passat luden. Wie sich später herausstellte, verluden die Unbekannten zu diesem Zeitpunkt den Geldausgabeautomaten der Bankfiliale in einen beim Poysdorfer Autohändler Parisch gestohlenen Passat.

Der Oberteil des Bankomaten wurde bei einer Scheune zwischen Ottenthal und Pottenhofen gefunden. Der Unterteil lag dann im so genannten Poysdorfer Tabakschuppen in der verlängerten Schulstraße. Die Täter entkamen nur mit dem Geld, die Höhe ist derzeit noch unbekannt. Das Täterfahrzeug wurde geparkt in einer Poysdorfer Siedlung sichergestellt.

10. Februar 2004. Mistelbach Zwei Minuten vor Kassenschluss um 16.00 Uhr überfiel ein etwa 1,75 Meter großer, mit einer Strumpfmaske getarnter Räuber die Filiale der Raiffeisenbank Hörersdorf. Der mit einer Pistole bewaffnete Täter erbeutete dabei zwischen EUR 5.000.- und 6.000.-, die er in ein mit einem Tigerkopf verzierten Plastiksack stopfte. Danach sperrte der Mann die 27jährige Bankangestellte in ein WC ein und flüchtete. Die Alarmfahndung der Gendarmerie verlief negativ.

Die Bank ist damit bereits zum dritten Mal Schauplatz eines Überfalles.

22. Juli 2004. Mistelbach In der Nacht von Sonntag auf Montag brachen unbekannte Täter in das Geschäft der Firma Elektro Mörth gewaltsam ein, nachdem sie mit einem Geißfuß die Tür aufbrachen. Im Lager packten sie 50 Handys ein, zertrümmerten im Geschäft die Vitrinen und stahlen aus der Kasse noch EUR 1.100.- Wechselgeld. Im Lager

Oberstleutnant Florian Ladengruber erhält von Landesgendarmerie-Kommandant Brigadier Gerhard Schmid die Ernennungsurkunde zum Bezirksgendarmeriekommandant von Mistelbach.

Gruppenfoto nach der letzten Besprechung der Gendarmerieposten-kommandanten des Bezirks Mistelbach.

ließen sie Digitalkameras und Videorecorder stehen. Es war der dritte Einbruch innerhalb von 9 Monaten wie die Kriminaldienstgruppe Mistelbach erklärte. Auch wird noch der Grund des Versagens der Alarmanlage ermittelt.

23. Juni 2004. Wolkersdorf Am Nachmittag fuhr der 22jährige Wiener Peter F. mit seinem gleichaltrigen Freund Jakob B. aus Gaweinstal am Beifahrersitz mit 161 Stundenkilometern über die Brünner Straße zwischen Wolkersdorf und Gaweinstal. Eine Gendarmeriepatrouille versuchte ihn anzuhalten, dieser raste jedoch mit dem PKW, Marke Renault Laguna davon und fuhr Richtung Wolfpassing. Auf der nassen Fahrbahn schleuderte der PKW, kam von der Fahrbahn ab und prallte gegen eine Böschung. Peter F. sprang aus dem Wagen und rannte einen Feldweg Richtung Traunfeld davon. Der Beifahrer war auf Grund seiner Verletzungen, Schulterprellung, Kopfverletzung und gebrochenen Finger nicht in der Lage zu flüchten. Zur Verfolgung des flüchtigen Lenkers wurden der Hubschrauber und ein Diensthund angefordert. Der Hund nahm die Spur auf und nach ca. 2 km wurde der Lenker auf einem Feld liegend gefunden. Er dürfte auf Grund einer Gehirnerschütterung zusammengebrochen sein. Beide wurden in das Krankenhaus Mistelbach gebracht.

Bei den Nachforschungen wurde festgestellt, dass Peter F. den PKW seiner Wiener Freundin entwendet hatte. Eine Diebstahlsanzeige war bereits erstattet worden. Der Lenker wurde auf freiem Fuß angezeigt.

11. Mai 2005 Ein gemeinsames Sozialprojekt zwischen dem Bezirksgendarmerie Kommando Mistelbach und dem ÖAMTC Zweigverein Mistelbach. Zur Präsentation des Gemeinschaftsprojektes hatte Frau Landesrätin Dr. Petra Bohuslav eingeladen.

Für das Landes-Pensionisten- und Pflegeheim Mistelbach wurde ein Sozialhund angeschafft. Der ÖAMTC Mistelbach übernahm die Anschaffungskosten und das Bezirksgendarmerie Kommando Mistelbach nach Genehmigung durch den Landesgendarmerie Kommandanten Mag. Arthur Reis, die Ausbildung des Sozialhundes durch den Diensthundeführer vom Grenzüberwachungsposten Laa a. d. Thaya Revierinspektor Gordon Filipp.

Der Sozialhund „SEMI" ist ein Golden Retriever und kam am 4. März 2005 auf die Welt. Der Hund wurde aus acht Welpen von Bezirksgendarmerie Kommandant Oberstleutnant Florian Ladengruber und Zweigvereinsobmann des ÖAMTC persönlich ausgesucht. Die Ausbildung zum Sozialhund ist natürlich eine gänzlich andere als mit Diensthunden. Der Hund soll als Hilfe beim Türe öffnen, Licht aufdrehen und bringen von verschiedenen Gegenständen abgerichtet werden. Auch muss der Hund mit dem Heim und seinen Bewohnern vertraut gemacht werden. Semi schaffte es innerhalb weniger Minuten die Herzen der Heimbewohner zu gewinnen. Neugierig und vergnügt lief er zwischen den Heimbewohnern umher und ließ sich auch streicheln. Das Herz von Landesrätin Bohuslav hatte er mühelos gewonnen.

Im Oktober wurde SEMI-Erfinder Bezirkskommandant Oberstleutnant Florian Ladengruber, ÖAMTC Gerald Freudenthaler, Wilhelm Reidinger, Franziskusheim Chef Klaus Pavlecka sowie Diensthundeabrichter Gordon Philip mit „Pro Merito in Silber" ausgezeichnet.

Links: Oberstleutnant Florian Ladengruber mit Sozialhund „Semi" im Pensionistenheim.

Rechts unten: Sozialhund „Semi" mit seinem Ausbildner Gordon Philip.

Wiener Neustadt

Gendarmerie Bezirkskommandant Oberstleutnant Adolf Weisgram: „Ich bin vom Grundkurs damals auf den Posten Altenmarkt gekommen, wo ein berüchtigter Gendarm Postenkommandant war. Von diesem Posten waren insgesamt 27 Schüler aus der Gendarmerie ausgetreten. Er selbst fuhr mit dem Auto solange bis kein Benzin mehr da war. Wenn mein Kamerad und ich mit dem Auto fahren mussten, sollten wir das Benzin dazu selber kaufen. Ich fuhr daher nur mit dem Moped. Auch verkaufte er unsere Kohlen der Nachbarin und beschuldigte einen jungen Beamten zu saufen.

Dann hatte ich das Glück, dass vom Posten Leobersdorf ein Mann in die Steiermark versetzt wurde und schnell ein Ersatz gesucht wurde. So kam ich ohne in Altenmarkt den Dienst angetreten zu haben nach Leobersdorf. Als mich eines Tages der Abteilungskommandant anrief und fragte ob ich den Posten Leobersdorf kurzfristig leiten möchte, obwohl der Bezirkskommandant zu ihm gesagt hat, dass ich dazu noch zu jung sei, er aber anderer Ansicht war. So leitete ich kurze Zeit den Posten Leobersdorf zur vollen Zufriedenheit des Abteilungskommandanten. Wieder zurück am Posten Pottendorf kam der Bezirkskommandant und sagte zu mir, er habe erfahren, dass ich mit den jungen Beamten am Posten Leobersdorf per „DU" sei das untergrabe die Autorität und er sehe es nicht gerne. Als Dienstführender Beamter sollte man von den Eingeteilten Beamten doch etwas Abstand halten.

Ich bewarb mich dann um Eggendorf und der Abteilungskommandant befürwortete es auch. So kam ich auf diesen Posten. Und es wurde auch mein schönster Posten. Es gab im Bezirk Wiener Neustadt drei Postenkommandanten, die Berufserfahrung, Wissen und Kameradschaft ihren Postenmann-schaften vermittelten und auf diesen Posten ein einmaliges Klima hatten. Es waren dies Kögler Hans in Bad Fischau, Schwarz Rudolf in Eggendorf und Schröck Walter in Kirchschlag.

Dann war ich in Frohsdorf zugeteilt und in Wiener Neustadt habe ich gewohnt. Dann war der Bezirkskommandant Stellvertreter ausgeschrieben und Fuchs Erich und ich bewarben uns um diesen Posten. Erich Fuchs zog aber sein Ansuchen zurück."

EINSÄTZE IM BEZIRK WIENER NEUSTADT

Gendarmerieposten Frohsdorf Die Firma Dakhofer in Lanzenkirchen-Frohsdorf, hat vom Roten Kreuz die Kleidersammlungen aufgekauft. Seine Frau war eine Ungarin so kamen viele Ungarn die dort billige Wäsche und Kleider kauften. Auch hatte er Ungarinnen als Arbeiterinnen eingestellt. Einmal waren in einem Gewand 10.000 Schilling darin. Der Besitzer erklärte, das Geld gehört ihm da er ja alles gekauft hat. Der Besitzer hat nicht einmal den Bezirkshauptmann in die Firma gelassen.

Da ja immer geredet wurde, dass dort nicht angemeldete Ungarinnen arbeiten sollen, ordnete ich über Ansuchen des Bezirksgendarmerie Kommando, der Fremdenpolizei- und des Strafreferenten der Bezirkshauptmannschaft und des Arbeitsamtes eine Razzia an.

Zugeteilt waren auch mehrere Diensthundeführer mit ihren Hunden, die die Ausgänge bewachten und einer die Hallen durchstöberte, dabei wurden 6 Ungarinnen gestellt.

Einbruch in das Büro der Firma Dakhofer: Gestohlen wurde die Handkasse, aber alles wurde zusammengeschlagen und bei diesen Scherben fand Adi Weisgram ein kleines Stück Plastik, das er mitnahm. Eine Frau, die in der Firma wohnte, klärte uns über den neuen Betriebsleiter auf und der soll noch 6 Monate sitzen und hatte 17 Vorstrafen wegen Einbruchsdiebstähle.

Das Plastikstück dürfte von einer Zange stammen. dann gab uns eine Arbeiterin diese Zange und tatsächlich stammte dieses Stück von der Zange. Worauf wir eine Hausdurchsuchung machten und am Posten gestand er dann den Einbruch.

Frohsdorf Im Gasthaus Ecker bei der Kegelbahn wurde immer Geld gestohlen. Es waren einige Schülerbuben. Dann rief ein Biribauer aus Bromberg in Wiener Neustadt an, dass er sein Haus anzünden werde, da einer seiner Buben Geld gestohlen habe.

In Erlach in der Siedlung war alles zusammengelaufen und die Kinder weinten und riefen, dass der Vater das Haus anzünden wolle. Als wir zum Haus gingen, plötzlich eine Explosion Türen und Fenster flogen uns um die Ohren. Ich lief aber trotzdem ins Haus wo ich vor lauter Rauch nichts mehr sehen konnte, doch hörte ich aus dem Keller ein Wimmern, trotz des Rauches konnte ich einen Mann erfassen und ins Freie ziehen. Diese Lebensrettung war in letzter Minute. Der Mann der uns angerufen hatte war der Mann aus Erlach welcher einen falschen Wohnort angegeben hatte.

Landesgendarmeriekommandant Brigadier Gerhard Schmid verabschiedet den Bezirksgendarmeriekommandant von Wiener Neustadt Oberstleutnant Adolf Weisgram in den Ruhestand.

X. SEK (Sondereinsatzkommando) / NÖ

15. Juni 1984 Mit Erlass des Bundesministeriums für Inneres wurde die Errichtung einer Sondereinsatzgruppe in jedem Bundesland mit einer Personalstärke bis zu 18 Beamten angeordnet. Die Gruppe hatte mit 1. August 1984 aufgestellt zu sein.

SEG-Referent des Landesgendarmerie-Kommando für Niederösterreich war Oberstleutnant Erich Moritz. Der Gruppe gehörten nur ehemalige Mitglieder an, die beim Gendarmerie Einsatzkommando Dienst versehen hatten und sollten bei mittleren Gefährdungslagen eingesetzt werden. Nach einem Jahr meldete Oberstleutnant Erich Moritz dem damaligen Landesgendarmerie Kommandanten Oberst Kozler die Einsatzbereitschaft der SEG/NÖ.

Kommandant der Gruppe war BezInsp Heinz Schuh, sein Stellvertreter BezInsp Franz Kurz. Die NÖ Einsatzgruppe bestand aus 12 ehemaligen Einsatzkommando Beamten. Die Kurzbezeichnung für diese Einheit war SEG/NÖ. Sie hatten eine einheitliche Uniform und führten Spezialwaffen und Ausrüstung in einem eigenen VW-Bus mit.

Die Sondereinsatzgruppe konnte von den Posten und Bezirksgendarmerie Kommanden angefordert werden, zu Festnahmen und Verfolgungen von gefährlichen oder bewaffneten Tätern, Teilnahme an großen Fahndungen und Abschiebung von Fremden mit Flugzeugen.

Die Beamten werden auch als Ausbildner bei der Grenzgendarmerie eingesetzt. Jeder Beamte der Sondereinsatzgruppe versieht auf einem Gendarmerieposten seinen Dienst. Im Falle eines Einsatzes müssen sie zum Einsatzort in Niederösterreich anreisen. Im Durchschnitt werden sie im Jahr zu ca. 15 Einsätzen beordert.

Jeder Beamte führt nun in seinem Einsatzgepäck neben seinen Waffen auch die speziell zugewiesenen Einsatzmittel bei sich. Auch wurde der Personalstand auf 18 Beamte erhöht.

1989 Major Ernst Schuch ist SEG Referent er hat Oberstleutnant Moritz abgelöst. AbtInsp Heinz Schuh ist seit Bestehen der Einsatzgruppe Kommandant und auch Postenkommandant des Gendarmeriepostens Gloggnitz. Stellvertreter ist GrpInsp Johann Weber, Kommandant des Gendarmeriepostens Sieghartskirchen.

Im Jahr 1992 wurde für die Bezirkshauptmannschaft die erste Flugzeugabschiebung durchgeführt. Da diese Abschiebung klaglos vonstatten ging wurden alle Bezirksverwaltungsbehörden vom zuständigen Ministerium von dieser Möglichkeit der Abschiebung in Kenntnis gesetzt. So wurden in den folgenden Jahren: 1993 – 6 Flugzeugabschiebungen, 1994 – 17 Flugzeugabschiebungen usw. durchgeführt.

Ausländer verschiedenster Nationalitäten (nigerianische, tunesische, holländische, polnische, albanische, ägyptische, südafrikanische, zairische, rumänische und gambische Staatsbürger) in ihre Herkunftsländer abgeschoben. Die Fluglinien Aero-Flot, AUA, Delta-Air, Alitalia, Sabena-Air, Balkan-Air, LOT, Eypt-Air wurden zwecks Durchführung in Anspruch genommen. Jeder Beamte hatte mehrere Abschiebungen in die verschiedensten Länder durchgeführt, wobei die nach Afrika die problematischsten waren da sie für jeden Beamten eine große körperliche Belastung darstellten.

Die Abschiebungen wurden zur vollsten Zufriedenheit der Behörden von den SEG Angehörigen durchgeführt.

Mit der Reform 2002 kam es zur Auflösung der SEG Einheiten, da nun in jedem Bundesland eine Cobra Einheit deren Aufgaben übernommen hatten.

Links: Leiter der Kriminalabteilung Burgenland, Oberst Ernst Schuch.

Rechts: Major Ernst Schuch als SEG-Referent.

Ausrüstung und Waffe der SEG-Kommanden.

SEG-Einsatzübung / Einsatzgruppe (Foto: Gend.-Museum).

SEG-Einsatzübungen/ Einsatzgruppe (Foto: Gend.-Museum).

XI. Alpingendarmerie

In Österreich gab es bei der Alpingendarmerie 32 Alpine Einsatzgruppen mit 465 Beamten. Im Bezirk Neunkirchen gibt es zwei Alpine Einsatzgruppen Reichenau an der Rax, Leiter Michael Schneider und Puchberg am Schneeberg, Leiter Franz Bichler.

Die Alpingendarmerie hatte die Aufgabe, bei allen Alpinen Unfällen Erhebungen durchzuführen und an die Behörden Meldungen bzw. Anzeigen zu erstattet. Außerdem auch die Hilfeleistung bei Unfällen und die Bergung mit Flugretter und Hubschrauber des Innenministeriums.

1951 Für die Alpingendarmen gab es vom Landesgendarmerie-Kommando nur einen Anorak, einen Rucksack und eine Bergmütze. Die übrige Bekleidung und die Schier musste der Beamte selbst mitbringen.

21. Jänner 1951 Um 13.00 Uhr löste sich am Schneeberg im oberen Bereich der Kuhplagge eine Grundlawine und verschüttete zwei Schifahrer. Trotz schwerster Lawinengefahr begaben sich Beamte der Posten Puchberg am Schneeberg und Reichenau sowie Bergrettungsmänner aus Puchberg und Wien zum Unglücksort.

Wegen weiterhin schwerster Lawinengefahr musste die Bergungsaktion am 22. Jänner abgebrochen werden. Am 23. Jänner konnten die beiden Verunglückten im Krumbachgraben unter einer 3,5 Meter dicken Schneemasse tot geborgen werden.

11. Oktober 1953 Gegen 12.45 Uhr sind beim Klettern auf der Hohen Wand am Einstieg am Brunngartnerturm zum Wildenauergrat die Wiener Johann S. und Erika R. tödlich abgestürzt. Kurz nach dem Einstieg löste sich unter den Händen des Führenden S. ein Felsbrocken und er stürzte rücklings ca. 45 m in die Wand. Durch den Sturz wurde Erika R. mitgerissen, die nach ca. 30 m in einem Strauch hängen blieb. Beide Bergsteiger hatten durch den Sturz mehrfache innere Verletzungen erlitten und verstarben während der Bergung durch die Bergrettung, die sich sehr schwierig gestaltete.

1957 Der erste Hubschraubereinsatz im Rax- und Schneeberggebiet. Im Raxgebiet im großen Höllental waren zwei Bergsteiger abgängig. Nach 5 Tagen erfolgloser Suche der Alpingendarmerie und der Bergrettung erfolgte der erste Einsatz eines der ersten Hubschrauber des Innenministeriums.

Pilot war Rittmeister Kubert, der aus Gloggnitz stammte und das Gebiet natürlich sehr gut kannte. Die zwei abgestürzten Kletterer konnten am sechsten Tag tot aufgefunden und mittels Stahlseilgerät geborgen werden.

16. Mai 1961 Gendarmerie Patrouillenleiter Josef Burger vom Gendarmerieposten Reichenau erhielt vom Stellvertreter des Landesgendarmerie Kommandanten Oberstleutnant Schoiswohl, die ihm vom Bundespräsidenten verliehene Silberne Medaille am Roten Band für Verdienste um die Republik Österreich. Die Ehrengäste wurden von Gendarmerie Rittmeister Walter Sandhofer begrüßt.

Patrouillenleiter Burger wurde am 5. Dezember 1960 zum Stellvertreter des Alpinen Einsatzleiters der Einsatzgruppe Reichenau ernannt.

Besonders erwähnenswert ist die Rettungs- und Bergungsaktion in den Blechmauern im Großen Höllental, wo er frei in hängender Stellung, trotz großer Steinschlaggefahr einen frei im Seil hängenden leblosen Körper übernahm.

Am 10. August 1968 wurde Sepp Burger zum Lehrer und Gendarmerie Bergführer ernannt.

4. März 1968 Auszeichnungen verdienter Gendarmeriebeamten für mehrere Rettungen unter eigener Lebensgefahr. Abteilungskommandant Rittmeister Sandhofer führte aus, dass sich 50 % aller Alpinunfälle im Rax-Schneeberggebiet ereignen.

Die Gendarmerie Revierinspektoren Johann Tannhauser Postenkommandant und Leiter der Alpinen Einsatzgruppe Puchberg am Schneeberg,

Josef Stern, Postenkommandant in Schottwien und Leiter der Alpinen Einsatzgruppe Reichenau an der Rax und Gendarmerie Rayonsinspektor Walter Schröck des Postens Reichenau und Stellvertreter des Leiters der Einsatzgruppe Reichenau, erhielten die ihnen vom Bundespräsidenten verliehene Silberne Medaille am Roten Band für die Verdienste um die Republik Österreich.

17. Mai 1980 Bergunfall auf der Rax. Edith G., Konrad St. und Franz P. unternahmen in den Vormittagsstunden eine Bergtour auf die Rax. Sie fuhren mit der Seilbahn bergwärts und wanderten anschließend zur Seehütte. Gegen 16.20 Uhr beabsichtigten sie nach einer Rast in der Seehütte über den Göbl-Kühnsteig in Richtung Waxriegelhaus abzusteigen. Edith G. und Franz P. waren für die Tour nur mangelhaft ausgerüstet. Beim Queren eines hart gefrorenen Schneefeldes verloren die drei Bergsteiger den Halt und rutschten in einer steilen, mit Felsabbrüchen durchsetzten Schneerinne ab. Franz P. kam ungefähr nach 150 bzw. 200 m zu liegen und wurde unbestimmten Grades verletzt. Edith G. und Konrad St. rutschten bzw. stürzten ca. 300 m ab und kamen schließlich auf einem alten Lawinenkegel zu liegen. Edith G. erlitt dabei tödliche Verletzungen. Franz P. konnte trotz seiner Verletzungen noch ins Tal absteigen und den Unfall melden.

Konrad St. wurde mit lebensgefährlichen Verletzungen in das Krankenhaus Neunkirchen gebracht, wo er am 23. Mai an den Folgen der Verletzungen verstorben ist. Die 17jährige Edith G. und der 40jährige Konrad St. wurden von den Männern der Alpingendarmerie und des Bergrettungsdienstes in einer schwierigen Aktion geborgen und zu Tal gebracht.

8. November 1987 Gegen 14.15 Uhr startete der 42jährige Joachim Herzog aus Wien mit seinem Paragleiter auf dem Hochschneeberg ca. 100 m unterhalb des Klosterwappen um nach Kaiserbrunn zu fliegen. Nach kurzer Zeit geriet Herzog in eine Leewelle, der Schirm wurde von einer Sturmbö zusammengedrückt und der Flieger stürzte im freien Fall aus einer Höhe von 210 m in ein Latschenfeld in der Bockgrube. Herzog wurde dabei schwer verletzt und musste von der Bergrettung und Alpingendarmen geborgen und in einem schwierigen Einsatz zu Tal gebracht werden. Ein Hubschraubertransport war witterungsbedingt nicht möglich.

8. Jänner 1989 Suche nach der abgängigen Krankenschwester Christine L. An diesem Tag wurde der Gendarmerieposten Puchberg am Schneeberg von einer Freundin von Christine L. informiert, dass diese seit zwei Tagen nicht zum Dienst erschienen war.

Nun begann die Suche nach dem PKW der Abgängigen, welcher im Schneebergdörfl (Ortsrotte von Puchberg) versperrt aufgefunden wurde. Es war anzunehmen, dass Christine L. von der nördlichen Seite des Hochschneeberges aufgestiegen war. Zu diesem Zeitpunkt war der Schnee hart gefroren und die Sicht eher schlecht. Eine Abfrage aller Schutzhütten nach der Abgängigen verlief negativ.

Um 12.00 Uhr begann eine Suchmannschaft bestehend aus 5 Alpingendarmen und 10 Bergrettungsmännern der Ortsstelle Puchberg am Schneeberg mit der Suche nach der Abgängigen. Die Suche musste um 18.00 Uhr wegen schlechter Witterung und Einbruch der Dunkelheit ergebnislos abgebrochen werden. Die Nacht über begann nun vom Posten Puchberg aus eine nochmalige Befragung aller Angehörigen und Freunde der Abgängigen nach dem eventuellen Ziel der L.

Am 9. Jänner um 8.00 Uhr stieg neuerlich eine Suchmannschaft mit Unterstützung eines Hubschraubers des BMI in Richtung Wilde Plagge auf den Hochschneeberg auf. Bei dem so genannten Quersuchen wurde ein Abstand von etwa 80 m eingehalten.

Um 13.15 Uhr erblickte ein Helfer unter einer Schirmfichte den Rucksack der Abgängigen. Christine L. wurde in unmittelbarer Nähe des Rucksackes unter der Schneedecke tot aufgefunden.

Wie die Erhebungen ergaben war Christine L. von 1600 m Seehöhe über die hart gefrorene „Wilde Plagge" (Gefälle von ca. 35 Grad) ca. 300 m weit abgerutscht. Sie erlitt dabei einen Oberschenkelbruch links und einen Genickbruch. Der Abtransport der Leiche gestaltete sich auf Grund der Witterungsverhältnisse und der Geländebeschaffenheit sehr schwierig.

1. April 1991 Lawinenabgang am Schneeberg in der Lahning Ries. Um ca. 9.00 Uhr stiegen der 45jährige Gustav F., die 23jährige Gundula E. und der 32jährige Dieter S. von Losenheim über den Fadensteig auf den Hochschneeberg auf und trafen um ca. 11.30 Uhr bei der Einfahrt zur Lahning Ries in etwa 1900 m Seehöhe ein.

Sie hatten die Absicht die Lahning Ries mit Schiern bzw. Dieter S. mit einem Snowboard abzufahren. Auf dem Altschnee hatte sich eine ca. 30 cm starke Neuschneeschicht gebildet, bzw. war Neuschnee in die Lahning Ries eingeweht worden. Nachdem die drei Tourenfahrer in die Steilrinne eingefahren waren, riss plötzlich die Schneedecke vom obersten Einfahrtsbereich ab und die Schneemassen rissen die drei Schifahrer zu Tal.

Gerhard T., der sich zu diesem Zeitpunkt im Bereich des Grafensteiges aufhielt, wurde Zeuge dieses Unfalles. Er leistete dem schwer verletzten Dieter S. Erste Hilfe und begann durch Abschießen von Leuchtraketen, Hilfe herbeizu holen. Eine Dienstmannschaft der Bergrettung Puchberg sah diese Notsignale und verständigte per Funk den Journalbeamten des Postens Puchberg.

Nun überschlugen sich die Ereignisse, denn es war nicht bekannt, wie viele Personen unter den Schneemassen begraben waren. Ein Außendienstbeamter bezog seinen Standort in Losenheim und versuchte den Umfang des Lawinenabganges zu erfahren. Gleichzeitig wurden vom GP Puchberg aus die Alpine Einsatzgruppe, sämtliche Bergrettungsmänner, Ärzte, die Hubschrauber des BMfI und der Notarzthubschrauber des ÖAMTC angefordert.

Zufällig war auch ein Bergrettungsmann mit einem ausgebildeten Lawinenhund im Dienst bzw. in Nähe der Unfallstelle. Dieser Bergrettungsmann gab nach kurzer Zeit per Funk bekannt, dass zwei Tote und ein Schwerverletzter aufgefunden wurden. Zu diesem Zeitpunkt landeten bereits beide Hubschrauber in Losenheim und begannen Rettungsmaterial und Decken zur Unfallstelle zu fliegen.

Auch ein Arzt konnte auf diese Weise rasch zur Unfallstelle gebracht werden. Anschließend wurde der schwerverletzte Dieter S. zu Tal gebracht. Während der Lawinenkegel mit Sonden abgesucht wurde, erfolgte die Bergung der beiden Leichen mittels Seilbergung. Der rasche Abtransport des verletzten Dieter S. ist dem fliegerischen Können des Einsatzpiloten zu verdanken. Durch den starken Wind hatten die Piloten Mühe ihre Maschinen im Bereich der Steilrinne zu halten bzw. zu manövrieren.

13. Juli 2005 Hubschrauberabsturz im Höllental. Gegen 9.50 Uhr stürzte der Pilot Johann Knaus mit einem Hubschrauber BELL 205-A1, Kennzeichen OE-EXN, der Firma Heli-Air-Transport beim Landeanflug in Kaiserbrunn in der so genannten Ochsenleiten ab. Am Hubschrauber entstand Totalschaden. Der Pilot wurde schwer verletzt. Von der Firma Heli-Air wurde mit dem Hubschrauber im Auftrag der Gemeinde Wien aus dem Brennkogelgebiet Blochholz mit einem an der Unterseite des Fluggerätes befestigten Transportseil zu einem Lagerplatz im Höllental geflogen und dort abgeworfen. Bei einem Flug ohne Last hatte der Hubschrauber mit dem frei hängenden Transportseil Baumberührung, worauf er aus einer Höhe von 25 bis 30 m abstürzte.

6. September 2005 Tödlicher Absturz auf der Rax. Erich B. 71 Jahre alt und Klaus H. 72 Jahre alt unternahmen eine Klettertour im Großen Höllental. Bei dieser Tour wurde Erich B. durch massiven Steinschlag getroffen und erlitt tödliche Verletzungen. Sein Seilpartner machte durch Rufe auf den Unfall aufmerksam. Kurze Zeit später traf der Rettungshubschrauber CH 3 ein. Dieser versuchte mittels Flugretter und Bergeseil zur Unfallstelle zu gelangen. Vom Flugretter konnten im 2. Anflug nur 2 Tote Alpinisten geortet werden. Klaus H. war in der Zwischenzeit mangels entsprechender Selbstsicherung ca. 70 m abgestürzt und erlitt dabei ebenfalls tödliche Verletzungen.

Nach Lawineneinsatz, Bergung von zwei Verunglückten. (Fotos: Gend.-Museum)

Hochalpin-patrouille (Foto: Gend.-Museum)

Alpine Einsatzgruppe Reichenau – vorne Erich Scherz, links der Leiter der Einsatzgruppe Josef Burger, Josef Kappel, Alfons Gerhartl, letzte Reihe Hans Mundsberger und Josef Fauland.

Patrouille mit einem Forstorgan (Foto: Gend.-Museum)

Diese Seite: Alpine Einsatzübung mit Funkgeräten und Seilbergung. (Fotos: Gend.-Museum)

Diensthunde-patrouille im Hochgebirge. (Foto: Gend.-Museum)

Unten: Gend.-Patrouillenleiter Josef Burger erhält von Oberstleutnant Schoiswohl die vom Bundespräsident verliehene „Silberne Medaille am roten Band" für Verdienste um die Republik Österreich.

Kleines Bild: Hundeführer-Marsch mit Diensthunden. (Foto: Gend.-Museum)

Oben, beide: Meisterschaft im alpinen Patrouillenlauf. (Fotos: Gend.-Museum)

Mitte links: Letzte Alpinübung mit Karl Berger (im Trainingsanzug). V. li.: Neumann, Schneider, Burger, Brunnflicker, (Berger), Kappel, Hofer, Franz Winkler, Fritz Winkler.

Mitte rechts: Alpinpatrouille am Hochschneeberg, v. li.: Kapfenberger, Bichler, Berger.

Alpine Einsatzgruppe Puchberg am Schneeberg.

Einsatzleiter der Alpinen Einsatzgruppe, Franz Bichler.

XII. Einsätze in den Landesgendarmerie-Kommanden

Burgenland

Daten 2005

Landesgendarmerie-Kommandant: Generalmajor Nikolaus Koch
Kommandant der Kriminalabteilung: Oberst Rainer Erhart
Kommandant der Verkehrsabteilung: Oberst Werner Kautek
Kommandant der Einsatzeinheiten: Oberst Christian Knopf

Landesgendarmeriekommandant Generalmajor Niklaus Koch.

Burgenlands Ostgrenze – Stacheldraht und Minen über 414 km

Stalin, Roosevelt und Churchill hatten noch während des Zweiten Weltkrieges Europa neu geordnet und Interessensgebiete abgesteckt, an die man sich im Wesentlichen bis 1989 hielt.

Fast 70 Jahre versuchte man nun mit allen möglichen Hindernissen Völker zu trennen. Es gab verschiedene Zeitepochen, in denen diese Grenze unterschiedlich bewacht und der Übertritt mehr oder weniger genau kontrolliert wurde. Der mit Ende des Zweiten Weltkrieges beginnende Kalte Krieg zwischen Ost und West wirkte sich auf das Burgenland besonders negativ aus. Sowohl die wirtschaftlichen, als auch die menschlichen Beziehungen wurden, wenn nicht anderes möglich, auch mit Gewalt unterbunden.

An der burgenländischen Ostgrenze begannen unsere Nachbarn im Jahre 1948 mit dem Bau einer fast unüberwindbaren Barriere. Dieser etwas mehr als 400 km lange Grenzzaun mit Stacheldraht, Minen und Wachtürmen erhielt einen neuen, abschreckenden Namen „Der Eiserne Vorhang". Die einst tote Grenze erstreckte sich von Kittsee (Tschechoslowakei, heute Slowakei) bis Kalch (Jugoslawien, heute Slowenien). Dazwischen liegt Ungarn mit dem sich über 396 km ziehenden, bei weitem längsten Grenzabschnitt.

Vom Heideboden mit dem Neusiedler See im Norden, durch den Wald des Günser Gebirges bis zur Raab in den Bezirk Jennersdorf, jeder Kilometer zwischen den Grenzsteinen könnte seine Geschichte schreiben. Es gab viele tragische Ereignisse, bei denen Menschen zu Tode gekommen sind oder schwer verletzt wurden. Der nachstehend geschilderte Vorfall hat mich besonders betroffen gemacht:

Eiserner Vorhang

Inmitten eines weiten fruchtbaren Flurs bei Lutzmannsburg im Bezirk Oberpullendorf, endete damals die schmale Straße an einem Schlagbaum mit der Warntafel „Achtung Staatsgrenze"! Ein enger Streifen lag dahinter, dann folgten Drahtverhau, Minengürtel und ein zehn Meter breiter Kontrollstreifen. In der Chronik des Gendarmeriepostens Lutzmannsburg heißt es dazu wörtlich: „Dieser Kontrollstreifen wird mindestens jeden dritten Tag geackert und dann geeggt. Das Erdreich soll offensichtlich frisch und locker bleiben."

Doch das ist alles Vergangenheit. Die Verbundenheit der Menschen zueinander war größer als jegliche politische Philosophie von Macht und Unterdrückung. Nach dem Abbau des Eisernen Vorhanges hat man es nun wieder geschafft. Am 1. Dezember 2001 konnte der Grenzübergang nach Zsira (Tening) eröffnet werden, und die Bevölkerung ist enger zusammengerückt denn je.

Not ist groß – Heizmaterial Mangelware

Der Grenzbereich des Gendarmeriepostens Lutzmannsburg ist sechzehn Kilometer lang. 600 Meter waren damals noch ohne Stacheldraht, aber die Grenze war dennoch hermetisch abgeriegelt. Aus den Aufzeichnungen geht weiters hervor: „Seit Wochen schon kamen keine Flüchtlinge mehr über die Grenze. Die kleine Ortschaft jenseits des Stacheldrahtes scheint wie ausgestorben. Arbeiten an der Grenze dürfen die ungarischen Bauern nur mit einer schriftlichen Sonderbewilligung verrichten. Die Not dürfte sehr groß zu sein, weil man den ganzen Winter hindurch von keinem Wohnhaus Rauch aufsteigen gesehen hat. Es gibt bloß einen Gemeinschaftsraum, der beheizt wird. Für die weiteren Objekte fehlt wahrscheinlich das Heizmaterial.

Jede Verständigung wird unterbunden. Die entlang der Grenze errichteten Wachtürme sind rund um die Uhr besetzt. Den ungarischen Soldaten ist es verboten, mit ihren österreichischen Kollegen zu sprechen. Wenn sie einander begegnen, nehmen die Ungarn ihre Gewehre von der Schulter und gehen starren Blickes weiter.

Hilfeschreie dröhnen durch die Nacht

RevInsp Leo Felder war damals Kommandant des Gendarmeriepostens Lutzmannsburg. Zu Jahresanfang des Jahres 1957 patrouillierte er in den späten Abendstunden entlang der Grenze, in unmittelbarer Nähe des Stacheldrahtes. Kalter Wind fegte über die Felder, der nasse Schnee hatte Flure und Wege knöcheltief aufgeweicht. Der Beamte trug Gummistiefel, denn mit normalem Schuhwerk wäre er in dieser Nacht wohl nicht weit gekommen. Ein routinemäßiger Dienst neigte sich dem Ende zu, als ihm der Wind auf dem Heimweg plötzlich einen eigenartigen, langgezogenen Ton zutrieb. Es klang wie das Wehklagen eines Hasen. RevInsp Felder blieb kurz stehen und lauschte gespannt in die Finsternis. Da – wieder die gleichen Laute. Sie kamen von der Grenze her und hatten diesmal wie der Hilfeschrei eines Menschen geklungen. Ohne zu zögern kehrte er um, stapfte querfeldein, hielt schwer atmend an, horchte in den Wind und stolperte weiter. Und nach etwa eineinhalb Kilometer wusste er, dass er diese Patrouille nicht umsonst verrichtet hatte.

Frau liegt bewusstlos mit ihren Kindern im Schnee

Vor ihm lag in der schlammigen Erde eines Ackers eine etwa dreißigjährige Frau, für die der Kampf um den Weg in die Freiheit verloren schien. Sie schien bewusstlos, war aber wahrscheinlich nach den aufreibenden Strapazen der Flucht erschöpft zusammengebrochen. Aber sie war nicht alleine, denn neben ihr knieten noch ihre zwei Kinder. Sie waren etwa vier bis fünf Jahre alt und weinten leise vor sich hin. Die Hilferufe des älteren Kindes hatte der Wind offensichtlich über die Ebene getragen, auf der der Gendarm heimwärts schritt. Nun musste er kurz entschlossen handeln und konnte den Ort des Geschehens nicht mehr verlassen. Er wusste nämlich aus verschiedenen anderen Vorfällen, dass nicht ausgeschlossen werden konnte, dass ungarische Grenzwachen die drei Flüchtlinge wieder über die Grenze schleppen würden.

Nach langem Bemühen gelang es ihm, die Frau wieder zu Bewusstsein zu bringen und diesem völlig verstörten und verzweifelten Menschen Mut, aber auch Trost zuzusprechen. Er hob sie nun auf, legte ihre Arme um seine Schultern, nahm die Kinder an der Hand und schlug sich mit dieser schweren, aber glücklichen „Last" bis zum Gendarmerieposten durch. Wie lange dieser beschwerliche Weg durch die Nacht gedauert hat, konnte der Gendarm nicht mehr sagen.

Es steht aber fest, dass er am Ende seiner Kräfte war, aber dennoch vor Glück strahlte, weil ihm bewusst war, dieser Frau und ihren Kindern das Leben gerettet zu haben.

Grenzgendarmerie für Besatzungszone

Eine Sonderregelung hat es im Burgenland ab 1. April 1946 mit der Aufstellung einer Grenzgendarmerie gegeben. Diese war ein Teil der regulären Gendarmerie und wurde vorwiegend am Eisernen Vorhang eingesetzt. Mit dieser Maßnahme reagierte die Bundesregierung auf Druck der sowjetischen Besatzungsmacht wegen der entsetzlichen Sicherheitsverhältnisse im Grenzbereich. Delinquenten aus Österreich und den Nachbarstaaten nützten mit kriminellen Angehörigen der sowjetischen Besatzungsmacht die Möglichkeiten, die ihnen die ungeklärten Verhältnisse an der Grenze boten. Vielfach brauchten sie auch keine Strafverfolgung zu fürchten, weil die bestehenden Gesetze oft unterschiedlich (meist zu Gunsten des Täters) ausgelegt wurden. Deshalb konnten diese kriminellen Elemente auch viele Vorteile aus der allgemeinen Rechtsunsicherheit des Landes ziehen und die Grenzbevölkerung terrorisieren.

Obwohl sich die Sicherheitsverhältnisse mit den Jahren langsam gebessert hatten, verlangten die Sowjets den Weiterbestand dieser relativ kostspieligen Grenzgendarmerie auf Kosten der Republik Österreich. Sie wollten damit – neben dem etwas später errichteten Eisernen Vorhang – auch auf österreichischem Gebiet eine Grenzwache, die den unkontrollierten Grenzübertritt verhindern sollte.
Quelle: Michael Seper, Abschlussarbeit GAL 1/01.

Staatsvertrag unterzeichnet – Grenzgendarmerie aufgelöst

Doch mit der Unterzeichnung des Staatsvertrages am 15. Mai 1955 durfte Österreich über seine eigene Sicherheitspolitik bestimmen. Die Auflösung dieser Grenzgendarmerie erfolgte bereits am 16. 8. 1955. Die Beamten wurden in die reguläre Gendarmerie übernommen. Man gab ihnen aber auch die Möglichkeit zur Überstellung in das von der B-Gendarmerie rekrutierte Bundesheer.

Dass man mehr als 30 Jahre nach dem Fall des Eisernen Vorhanges wieder eine Grenzgendarmerie aufstellen und auch das Bundesheer in die Grenzüberwachung einbeziehen wird, ahnte zu diesem Zeitpunkt wohl niemand.

Schießbefehl für ungarische Soldaten am Eisernen Vorhang

Der Grenzverkehr mit Ungarn, der Tschechoslowakei (heute Slowakei) und Jugoslawien (aus dem nördlichen Teil Jugoslawiens ging der heutige Staat Slowenien hervor) wurde durch den im Jahre 1949 fertig gestellten Eisernen Vorhang zur Gänze unterbunden. Der Osten wurde vom Westen für 40 Jahre durch diesen kaum zu überwindenden Grenzstreifen abgeschnitten. Eine derart schreckliche Grenze in Mitteleuropa, die nur mit dem Todesstreifen zwischen der Bundesrepublik Deutschland und der Deutschen Demokratischen Republik (DDR) übertroffen werden sollte, hat es bis dato noch nicht gegeben. Minengürtel, Wachtürme und Stacheldraht über eine Länge von 400 km prägten über Jahrzehnte das Bild an Burgenlands Ostgrenze. Schwer bewaffnete Soldaten, die von ihren Regierungen Schießbefehl hatten, patrouillierten zwischen Kittsee und Kalch. An den Straßenübergängen versuchte man mit allen sich nur bietenden Möglichkeiten die Bürger beider Länder von einem Grenzübertritt abzuhalten. Jeder geringste Zwischenfall wurde penibel erhoben. Gemischte Kommissionen traten zusammen, Protokolle wurden seitenweise verfasst und Schuldzuweisungen waren bei den Sitzungen an der Tagesordnung. Doch die Menschen ließen sich weder durch Waffen noch durch andere Schikanen beeinflussen. Sie versuchten dennoch, mit Freunden jenseits des Stacheldrahtes zu kommunizieren oder sich gegenseitig zu besuchen.

Es ist endlich vorbei – Friede, Freiheit, Sicherheit

Bis zum Jahre 1989 sollte sich an der Grenzsicherung von österreichischer Seite nur wenig ändern. Eingefahrene Strukturen hatten sich bewährt. Der Zollwache oblagen in all diesen Jahren die Vollziehung des Grenzkontrollgesetzes sowie die Sicherung der Staatsgrenze mit den Grenzübertrittstellen. Gendarmerie und Polizei agierten im Hinterland. Das Bundesheer stand mit Ausnahme der Ungarn-, Tschechen- und Jugoslawienkrise bis auf weiteres nicht direkt an der Grenze.

Doch im Jahre 1989 wurde mit der Beseitigung des Stacheldrahtes und dem Abbau der Wachtürme die geopolitische Lage in Mitteleuropa auf den Kopf gestellt. Der Beginn dieser neuen Epoche wurde bereits im Jahre 1985 eingeleitet, als Michail Gorbatschow in der Sowjetunion an die Macht kam und mit Glasnost und Perestroika eine neue Ära einleitete.

Gendarmenmord im „Kreutzer Wald"

Die Gemeinde Deutschkreutz liegt im Bezirk Oberpullendorf und hat 3.100 Einwohner. Die Umgebung des Ortes zählt zu den besten Rotweingebieten des Burgenlandes. Deutschkreutz ist aber nicht nur wegen des guten Weines bekannt. Vor allem wegen der Lage an der Grenze zu unserem östlichen Nachbarland Ungarn weist die Geschichte des Ortes viele Parallelen mit jener des gesamten Burgenlandes auf. Während der Landnahme (1919–1921) ist es in allen Teilen des Landes zu Überfällen durch ungarische Freischärler gekommen. Unsere Gendarmen mussten viele Opfer bringen, um die Bevölkerung vor Übergriffen durch die äußerst brutal agierenden Banden zu schützen. Sie hatten aber gleichzeitig den Auftrag, das Gebiet nach den im Friedensvertrag von Saint Germain festgelegten Grenzen in Besitz zu bringen. Diese Aufgabe fiel deshalb der Gendarmerie zu, weil die Landnahme aufgrund des Vertrages durch einen Zivilwachkörper zu erfolgen hatte.

Gedenkstein im Kreutzer Wald für die ermordeten Hilfsgendarmen Josef B. und Johann K.

Im „Kreutzer Wald" überfallen

Auch nach dem Zweiten Weltkrieg war es wieder die Gendarmerie, die mit unzureichendem Personal und kaum vorhandener Ausrüstung die Burgenländer vor Übergriffen der Besatzungsmacht bewahren, aber auch die Grenze gegen Ungarn sichern sollte. Eine fast unlösbare Aufgabe, die viele Opfer forderte. Ein besonders tragischer Vorfall, der weit über das Burgenland hinaus großes Aufsehen erregte, war ein brutaler Raubüberfall am 10. Juni 1946 im „Kreuzer Wald" auf der Landesstraße 226 zwischen Deutschkreutz und Nikitsch.

Opfer dieses Verbrechens waren die Hilfsgendarmen Josef B. des Gendarmeriepostens Nikitsch und Johann K. des Gendarmeriepostens Deutschkreutz sowie der Schmiedemeister Josef S. und der Landwirt Franz Sch. Der genaue Tathergang ist nicht bekannt, soll sich aber wie folgt zugetragen haben:

Angehalten und brutal erschossen

Der Hilfsgendarm Josef B. fuhr mit seinem Fahrrad von Nikitsch in Richtung Deutschkreutz. Aus Nikitsch kamen ihm ebenfalls mit den Fahrrädern der Hilfsgendarm K., der Schmiedemeister S. sowie der Landwirt Sch. entgegen. Die Männer begegneten sich in einer Kurve, etwa drei Kilometer außerhalb von Deutschkreutz. Dort wurden sie von unbekannten Tätern angehalten und mit einer Pistole erschossen. Nachdem die Mörder die Leichen in den Wald gezerrt hatten, raubten sie ihnen das gesamte Bargeld und flüchteten mit den Fahrrädern ihrer Opfer.

Die Räder wurden erst nach längerer Zeit, ungefähr 500 m vom Tatort entfernt, in unmittelbarer Nähe der ungarischen Grenze in verrostetem Zustand aufgefunden.

Tat bis heute nicht geklärt

Die Gendarmen waren zur Zeit der Tat außer Dienst, und weil es für die Sicherheitskräfte kaum Waffen gab, unbewaffnet, jedoch in Uniform. Das Verbrechen erregte damals größtes Aufsehen und sorgte in der Bevölkerung lange Zeit für Furcht und Unruhe. Offiziell blieben die Erhebungen erfolglos. In den Gemeinden kannte man zwar die Täter, doch niemand gab der Exekutive aus Angst vor weiteren Gewaltakten den entscheidenden Hinweis. Die Mörder wurden auch ausgeforscht, das Verbrechen konnte ihnen aber nie nachgewiesen werden. Die Tat gilt somit bis zum heutigen Tage offiziell als ungeklärt.

An das schreckliche Ereignis dieser Zeit erinnert ein Gedenkstein, der im Jahre 1961 am Tatort errichtet wurde. In treuem Gedenken an unsere ermordeten Kameraden wird dieser Stein zum Gendarmerie Gedenktag (seit der Zusammenlegung zum Tag der Polizei) und zum Allerseelentag mit Blumen geschmückt.

Ungarnaufstand 1956

23. Oktober 1956. Ungarnkriese durch Volksaufstand gegen die sowjetische Besatzung.
4. November 1956. LGK Burgenland Wolfgang Bachkönig. In den ersten Novembertagen kamen die ersten Flüchtlingswellen nach Österreich.

Ungarn Fall des Eisernen Vorhanges Beginn **August 1989**, durch den politischen Umbruch im Osten kamen zehntausende Personen aus den osteuropäischen Staaten und versuchten illegal nach Österreich zu gelangen, sodass die Exekutive komplett überfordert war und das Bundesheer zur Assistenzleistung an der burgenländisch-ungarischen Grenze anforderte.

Während eines 24 Stunden Turnusdienstes wurden 28.750 illegale Grenzgänger aufgegriffen.

Erste Krise nach Erhalt des Staatsvertrages

Polen und die DDR rebellierten als erste und versuchten sich schon im Jahre 1953 – jedoch ohne Erfolg – vom „sowjetischen Bruder" zu befreien. Bewaffnete Soldaten sowie Panzereinheiten hielten die „Freundschaft" mit Gewalt aufrecht.

Chefinspektor Wolfgang Bachkönig, LPD Burgenland und Verfasser zahlreichen Bücher.

Ungarn hatte immer eine prowestlich orientierte Politik und versuchte seinen Weg in die Freiheit im Jahre 1956. Man hatte Österreich als Vorbild genommen und auf weltweite Unterstützung gehofft. Vor allem rechnete man mit der Hilfe Amerikas, doch die Bewältigung der Krise im Nahen Osten (Suez-Kanal)und die damit verbundenen wirtschaftlichen Interessen waren den Amerikanern wichtiger. Sie wollten die Sowjets um keinen Preis in diese Auseinandersetzung in Ägypten hineinziehen und ließen sie daher in Ungarn gewähren. Als Gegenleistung dafür konnten die Sowjets mit den Bruderstaaten des im Jahre 1955 gegründeten Warschauer Paktes mit Duldung der „Amis" in Budapest einmarschieren. Damit die Form gewahrt wurde, gab es zwar Protestnoten, doch die Ungarn wussten bald, dass dies nur „Rauch und Schall" war.

Das neutrale Österreich hatte nur ein Jahr nach Erhalt des Staatsvertrages seine erste Krise zu bewältigen. Obwohl der Eiserne Vorhang bereits „löchrig" geworden war, wollte Ungarn seine Bürger keinesfalls ausreisen lassen. Die Grenze musste jedoch auch auf österreichischer Seite gesichert werden, weil die Angst vor einer Invasion der sowjetischen Armee nicht unbegründet war. Das Bundesheer war damals gerade „ein Jahr alt" und hatte sogleich seine erste Bewährungsprobe zu bestehen. Erstmalig wurden Rekruten einberufen, die sofort an die Grenze abkommandiert wurden. Die Zollwache wurde ebenfalls in Alarmbereitschaft versetzt und leistete wertvolle Dienste bei der Bewältigung dieses enormen Flüchtlingsstromes.

„Vorhang" bekommt Löcher – Exekutive und Bundesheer an die Grenze

Obwohl der im Jahre 1949 fertig gestellte Eiserne Vorhang als unüberwindbares Hindernis galt, haben tausende Flüchtlinge die „Schöpfer" dieses Todesstreifens eines Besseren belehrt. Weder Wachttürme, Minen oder Stacheldraht konnten diese Menschen davon abhalten, vor Geheimdienstagenten und Panzern ins Burgenland zu flüchten. Bis zum Jahr 1989 (Fall des Eisernen Vorhanges) gab es etwa 13.000 Fluchtversuche, 400 Personen gelang die Flucht und neun fanden den Tod (Budapester Zeitung vom 10. 8. 2009).

Als man sah, dass sich die Niederlage der nach Freiheit strebenden Bürger abzeichnete und ein Flüchtlingsstrom zu erwarten war, wurden die österreichischen Sicherheitsorgane in Alarmbereitschaft versetzt. Alle verfügbaren Beamten wurden an die Grenze abkommandiert. Ihre Aufgabe bestand vorerst darin, einen illegalen Übertritt von Spionen zu unterbinden und das Einsickern ausländischer Sicherheitskräfte zu verhindern. Besonders wichtig war, darauf zu achten, dass kein Flüchtling auf österreichischem Hoheitsgebiet durch ungarische Soldaten oder Grenzwächter verfolgt und ins Landesinnere zurückgezerrt wurden. Unter anderem war die Exekutive auch noch mit der Registrierung aller in Österreich um Asyl ansuchenden Einwanderer beauftragt und hatte außerdem für Unterkünfte und einen geregelten Abtransport ins Hinterland zu sorgen.

Sowjetische Panzer rollen in Budapest – jeder Exekutivbeamte muss selbst Entscheidungen treffen

Es gab Tage, an denen die Beamten auf Mahlzeiten vergaßen, Nächte, in denen sie kein Auge zumachten. Es gab Situationen, in denen der jüngste Beamte unter ihnen plötzlich wichtige Entscheidungen treffen musste. Jeder konnte sich nur auf sich und seinen Nebenmann verlassen. Jenseits der Grenze kämpfte ein Volk um seine Freiheit, dem man helfen musste, obwohl in den nebeligen Novembernächten das Klirren sowjetischer Panzerketten an den Nerven der eingesetzten Kräfte zerrte. Zehntausende Menschen flüchteten unter Einsatz ihres Lebens nach Österreich, baten um Hilfe und ersuchten um Aufnahme.

Bei diesem Volksaufstand, der am 23. Oktober 1956 begann, hatten die Gendarmen des Burgenlandes die Hauptlast zu tragen und in Zusammenarbeit mit Zollwache und Bundesheer zwei schwierige Aufgaben zu bewältigen:

1. Schutz der Staatsgrenze und
2. Behandlung von Flüchtlingen und Asylwerbern im Rahmen des Völkerrechtes.

Die Gendarmen hatten zusätzlich noch im Landesinneren für die Aufrechterhaltung der öffentlichen Ruhe, Ordnung und Sicherheit zu sorgen.

Gleich nach Bekanntwerden der Unruhen haben die 43 Gendarmerieposten an der Staatsgrenze zwischen Ungarn und Österreich, die eine Länge von 393 km aufweist, die dringlichsten Sicherheitsvorkehrungen durch regen Patrouillendienst getroffen. Nach Erteilung von generellen Weisungen durch das Bundesministerium für Inneres erfolgte in der Nacht von 24. zum 25. Oktober 1956 die Verstärkung der einzelnen Grenzposten, wodurch auch ein erhöhter Grenzschutz gewährleistet werden sollte. Zunächst war es an der Grenze noch relativ ruhig, der Zustand war durch die noch ungeklärten Verhältnisse in Ungarn gekennzeichnet. Nur langsam bekamen die Aufständischen die Oberhand, der erwartete Flüchtlingsstrom blieb jedoch vorerst aus.

Ärzte bitten an der Grenze um Blutkonserven und Medikamente

Deshalb fanden sich Ärzte, Sanitäter und Volksvertreter bei den Schlagbäumen der noch wenigen intakt gehaltenen Verbindungsstraßen, oder auf durch Gestrüpp verwachsenen Wegen an anderen Grenzstellen ein, um Hilfe und Unterstützung für die Verwundeten bei uns zu bitten. Man wollte keine Krieger, keine Waffen, sondern Medikamente, Blutkonserven, Brot und Bekleidung. Der Ort Nickelsdorf wurde zum „Samariterplatz des österreichischen Herzens". Ständig kamen Rotkreuzwagen und Kraftfahrzeuge aller Art, um dringend benötigte Heil- und Bedarfsgüter heranzubringen. An der Grenze wurden diese auf ungarische Kraftfahrzeuge verladen und in die aus vielen Wunden blutende Magyaren-Hauptstadt transportiert. Damit setzte aber für die Gendarmerie ein neues Problem ein, das es rasch zu lösen galt – die klaglose Verkehrsregelung. Durch Aufrufe im Rundfunk waren hilfsbereite Kraftfahrer zum Einsatz gebeten worden. Neugierige Sonntagsgäste wurden von ihren Absichten, an die Staatsgrenze zu fahren, abgehalten, um die Anlieferung der Hilfssendungen nicht ins Stocken zu bringen. Die Hilfsbereitschaft der Österreicher und der übrigen Welt war so groß, dass bald auch Züge eingesetzt werden mussten, um die gespendeten Sendungen für das ungarische Volk in die Städte und Dörfer zu bringen.

Freudenkundgebungen der ungarischen Grenzbewohner, wie sie noch kaum zwischen Nationen wahrzunehmen waren, fanden bei Mogersdorf, Heiligenkreuz/Lafnitztal, Deutsch-Schützen, Rattersdorf und Schattendorf statt, die natürlich die eingesetzten Kräfte vor neuerliche Probleme stellten.

9000 Flüchtlinge kommen am 4. November 1956

Die Aufständischen festigten in Ungarn ihre Stellung, und damit setzte am 28. 10. 1956 auch der Flüchtlingsstrom, der sich aus den politischen Gegnern der Aufständischen rekrutierte, an der Staatsgrenze ein. Die Asylwerber wurden zu Beginn der Revolution aus dem ganzen Burgenland nach Eisenstadt gebracht, wo man ein provisorisches Auffanglager errichtete. Das Landesgendarmerie-Kommando hat nach Errichtung dieses Lagers nicht nur durch Beistellung von Erhebungsbeamten, Dolmetschern und Aufsichtspersonen einen wesentlichen Beitrag zu einem reibungslosen Ablauf bei der Registrierung und Unterbringung der Migranten geleistet. Man hat durch die Überlassung einer großen

Anzahl von Betten, Matratzen, Decken, Leintüchern, ferner von Kübeln, Geschirr sowie Hausratsgegenständen verschiedenster Art schnell und unbürokratisch die Hilfsorganisationen bei einer menschenwürdigen Unterbringung der Flüchtlinge unterstützt.

Rot-Weiß-Rote Fähnchen zeigen den Grenzverlauf

Der Verlauf der Grenze wurde von den Gendarmen mit rot-weiß-roten Fähnchen ausgesteckt. Dies hat sich sehr gut bewährt, die Flüchtlinge wussten, dass sie sich auf sicherem Boden befanden. In der Folge bemerkten auch ungarische und sowjetische Grenzorgane das auffällig abgegrenzte österreichische Hoheitsgebiet, wodurch sicherlich manche Grenzverletzung vermieden werden konnte. Dem gut funktionierenden Nachrichtendienst war es zuzuschreiben, dass die Gendarmerie des Burgenlandes durch besondere Flexibilität ihre Aufgabe fast ausnahmslos mit eigenen Kräften meisterte und immer dort eingesetzt wurde, wo es am notwendigsten war. Inzwischen wurde auch das Bundesheer im grenznahen Hinterland in Bereitschaft gestellt und der Grenzdienst der Gendarmerie gemeinsam mit der Zollwache organisiert. Durch eine logistische Meisterleistung haben nun auch die sehnlichst erwarteten Aktionen des Roten Kreuzes, des Malteser Ritterordens sowie anderer Hilfsorganisationen in breitestem Umfange eingesetzt.

Flüchtlingsstrom kaum zu bewältigen

Am Sonntag, dem 4. November 1956 stand man trotz aller vorbeugend getroffenen Maßnahmen kurz vor dem „Kollaps", denn der Aufstand wurde durch russische Militäreinheiten zum Erliegen gebracht und dadurch eine entscheidende Wende herbeigeführt. Massen von Flüchtlingen und Militärpersonen kamen nach Österreich. Allein am Grenzübergang Klingenbach waren es an diesem Sonntag 4.000 Personen – Frauen, Männer, Soldaten, Studenten und Politiker, Ärzte, Ingenieure, Chemiker und Professoren, darunter Kranke und Invalide, waren anzutreffen. Mütter suchten schreiend nach ihren Kindern, weinende Kinder suchten wieder ihre Eltern. Ein herzzerreißendes Bild bot sich den an Härte gewohnten Beamten. In diesen unvergesslichen denkwürdigen Stunden hatten die Gendarmen im ganzen Lande, ob sie im Außen- oder Innendienst standen, ob es Funker, Fernschreiber, Telefonisten oder Kraftfahrer waren, alle Hände voll zu tun. Die verstopften Straßen wurden rasch freigemacht, Flüchtlinge zu den Bahnhöfen transportiert und die geflüchteten Soldaten entwaffnet und interniert. Auch die Bezirke Mattersburg, Oberpullendorf, Oberwart und Güssing wurden von Flüchtlingen überschwemmt. Eine förmliche Registrierung all dieser Menschen war aber im Burgenland nicht mehr möglich, denn „fast ganze Ortschaften" wanderten über die Grenze. Die Bahnhöfe wurden zu Lagern der ungarischen Volksmassen. Im Burgenland zählte man an diesem Tag mehr als 9.000 Flüchtlinge.

Provisorische Lager in Schulen und Privaträumen

Auch in den folgenden Tagen kamen schier endlose Menschenkolonnen aus Ungarn ins Burgenland. Sie wurden teils von Gendarmen und Zollorganen schon direkt an der Grenze aufgegriffen oder im Hinterland von der Bevölkerung an die Gendarmerieposten verwiesen. Teilweise hatten die Flüchtlinge viel Gepäck und Hausratsgegenstände bei sich. Hungernd, ermüdet und erschöpft erreichten sie österreichischen Boden. Die Gendarmerieposten wurden zu den ersten Sammellagern. Bis zum Weitertransport nahmen sich in erster Linie die Gendarmen der Flüchtlinge an. Die Beamten errichteten provisorische Lager in Schulen oder in ihren eigenen Privaträumen, um dort die Migranten unterzubringen. In vielen Fällen halfen die Frauen der Gendarmen, um für die Hungernden zu kochen, ihre Kinder zu versorgen und ihnen die nötigste Hilfe angedeihen zu lassen.

Eine logistische Herausforderung – Verbringung in die Unterkünfte

Mit Autobussen privater Unternehmer, der Post und der Bundesbahn, wurden die Flüchtlinge im Norden des Landes in die Auffanglager nach Eisenstadt, Traiskirchen und Judenau gefahren, während die südlichen Bezirke Oberwart, Güssing und Jennersdorf die Migranten in Jennersdorf und Fehring sammelten, von wo sie in die westlichen Bundesländer gebracht wurden. Später wurden Auffanglager auch in Andau, Kaisersteinbruch und Neckenmarkt errichtet. Kleinere Lager befanden sich noch in vielen Grenzorten. In all diesen Lagern verrichteten Gendarmen den Sicherheits- und Ordnungsdienst und leiteten den Abtransport in Lager anderer Bundesländer bzw. in andere Staaten Westeuropas, nach Amerika und Kanada. Der Umstand, dass viele burgenländische Gendarmen die ungarische Sprache beherrschten und sich als Dolmetscher betätigten, erleichterte für alle Beteiligten die Arbeit ganz wesentlich.

Menschliche Tragödien, die kaum vorstellbar sind

In diesen Tagen mussten einzelne Flüchtlinge schier Unmenschliches ertragen. Dazu kam auch noch, dass kriminelle Elemente den Menschen ihr letztes Hab und Gut entwendeten, sie töteten oder körperlich schwer misshandelten und dann ihrem Schicksal überließen. Mit derart tragischen Geschichten könnte man Seiten füllen. Folgender Vorfall hat mich besonders betroffen gemacht.

Beraubt und getötet

Ein ungarischer Förster befand sich mit Rippenfellentzündung in einem Krankenhaus in Budapest. Seine 22jährige Tochter, eine Lehrerin, besuchte ihn im Spital und teilte ihm mit, dass sie durch vertrauliche Personen in Erfahrung gebracht hätte, sie würde in den nächsten Tagen verhaftet werden, weil sie ihren Schülern angeblich das Verbrennen kommunistischer Schulbücher befohlen hatte. Der Förster verließ trotz seines schweren Leidens das Krankenhaus und bereitete mit ihr alles zur Flucht vor. Am 8. 1. 1957 fuhren beide mit dem Zug bis Hegyeshalom und hatten die Absicht, in den Nachtstunden die Grenze nach Österreich zu überschreiten. In Hegyeshalom biederte sich ihnen ein unbekannter Mann an und machte sich erbötig, sie gegen 3.000 Forint wohlbehalten nach Österreich zu bringen. Der Unbekannte erhielt von dem Förster sofort das Geld, verlangte aber noch zusätzlich Schmuck, weil er wusste, dass fast alle Flüchtlinge Wertgegenstände mit sich führten. Danach gab er dem Unbekannten auch noch ein Paar goldene Ohrringe und hantierte dabei mit einem Säckchen mit etwa 400 Gramm Goldschmuck so ungeschickt, dass es dieser sehen konnte.

Der Schlepper brachte Vater und Tochter kurz nach Mitternacht zur Grenze, entfernte sich und gab den beiden zu verstehen, dass sie nun das letzte Stück (200 bis 300 Meter) alleine gehen könnten. Kurz darauf wurden sie von Grenzorganen, die vermutlich mit dem Kriminellen in Verbindung gestanden waren, durch Zurufe zum Stehenbleiben aufgefordert. Sie missachteten diese Aufforderung jedoch und liefen in Richtung österreichische Grenze weiter. Die Grenzorgane eröffneten sofort das Feuer, die Tochter des Försters blieb nach ca. 200 Metern vor der österreichischen Grenze (auf ungarischem Gebiet) tödlich getroffen liegen. Der Förster blieb unverletzt. Danach stahlen ihm die Täter seine gesamten Utensilien – 30.000 Forint, das Säckchen mit dem Schmuck, das sie ausdrücklich verlangten sowie einen Koffer mit Kleidern. Anschließend forderten sie ihn unter Androhung von Waffengewalt auf, über die Grenze nach Österreich zu verschwinden. Das Opfer erstattete zwar Anzeige, Erhebungen wurden durchgeführt, die Verbrecher konnten jedoch nicht ausgeforscht werden.

Schusswechsel bei Rechnitz

Drei bewaffnete sowjetische Soldaten haben am 23. 11. 1956 in der Nähe von Rechnitz Flüchtlinge bis auf österreichischen Boden verfolgt, wobei sie versuchten, eine Ungarin zu vergewaltigen und zu berauben. Vorerst schritten Zollwachbeamte ein, die jedoch von den Russen entwaffnet wurden. Durch den raschen Einsatz und das geschickte Vorgehen gelang es schließlich den Gendarmen des Postens Rechnitz, die mit besseren Waffen ausgerüsteten Sowjets ebenfalls zu entwaffnen und zu verhaften. Als einer von ihnen flüchtete, wurde er tödlich getroffen. Auch in zahlreichen anderen Fällen gelang es österreichischen Gendarmen, die Flüchtlinge vor Übergriffen der ungarischen Grenzwachen zu schützen.

Schlepper, Diebe und Geldfälscher

Da man wusste, dass auch viele Flüchtlinge mit „krimineller Karriere" über die Grenze kamen, war besondere Vorsicht geboten und vor allem eine genaue Identitätsfeststellung notwendig. Die meisten Ungarn waren mit den Grenzverhältnissen nicht vertraut. Daher gab es bald Männer, die durch gewerbsmäßige Schlepperei ein Vermögen verdienten. Andere nutzten wieder die Not der Flüchtlinge aus, um billig zu Devisen, Schmuck und Gebrauchsgegenstände aller Art zu kommen. Wie skrupellos manche dieser Schlepper vorgegangen sind, hat das Beispiel des kranken Försters gezeigt. Aber auch Geldfälscher waren am Werk. Bald tauchten falsche Dollarnoten auf, wurden Hilfsgüter der verschiedenen Organisationen gehandelt, vertauscht oder verschwanden in dunklen Kanälen.

70.000 Flüchtlinge kamen über die Brücke von Andau

Im gesamten Burgenland betrug die Flüchtlingszahl von Beginn der Unruhen bis Jahresende 1956 162.143 Personen, die offiziell registriert wurden. Außerdem gelang es einer ansehnlichen Zahl, sich selbst ohne behördliche Erfassung durchzuschlagen. Man spricht von insgesamt 200.000 Menschen, die damals ihr Land verlassen haben. Während der überwiegende Teil der Flüchtlinge über Landstraßen und Feldwege kam, wählten andere wieder den wohl schwierigsten Weg durch den Schilfgürtel des Neusiedler Sees oder durch den Einserkanal bei Andau.

Den größten Anfall ungarischer Flüchtlinge hatte die Gemeinde Andau im Bezirk Neusiedl/See zu verzeichnen. Dort sind allein 45.286 Flüchtlinge (wurden registriert) – inoffiziell spricht man von bis zu 70.000 – über die Grenze gekommen. Tausende von ihnen kamen über eine kleine Brücke, die den Einserkanal quert und den Landwirten im Seewinkel einst als Hilfsbrücke zur Erreichung ihrer Felder, die an beiden Seiten der Grenze lagen, diente. Um den Flüchtlingsstrom zu unterbinden, wurde diese Brücke, die als „Brücke von Andau" in die Geschichte einging, am 21. November 1956 von ungarischen Soldaten gesprengt. An diesem Tag erreichte übrigens der Flüchtlingsstrom – im Gebiet um Andau mit 9.574 registrierten Personen seinen Höhepunkt.

Epidemien verhindern

Zahlreiche Flüchtlinge suchten nach ihrer Ankunft Verbindung mit anderen bereits in Österreich lebenden Ungarn oder mit ihren eigenen Verwandten. Eine besondere Gefahr waren drohende Seuchen und Epidemien durch Flüchtlinge für alle Personen, die mit ihnen zu tun hatten. Auch hier galt es, vorbeugend zu wirken und erkrankte Menschen sofort zu isolieren. Mit all diesen Geschehnissen und Nöten musste sich die Gendarmerie in unermüdlicher Hingabe beschäftigen.

Danke für die Hilfe

Mancher Ungar dankte mit Tränen in den Augen den österreichischen Beamten, schrieb ihnen später eine Karte aus dem Ausland oder brachte seine Anerkennung auf andere Weise zum Ausdruck, worüber die Gendarmen weit mehr Genugtuung und moralische Anerkennung empfanden, als materielle Werte jeglicher Art zu bieten vermögen.

Burgenland, Minensuchen entlang des Eisernen Vorhanges.

Kleines Bild: Ungarischer Wachturm mit Grenzsoldaten.

Ein ungarisches Dorf am Eisernen Vorhang.

Grenzüberwachung durch Gendarmerie, Zoll und Bundesheer 1990.

Mitte links: Ungarische Grenzsoldaten patroullieren neben dem Stacheldraht.

Mitte rechts: Von der Gendarmerie wurde die Staatsgrenze mit rot-weiß-roten Fahnen gekennzeichnet.

Mit PKW wurden Medikamente an die Grenze gebracht.

Mitte: Oktober 1956. Während des Ungarnaufstandes flüchteten 200.000 Menschen über die Grenze in das Burgenland.

Die legendär gewordene „Brücke von Andau", über sie kam der größte Flüchtlingsstrom in das Burgenland. Die Brücke wurde nach der Niederschlagung des Aufstandes gesprengt.

Blick bei Mörbisch auf die Grenze des Neusiedler Sees – rechts sind zwei ungarische Wachtürme zu sehen.

Isten àldd meg a magyart – Gott segne Ungarn

Wochenlang zählte man täglich 2.000 bis 3.000 Flüchtlinge. Die Bevölkerung aller Bundesländer nahmen sie mit offener Nächstenliebe auf. Züge rollten durch das Donautal, und über den Semmering in die Alpenwelt oder darüber hinaus in westliche Staaten. Die Gedanken derer aber, die diesmal keine Fahrkarte zu bezahlen brauchten, hingen an ihrer geliebten Heimat. In ihren Ohren wollte das „Isten àldd meg a magyart" (Gott segne den Ungarn), ihre Nationalhymne, die sie mit Begeisterung sangen, als sie sich einige Tage frei glaubten, nicht verstummen. Dennoch war es traurige Wirklichkeit: Sie waren Flüchtlinge!

Auf fruchtbarer Ebene des Heidebodens, in den Rohrgefilden des Neusiedler Sees, im bewaldeten Hügelland und dort, wo die Raab und Lafnitz das österreichische Hoheitsgebiet verlassen, standen Gendarmen, Zöllner und Soldaten des Bundesheeres ohne nach einer Ablöse zu fragen, trotz Regen und Kälte bei Tag und Nacht an der Grenze.

Sie richteten ihren Blick auf die unfreundlichen Wachtürme, in die weite Ebene des ungarischen Tieflandes und verrichteten mit wachsamem Auge ihren Dienst. Nichts wünschten sie sich sehnlicher als jenen Tag, der diesseits und jenseits der Grenze für Land und Bewohner den Frieden bringen würde. Doch wie uns allen bekannt ist, sollte es anders kommen. Der Eiserne Vorhang wurde dichter und bis zum endgültigen Fall sollten noch 33 Jahre vergehen.

15. Mai 1960. Gendarmerieposten Apetlon

Die Brandlegungen in der Ortschaft Apetlon nahmen an Umfang derart zu, dass es notwendig wurde immer mehr Vorkehrungen zu treffen, um des Täters endlich habhaft werden zu können. Vorpassungen und Streifungen durch Gendarmeriebeamte unter Beiziehung eines Diensthundes zernierten Nacht für Nacht die engere und weitere Umgebung von Apetlon. Endlich konnte nach mehreren Ausbrechen eines Schadenfeuers ein Verdächtiger verfolgt und angehalten werden. Der Angehaltene leugnete, mit der Tat in irgendeinem Zusammenhang zu stehen.

Nun wurde ein Gendarmerie Diensthundeführer von der Erhebungsabteilung des Landesgendarmerie-Kommando für das Burgenland mit dem Diensthund „Senta IV" zur Aufklärung herangezogen. „Senta IV" wurde an jener Stelle, wo der Verdächtige zuletzt gesehen wurde, angesetzt und arbeitete eine Fährte bis zum Brandplatz aus. Dadurch schien bewiesen, dass der Verhaftete nach Legung des Brandes von dort aus flüchtete bis er festgenommen wurde. Nun legte der Täter ein umfassendes Geständnis ab.

Durch die Arbeit des Diensthundes konnte ein langgesuchter Brandleger, der schon geraume Zeit die Ortschaft Apetlon in Angst und Schrecken versetzt hatte, dem zuständigen Gericht eingeliefert werden.

18. Oktober 1973. Landesgendarmerie-Kommando Burgenland

Nachdem ein 37jähriger Amokläufer in Andau aufgrund eines Erbstreites drei Menschen erschossen hatte, bedrohte er Revierinspektor Johann Mayer mit vorgehaltener Waffe, worauf dieser einen tödlichen Herzschlag erlitt. Der flüchtige Täter wurde noch am selben Tag in Ungarn verhaftet.

Vier Tote nach Anschlag in Oberwart

Es beginnt mit Briefbomben. Zu Beginn der 1990er Jahre wurde Österreich von einer Briefbombenserie heimgesucht, die zahlreiche Verletzte forderte. Ein Irrer hatte diese heimtückischen Sprengsätze nicht nur in unserem Bundesgebiet verschickt, sondern auch nach Deutschland versendet und dort ebenfalls ein Blutbad angerichtet. Das prominenteste Opfer war der bereits verstorbene ehemalige Wiener Bürgermeister Dr. Helmut Zilk. Dass sich im Burgenland derartige Zwischenfälle ereignen könnten, hielten wir für ausgeschlossen. Aber die Nacht zum 5. Februar 1995 veränderte unser Leben, denn plötzlich hatte der Täter auch bei uns zugeschlagen.

Der Bezirk Oberwart ist die wirtschaftlich aktivste Region des Südens und zugleich die bevölkerungsreichste des Burgenlandes. Die sprachliche Vielfalt dieses Bundeslandes spiegelt sich im Raum Oberwart in besonderer Weise, denn hier sind alle Volksgruppen des Landes (Kroaten, Magyaren und 200 Roma) anzutreffen.

Die Roma leben in kleinen Gruppen, vor allem in Oberwart, aber auch in der näheren Umgebung wie etwa in Unterwart, Spitzzicken oder Siget. An Stelle der am Ortsrand von Oberwart gelegenen Roma-Siedlung wurde vor etwa 40 Jahren ein Schwerpunktkrankenhaus errichtet. Für die dort ansässigen Roma baute die Stadtgemeinde in ca. 300 m Entfernung eine kleine Siedlung, in der nun ca. 120 Menschen wohnen. Die Bewohner sind bis zum Zeitpunkt des Attentates und auch danach kaum in Erscheinung getreten. Außer der ortsüblichen Kleinkriminalität waren den Sicherheitsbehörden keine Vorfälle bekannt, die darüber hinausgehen oder aus ethnischen Gründen motiviert waren.

Man schrieb den 4. Februar 1995 und es war kurz vor Mitternacht, als vier Männer, unter ihnen zwei Brüder, aufbrachen und sich von ihren Wohnhäusern vor die Siedlung begaben. Die Menschen waren schon seit längerer Zeit beunruhigt, es hatte nämlich in den vergangenen Tagen bereits wiederholt Morddrohungen gegeben. Tatsächlich bemerkten sie auch ein verdächtiges Fahrzeug, das sie, bewaffnet mit Schreckschusspistole und Messer, verfolgten. Ob es sich dabei um den Täter handelte, konnte auch nach dessen Ausforschung nicht geklärt werden. Erwiesen ist jedenfalls, dass sie rund 200 Meter von den Wohnungen entfernt waren, als sie an einer Kreuzung zweier Feldwege ein Metallgestell mit der Aufschrift „Roma zurück nach Indien" fanden. Dass diese Tafel eine tödliche Falle sein könnte, beachteten sie zu diesem Zeitpunkt jedoch nicht.

Doch ihr Fundgegenstand war mit einer Rohrbombe verbunden was fatale Folgen hatte. Nichts ahnend fassten sie das Metallstück an, und plötzlich explodierte die Höllenmaschine. Alle vier Roma waren auf der Stelle tot. Die Detonation wurde von fast allen Bewohnern in der nahen Siedlung gehört. Man dachte vorerst an die Explosion eines Heizkessels oder an einen anderen Unfall. Einige Leute rannten zwar aus ihren Häusern, konnten aber in der Dunkelheit nichts erkennen. Die Hinterbliebenen der Opfer warteten ungeduldig und besorgt in ihren Häusern. Sie hatten den Knall zwar gehört, aber an ein derartiges Unglück nicht gedacht.

Etwa um 7.30 Uhr des 5. Februar 1995 machte sich ein taubstummer Roma von der Siedlung zu Fuß auf den Weg nach Unterwart. Bereits nach wenigen Metern blieb er entsetzt stehen und konnte kaum fassen, was geschehen war. Er fand vier Männer, die tot um die Bombenfalle lagen. Mit den Händen wild um sich schlagend rannte er zurück zu den Wohnungen, aber seine unartikulierten Schreie konnte zunächst niemand deuten. Es gelang ihm aber dennoch, einige Bewohner zur Unglückstelle zu zitieren. Entsetzt liefen sie zurück und verständigten die Gendarmerie.

Oberwart – die Bergung der durch eine Bombenexplosion ermordeten vier Roma.

Rechts: Diese Tafel wurde am Tatort gefunden.

Bombe explodiert auch in Stinatz

Die Menschen hatten sich von dem Schock des Attentates in Oberwart noch nicht erholt, als bereits die nächste Höllenmaschine in die Luft flog. Am 6. Februar 1996, gegen 11:00 Uhr, wollte ein Bediensteter des Umweltdienstes Burgenland in der kroatischen Gemeinde Stinatz einen in unmittelbarer Nähe des Kindergartens aufgestellten Altpapiercontainer entleeren. Dabei berührte er ein neben dem Behälter liegendes unbekanntes Objekt, das sofort explodierte. Doch der Arbeiter hatte Glück im Unglück. Die Wucht der Explosion war so heftig, dass Metallteile der Bombe im weiteren Umfang verstreut wurden und auch seinen Arbeitshandschuh zerfetzten. Er trug zwar eine schwere Handverletzung mit bleibenden Schäden davon, überlebte jedoch den Unfall.

Eine unglaubliche Verkettung von Zufällen führte zu jenem Mann, der fast vier Jahre lang von der Öffentlichkeit gefürchtet und von den Kriminalisten als das skrupellose „Bombenhirn" gejagt wurde. Der Täter sprengt sich selbst in die Luft, es war Franz Fuchs aus Gralla, Steiermark.

Die Menschen im Burgenland haben nach diesen schrecklichen Ereignissen ihren Frieden wieder gefunden. Auch die furchtbaren Attentate von Oberwart und Stinatz konnten keinen negativen Einfluss auf das Zusammenleben der einzelnen Volksgruppen nehmen.

Motorbootstation MÖRBISCH (2 Boote), BREITENBRUNN (1 Boot), NEUSIEDL am See (1 Boot), Motorbootstation PODERSDORF (1 Boot)

Zur Navigation auf dem Neusiedler See wurden drei Motorboote mit GPS ausgestattet. Die eingespeicherte Karte des Sees mit allen relevanten Fakten und den selbst bezeichneten Eckdaten gewähren die Übersicht über besondere Gefahrenquellen. Alle diese risikoreichen Passagen und Sektoren werden optisch und akustisch signalisiert.

70 Beamte sind im Besitz eines Schiffsführerpatentes, 300 Patrouillen im Jahr, 22 Boote geborgen, 62 Personen aus Seenot gerettet.

Juni – es ist sehr heiß, die Sonne brennt vom Himmel. Ein 51jähriger Mann sticht von Breitenbrunn in See. Um nicht zu verdursten, betankt er sein Segelboot mit einigen Weinflaschen. Er fühlt sich wohl und konsumiert im Laufe des Tages eine große Menge edlen Rebensaftes, sodass er die Orientierung verliert. Planlos fährt er mit seinem Kajütenboot umher. Dass die Fischer in unmittelbarer Nähe des Schilfgürtels ihre Reusen aufgestellt haben, weiß er zwar, beachtet dies aber nicht. Durch die Alkoholisierung kann er wahrscheinlich die ca. 40 cm aus dem Wasser ragenden Pflöcke nicht erkennen. Er verhängt sich mit seinem Boot in den Reusen und kann sich aus eigener Kraft nicht mehr befreien. Es scheint ihm auch egal zu sein – er bleibt stehen und nickt ein.

Gegen 15.00 Uhr kommt der Berufsfischer und will nachsehen ob sich in seinen Netzen Fische gefangen haben. Als er bei den Reusen eintrifft, muss er feststellen, dass sein Fang einen Alkoholisierten mit Segelboot umfasst. Er weckt den vermeintlichen Kapitän, der aber vor sich hin lallt, dem alles egal ist und der völlig die Orientierung verloren hat. Der Fischer ist natürlich aufgebracht und verständigt die Gendarmerie.

Die beiden Beamten Wolfgang F. und Alexander H. fahren bei ruhiger See und Sonnenschein zu einem ungewöhn-

Die ersten Patrouillenboote am Neusiedler See.

Der Grenzstein B0 auf dem Neusiedler See wird errichtet.

lichen Einsatz. Am Einsatzort sehen sie wie der Fischer um die Befreiung des Bootes kämpft, sowie eine teilnahmslose Person, die sich kaum rührt. Gemeinsam gelingt es Ihnen, das Boot aus den Netzen der Reusen zu bergen und zum nahen Schilfgürtel zu ziehen.

Der Segler dürfte neben einer Alkoholvergiftung vermutlich auch einen Sonnenstich haben. Arzt und Rettung werden alarmiert und zum Jachtclub Breitenbrunn beordert.

Beim Eintreffen wird der Mann von den Ärzten untersucht und sofort mit der Rettung in das Krankenhaus Eisenstadt eingewiesen.

Weiteres wurde im Zuge der Nachforschungen ermittelt, dass der Mann seit mehr als einem Jahr wegen Alkohol- und Drogenproblemen in Behandlung ist.

Nach der Errichtung des Grenzsteines wird von hier die Grenze vermessen.

Die neuen Patrouillenboote am Neusiedler See.

Kärnten

Daten 2005

Landesgendarmerie-Kommandant: Brigadier Willibald Liberda
Kommandant der Kriminalabteilung: Oberst Hermann Klammer
Kommandant der Verkehrsabteilung: Oberst Adolf Winkler
Hauptausbildungsleiter der Alpinen Einsatzgruppen: AbtInsp Bruno Maierbrugger
Hauptausbildungsleiter der Diensthunde: AbtInsp Karl Dexl

1949

Die nach Beendigung des Krieges entlang der italienisch-jugoslawischer Grenze errichteten Grenzkontrollstellen, die bisher ausschließlich von den britischen Besat-zungsbehörden besetzt waren, wurden restlos an die österreichische Bundesgendarme-rie übergeben.

23. Juli 1950. Posten Völkermarkt

Gegen Mitternacht drangen 5 unbekannte mit Pistolen und Jagdgewehren bewaffnete Männer in das Wohnhaus der Familie Rech in Frankenberg ein, raubten ca. 100 kg Selchfleisch, 1.200 Schilling Bargeld, Wäsche und Schmuck im Wert von 7.600 Schilling. Der Besitzer wurde mit Eisendraht gefesselt. Die Fahndung wurde eingeleitet.

19. August 1950

Der Besitzersohn Anton K. aus Waisenberg drang beim Besitzer Sednik in St. Nikolai, mit einem Militärgewehr bewaffnet und mit rußgeschwärzten Gesicht in das Wohnhaus ein und forderte 500 Schilling Bargeld. Sednik trat dem Täter mit einem Mörserstessel entgegen, worauf der Täter nach Abfeuern eines Schusses die Flucht ergriff. Durch gute Erhebungsarbeit konnte als Täter Anton K. ausgeforscht und verhaftet werden. Er wurde zu 5 Jahren schweren Kerker verurteilt.

17. September 1950

Gegen 2.00 Uhr wurde der Bahnvorstand Alexander Jamnig aus Gonawetz durch 3 bisher unbekannte Täter, die mit Pistolen bewaffnet waren, in seinem Schlafzimmer überfallen, ins Vorhaus gezerrt und dort durch einen Pistolenschuss ermordet. Die Täter raubten nachher aus der im Vorzimmer befindlichen eisernen Kasse einen angeblichen Geldbetrag von 10.000 Schilling, einige Lebensmittel und eine goldenen Armbanduhr. Wegen dringenden Verdachtes wurden mehrere Personen verhaftet, aber später wegen Mangel an Beweisen wieder auf freien Fuß gesetzt. Die Erhebungen wurden durch die Erhebungsabteilung beim LGK und dem Posten St. Michael fortgeführt.

Landesgendarmerie Kommandant von Kärnten Brigadier Willibald Liberda.

22. Mai 1959. Gendarmerieposten Maria Saal

Um 5.15 Uhr waren zwei maskierte mit Pistolen bewaffnete Männer in die, in Ulrichsberg, Nr. 2 liegende Stanzel-Hube eingedrungen und hatten die Rentnersleute mit den Pistolen bedroht. Maria H. war gegen 5.00 Uhr in den Stall gegangen um das Vieh zu versorgen. Als sie wieder zurückgehen wollte standen vor der Tür zwei maskierte Männer mit Pistolen. Einer sprang auf Maria H. zu und versuchte sie zu Boden zu reißen. Sie wehrte sich verzweifelt und es gelang ihr zu entkommen. Hilfeschreiend lief sie zum nächstgelegenen Haus. Die beiden Männer waren daraufhin in das Haus eingedrungen, wobei sie dem 78jährigen Rentner Johann H., der auf die Hilferufe seiner Frau aufgestanden war, ebenfalls die Pistolen vorhielten. Johann H. rief nur: „Tut mir nichts, ich habe ja nichts!" Die beiden Männer ließen von ihm ab und verließen fluchtartig das Haus. Der Nachbar zu dem Maria H. geflüchtet war, sah noch die beiden Männer im Wald Richtung Karnberg verschwinden. Da eine Verfolgung zu gefährlich war, lief er zur nächsten Fernsprechstelle und rief den Polizeinotruf in Klagenfurt an.

Die Beamten der Gendarmerieposten Maria Saal und St. Veit an der Glan begaben sich sofort zum Tatort und leiteten nach der Befragung von Maria H., der vor einigen Tagen ein Mann 800 Schilling herauslocken wollte und dessen Name bekannt war, eine Fahndung ein. Der angeforderte Diensthund verfolgte die Fährte in Richtung Maria Saal. Die Täter konnten dann auch von einer Patrouille in Ratzendorf in einem an der Triester Straße liegenden Gasthaus festgenommen werden.

Im Besitz der Täter wurden eine Gaspistole, ein Dolch, ein Dietrich und eine Gesichtsmaske gefunden. Die zweite Pistole Kaliber 7,65 wurde im Wald gefunden.

30. September 1959. Gendarmerieposten Ferlach

Ein Malergeselle hat mit einer Gaslötlampe im Karawankenhof die Fensterstöcke abgebrannt. Um ca. 13.00 Uhr brannte er im Zimmer 29 des zweiten Stockwerkes die Innenlichte des Fensterstockes ab, wobei durch Außerachtlassung der nötigen Vorsichtsmaßnahmen um 14.45 Uhr oberhalb dieses Fensterstockes unter der Dachverschalung ein Brand ausbrach. Das Feuer griff vom Brandherd auf den Dachstuhl über, vernichtete diesen vollständig und einen Großteil der Decke des zweiten Stockwerkes.

Das Brandobjekt, Bundeseigentum, war nicht versichert. Durch diesen Brand erlitt der Bund einen Sachschaden von ca. 2 Millionen Schilling. Menschenleben waren nicht gefährdet, da das Objekt leer stand.

13. September 1960. Gendarmerieposten Weißenstein

Gendarmerie Rayonsinspektor Friedrich A. hatte fünf jugoslawische Flüchtlinge gestellt, die drei Tage zuvor aus dem Lager Tessendorf in Klagenfurt entwichen waren. Als A. sie nach Waffen durchsuchen wollte, stürzten sich die Flüchtlinge auf ihn und entrissen ihm die Dienstwaffe. Anschließend wurde A. schwer misshandelt und in einer Wasserlache ertränkt.

Die Täter wurden bereits am nächsten Tag von einem Großaufgebot der Gendarmerie in Spittal an der Drau aufgespürt und verhaftet.

1974. Gendarmerie-Abteilungskommando Wolfsberg

Gendarmerie Revierinspektor Dexl und Rayonsinspektor Kanatschnig führten auf der Packer Straße in Preitenegg Verkehrskontrollen durch. Der Lenker eines aus Richtung Graz kommenden Lastwagens beachtete das gegebene Zeichen zum Halten nicht. Die Gendarmeriebeamten nahmen die Verfolgung in einem VW-Transporter auf. Auf der Obdacher Bundesstraße konnten die Beamten den Lastkraftwagen einholen. Auf einem geraden Straßenstück wagte Rayonsinspektor Kanatschnig als Lenker des Transporters einen Überholversuch, nachdem er vorher die Blaulichter gesetzt und das Folgetonhorn betätigt hatte. Als das Dienstfahrzeug auf Höhe des Führerhauses vom Lastkraftwagen befand, steuerte dessen Lenker den Lastkraftwagen nach links und rammte das Gendarmeriefahrzeug zweimal. Der Kleintransporter stürzte über eine zwei Meter hohe Böschung und blieb schwer beschädigt liegen. Revierinspektor Dexl trug durch den Unfall Serienrippenbrüche davon und wurde mit der Rettung ins Krankenhaus eingeliefert. Rayonsinspektor Kanatschnig hatte Verletzungen am linken Knie und rechten Ellenbogen erlitten.

Nun begann die Fahndungsaktion unter Leitung von Gendarmerie Rittmeister Resinger auf vollen Touren zu laufen. Die Patrouillen der Posten Reichenfels, Bad St. Leonhard, Preitenegg, St. Gertraud und Wolfsberg, der Hubschrauber der Flugeinsatzstelle Klagenfurt und die beiden Diensthunde Attila und Alf mit ihren Führern Revierinspektor Penz und Patrouillenleiter Urban des Postens Lavamünd wurden von Rittmeister Resinger eingesetzt.

Nach 15 Minuten stellte sich der erste Erfolg ein. Der Lastkraftwagen mit dem Salzburger Kennzeichen S 31.746 wurde unweit des Schlosses Wiesenau an einem Waldrand verlassen aufgefunden. Die Diensthunde wurden sofort auf die Spuren angesetzt. Durch den Funkeinsatz von Einsatzleiter, Hubschrauber, Hundeführer und die Patrouillenwagen war es nach 3,5 Stunden soweit. Der Diensthund Attila mit Führer Penz konnte in einer zu einem Anwesen gehörenden Zeughütte drei junge Männer stellen und den herbeigerufenen Patrouillen übergeben.

Im Zuge der Einvernahme wurde festgestellt, dass der 19jährige Stefan W. der Fahrer, seine Beifahrer der 15jährige Michael K. und der 17jährige Johann G. alle drei aus München waren. Dort hatten sie einen LKW gestohlen und sind mit diesen Richtung Salzburg gefahren. Dann ließen sie das Fahrzeug stehen und brachen am Flugplatz Salzburg den nächsten LKW auf, den sie dann stehen ließen und zu Fuß die Flucht fortsetzten bis zu ihrer Aufgreifung.

Landesgendarmerie-Kommando Kärnten am Gendarmeriegedenktag.

Rechts und nächste Seite oben (linkes Bild): Aufmarsch mit Musik und Ehrenformation.

Kärnten, letzter Gendarmerie-gedenktag.

Landesgendarmerie-Kommandant Brig. Liberda, Bürgermeister und Postenbeamte bei der Einweihung der „Gendarmeriestraße" in Arnoldstein.

Friesach, Einweihung der „Gendarmeriegasse" mit Landesgendarmerie-Kommandant Brig. Liberda und Beamten.

Beide Bilder: Der Landesgendarmerie-Kommandant und der Kärntner Sicherheitsdirektor (unten auch LH Dr. Jörg Haider) bei der Einweihung des Gendarmeriedenkmals in Maria Saal.

5. September 1974. Gendarmerieposten Möllbrücke

Gendarmerieinspektor Johann W. und sein Kollege Georg B. konnten nach einem Hinweis einen seit langem gesuchten Einbrecher am Areal einer Tankstelle stellen und verhaften. Als sie ihm erlaubten seine Zigaretten aus dem PKW zu holen, zog dieser eine unter dem Fahrersitz versteckte Pistole und eröffnete das Feuer auf die Beamten. Warmuth stürzte sich auf den Täter und versuchte ihn zu überwältigen, wurde jedoch durch einen Schuss in den Kopf getroffen und getötet. Der zweite Beamte erlitt einen Oberschenkeldurchschuss während der Täter ebenfalls erschossen wurde.

8. Oktober 1988

Im Zuge eines routinemäßigen Verkehrsüberwachungsfluges mit einem Flugzeug der Marke „Cessna" im Raum der so genannten „Heiligen Wand" sind die Gendarmeriebeamten BezInsp Hugo Leitner und Pilot Insp Hans Binder tödlich abgestürzt.

28. August 1989

Der 20jährige Bundesheersoldat Klaus H. unternahm mit seinem 29jährigen Bergkameraden Ulrich D. am 27. August eine Bergtour auf die Hohe Leier 2.774 m, im Reißeckgebiet. Die Wetterlage war heiter bis wolkig, der Berg jedoch seit dem Morgen in Wolken.

Gegen 11.30 Uhr kehrte D. um, denn das Wetter schien ihm für eine Bergbesteigung zu schlecht, womit er Recht behalten sollte. H. hingegen wollte unter allen Umständen auf den Gipfel, war auch entsprechend gut ausgerüstet, jedoch scheinbar weniger mit Vernunft.

So stieg er von der Roßalmscharte über den Normalweg auf. Vom Gipfel zurück, nahm er nicht die Aufstiegsroute, sondern stieg über den Ost Grat, eine ihm unbekannte Route, in die Südflanke des Berges ab. Von dieser Route hatte er nur gelesen. In das Gipfelbuch trug er sich nicht ein. In der Zwischenzeit war Nebel und Regen aufgekommen, H. verlor die Markierung und geriet in steiles felsiges Gelände. Gegen 15.00 Uhr rutschte er aus und kollerte ca. 30 m weit ab, wobei er sich Platzwunden am Kopf und eine Fußverstauchung zuzog, den Rucksack und die Orientierung verlor. Sein Begleiter Ulrich D. erstattete gegen 18.30 Uhr auf dem GP Gmünd die Anzeige. Da das Suchgebiet bekannt war, schien ein sofortiger Alpineinsatz erfolgversprechend.

Trotz äußerst starker Regenfälle und heftiger Gewitter fuhr gegen 21.00 Uhr unter Leitung Gr.Insp Wilhelm H. des GP Mallnitz eine Suchmannschaft (7 Alpingendarmen der AEG Spittal/Drau, 14 Angehörige des Bergrettungsdienstes Spittal/Drau und 7 der Ortsstelle Kolbnitz) mit dem Schrägaufzug der Reißeckbahn in Richtung Reißeck, von wo aus der beschwerliche Fußmarsch begann. Die Suchmannschaft war nämlich nicht nur der extremen Witterung sondern auch durch ständige Steinschläge erhöhter Lebensgefahr ausgesetzt.

Erst gegen 00.15 Uhr des 28. August 1989 konnte die Suchmannschaft Pfeiftöne aus dem Bereich der Hohen Leier wahrnahmen, wobei die Suche vorerst erfolglos blieb, weil zwar die Pfeiftöne, nicht aber die Richtung aus der sie kamen feststellbar waren. So musste die Suchaktion um 4.00 Uhr vorläufig abgebrochen werden. Nur BezInsp Reinhold Egger des GP Bad Kleinkirchheim und RevInsp Erwin Schumi des GP Spittal/Drau versuchten trotz härtesten Witterungsbedingungen den Kontakt zum Gesuchten aufrechtzuerhalten, um ihn nicht in Resignation verfallen zu lassen. Dieses Verhalten, gab H. später an, sei für ihn lebensrettend gewesen.

Als am 28. August 1989 um 7.00 Uhr unter diesen extremen Witterungsbedingungen und 10 cm Neuschnee eine 28köpfige Rettungsmannschaft, bestehend aus 17 Bergrettungsleuten und 11 Alpingendarmen unter der Leitung des BezInsp Bruno Mauerbrugger des LGK für Kärnten, zur Hohen Leier aufstiegen, hörten sie letztmalige Rufe des Gesuchten. Die ununterbrochenen Steinschläge und der Neuschnee brachten die Rettungsmannschaft in eine noch größere Lebensgefahr als zuvor.

Gegen 12.00 Uhr meldete sich H. nochmals durch Rufe. Schließlich konnte H. verkrochen in einer Felsnische, verhargen durch starken Nebel und nur auf wenige Meter sichtbar, doch noch gefunden werden. Hernach trugen ihn ca. 1 Stunde lang die Retter über Geröll und Blockwerk in die Reißalmscharte wo ihn der Hubschrauber des Bundesministerium für Inneres, Pilot BezInsp Alfred Fürst aufnehmen und in das Bezirkskrankenhaus Lienz fliegen konnte.

11.–12. Oktober 1991

Unternehmen „Falkertsee" der Kärntner Diensthundeführer. Am Falkertsee, eingebettet in die sanften Hügeln der Nockberge fand die zweitägige Landes-Diensthundeübung für die Diensthundeführer des Landesgendarmerie-Kommandos Kärnten mit ihren Hunden statt. Zweck ist die Überprüfung der Hundeführer und der Hunde auf ihre Einsatzfähigkeit.

Durchgeführt wurden bei der Nachtübung das Stöbern nach Personen. Stöbern nach Gegenständen, Fährteneinsätze, Schutzarbeit, Bewachung, Schusssicherheit.

Das Landesgendarmerie-Kommando Kärnten verfügt über 13 ausgebildete deutsche Schäferrüden, ein Rottweiler und drei Suchtgiftspürhunde der Rasse Labrador. 7 Jungschäferhunde stehen in Ausbildung.

Einen Erfolg konnte 1990 der Suchtgifthund „Quinto" mit dem GDH-Führer BezInsp Helmut Pingeist von der KA im Oberkärntner Raum erzielen. Eine Suchtgiftmenge von 20 kg Haschisch im Handelswert von ca. 1,3 Millionen wurde aufgespürt und sichergestellt.

1. November 1992

Raubmord an einem 50jährigen Tankstellenpächter in Möllbrücke. Mit einem stumpfen Gegenstand schlug der Täter auf den Hinterkopf des Pächters, dieser fiel daraufhin bewusstlos zu Boden. Dann raubte der Täter die Tageslosung und eine Waffe. Um nicht erkannt zu werden, durchtrennte er dem Bewusstlosen mit einem Messer die Kehle.

Für die Ermittler der KA und GP Möllbrücke war die Aufklärungsarbeit sehr schwierig, da für den Raubmord keine Sachbeweise vorlagen. Erst durch die Monate lang zusammengetragenen Indizien konnte ein Fahrlehrer, gelernter Karosseriespengler, der bereits im Juli 1992 den Tankwart dieser Tankstelle überfallen und beraubt hatte, als Täter verhaftet und vom Gericht zu einer lebenslangen Freiheitsstrafe verurteilt werden.

Niederösterreich

Landesgendarmerie-Kommandant von Niederösterreich, Brigadier Arthur Reis.

Daten 2005

Landesgendarmerie-Kommandant: Brigadier Mag. Arthur Reis
Kommandant der Kriminalabteilung: Oberst Franz Polzer
Kommandant der Verkehrsabteilung: Brigadier Ferdinand Zuser
Kommandant der Alpinen Einsatzgruppen: Major Michael Hochgerner
Kommandant der Einsatzabteilung: Oberstleutnant Siegfried Senk

21. Juli 1951. Gendarmerieposten Kematen an der Ybbs

Der provisorische Gendarm Franz Gassner verrichtete nachts Verkehrsüberwachungsdienst auf der L 121, als er Zeuge eines versuchten Mordanschlags auf einen Betriebsratsobmann nahe Ybbs wurde. Beim Versuch die beiden Täter im Alter von 17 und 18 Jahren zu stellen, wurde er vom älteren mit einem abgesägten Militärkarabiner erschossen. Die beiden Täter konnten rasch ausgeforscht und am nächsten Tag im Zuge einer Fahndung festgenommen werden.

21. August 1953. Gendarmerieposten Irnfritz-Messern

Am Posten bei der Überprüfung einer verdächtigen Person, zog einer der Männer eine Pistole und erschoss den Postenkommandanten Ferdinand Authenried. Auf Grund einer Ladehemmung wurde der Täter anschließend ohne weiterer Schussabgabe von einem weiteren Gendarmen überwältigt. Der Täter gab später beim Verhör an, in Mordabsicht gehandelt zu haben, da er wegen eines Aufenthaltsverbotes zur Fahndung ausgeschrieben war.

13. Dezember 1956

Errichtung eines Flüchtlingslagers. In der ehemaligen Artillerie- und Jägerkaserne wurde nach behelfsmäßiger Instandsetzung ein Lager für 1500 ungarische Flüchtlinge errichtet. Zur Überwachung des Lagers wurden dem Posten Stockerau 6 Beamte zugeteilt. Das Flüchtlingslager blieb bis 16. April 1958 bestehen. Danach wurden die Flüchtlinge in andere Lager in Niederösterreich eingewiesen.

29. August 1956. Gendarmerieposten Retz

Gendarmerie Gruppeninspektor Franz Rist und Rayonsinspektor Josef Zauner wurden bei einem Feuergefecht mit einem 22jährigen Straftäter erschossen, als er in seinem Wohnhaus verhaftet werden sollte. Der Täter wurde mehrfach angeschossen und konnte von einem weiteren Gendarmen festgenommen werden.

24. Dezember 1958. Gendarmerieposten Schwadorf

Absturz eines Verkehrsflugzeuges der Air France mit 24 Passagieren an Bord. Es wurde niemand ernstlich verletzt. Man sprach von einem Weihnachtswunder.

20. September 1960. Gendarmerieposten Korneuburg

Mineralöldiebstahl in der ÖMV-Raffinerie in Korneuburg durch das Zusammenwirken von dort tätigen Personen. Insgesamt wurden 1 Million Liter Treibstoff (Gasöl, Petroleum, Heizöl) im Wert von ca. 2 Millionen Schilling gestohlen. 200 Personen wurden der Staatsanwaltschaft angezeigt.

19. Oktober 1963. Gendarmerieposten Altnagelberg

Gendarmerie Gruppeninspektor Franz M. versuchte einen Gasthausstreit zu schlichten, wobei er jedoch von einem Betrunkenen niedergeschlagen und durch Fußtritte getötet wurde. Der Gewalttäter wurde kurz darauf von einem Gast überwältigt.

Von 2. bis 7. Juni 1960 war der russische Staatschef Nikita Sergejewitsch Chruschtschow als Staatsgast in Österreich und nächtigte in dieser Zeit in einer von Gendarmen rund um die Uhr streng bewachten Villa in Baden.

Bewachte Auffahrt zur Villa in Baden. (Foto: Gend.-Museum)

14. Jänner 1964. Gendarmerieposten Neusiedl an der Zaya

Bei der Tiefenbohrsonde St. Ulrich 101 am Steinberg kam es gegen 1.00 Uhr zu einem Gasausbruch. Das ausströmende Gas entzündete sich, durch die ca. 50 m hohe Flamme wurde das Turmgestänge ausgeglüht und der Turm brach in sich zusammen. Der Brand konnte erst am 16. Jänner 1994 unter Kontrolle gebracht werden.

8. Februar 1964

Totschlag durch die Eltern an einem 6jährigen Kind. Da das Kind angeblich lästig war und schrie, fesselte ein Vater aus Stockerau seinen 6jährigen Sohn an beiden Füßen und hängte das Kind mit dem Kopf nach unten auf. Danach schlug er seinen Sohn von 23.00 bis 4.00 Uhr, bis schließlich der Tod eintrat. Die Mutter des Buben machte keine Anstalten, ihrem Sohn zu helfen. Der Vater wurde vom Kreisgericht Korneuburg zu lebenslanger und die Mutter zu einer einjährigen Freiheitsstrafe verurteilt.

1965

Seit diesem Jahr werden auch Frauen in der Exekutive ausgebildet, aber nur für den Journaldienst und zur Verkehrsüberwachung.

21. August 1968. Gendarmerieposten Hohenau an der March

Anlässlich der politischen Krise der CSSR, die durch den Einmarsch der sowjetischen Truppen des Warschauer Paktes ausgelöst wurde, standen die Beamten der Dienststelle und weitere zugeteilte Beamte an der Bundesgrenze in Bereitschaft. Mit 10. Oktober entschärfte sich die Lage, worauf die Postenverstärkungen aufgehoben wurden. In dieser Zeit haben 36 CSSR-Angehörige um Asyl angesucht.

14. November 1971. Gendarmerie-Zentralkommando

Gendarmerie Bezirksinspektor Josef Pollack Hubschrauberpilot, stürzte auf dem Flug von Wien nach Innsbruck aufgrund eines Motorschadens in ein Waldstück des Pfalzberges, Bezirk Wien-Umgebung. Der Pilot Pollack und die beiden Flugbegleiter Amtsdirektor Ludwig Kowarzik und Doktor Rudolf Kofler kamen dabei ums Leben.

Unten links: Schießstand Süssenbrunn.

Unten rechts: Scharfschießen mit der Pistole M 35.

Übungs-Scharfschießen der Gendarmerie in Süssenbrunn.

Unten – beide Bilder (groß): Scharfschießen mit der Maschinenpistole „Uzi".

Kleines Bild: Waffenmeister Chefinspektor Alfred Paukerl.

11. Dezember 1974. Gendarmerieposten Hagenbrunn

Kircheneinbruch in der Pfarrkirche St. Veit. Die unbekannten Täter stahlen 3 Altarbilder (Kremser Schmidt), sowie die Kreuzwegbilder. Das Diebesgut konnte 1977 in Tirol sichergestellt und die Täter verhaftet werden.

28. Oktober 1978. Gendarmerieposten Hohenau

Prinz Charles von Wales war in Hohenau an der March Jagdgast des Fürsten Franz Joseph von Liechtenstein.

5. Jänner 1979. Gendarmerieposten Schwadorf

Absturz eines zweimotorigen Flugzeuges im Rayon von Schwadorf. Es gab keine Verletzten.

14. November 1979. Gendarmerieposten Hohenau

Das schwedische Königspaar Carl Gustaf und Silvia waren im Liechtensteinischen Jagdrevier zu Gast.

27. September 1980. Gendarmerieposten Stockerau

Mordversuch an 3 Gendarmeriebeamten. Dem 48jährigen Landwirt und Jäger F. K. wurde am 27. September 1980 wegen Inbetriebnahme eines KFZ in alkoholisiertem Zustand von der Funkpatrouille Stockerau 1 bestehend aus GrpInsp Schneps, RevInsp Zieger und Insp Wally, der Führerschein vorläufig abgenommen. Anschließend wurde K. welcher außerhalb von Stockerau wohnte, von der Funkpatrouille nach Hause gebracht, da dieser erklärt, dass er keine Möglichkeit hat nach Hause zu kommen. In seinem Haus begab sich K. sofort in den 1. Stock des Gebäudes, erfasste dort ein Schrotgewehr und schoss damit in die Decke des Kinderzimmers, in welchen sich auch die kleine Tochter des Genannten aufhielt. Im Zuge der weiteren Amtshandlung drohte K., die Beamten zu erschießen. In der Folge feuerte K. aus nächster Nähe auf RevInsp Zieger zwei Schrotschüsse ab, wodurch dieser lebensgefährlich verletzt wurde. Bei dem Versuch den verletzten Zieger aus dem Haus zu tragen, wurde auch GrpInsp Schneps durch einen Schrotschuss von K. schwer verletzt. Die Beamten schossen zwar in Notwehr zurück, konnten K., jedoch nicht treffen. Insp Wally konnte schließlich Zieger und Schneps aus dem Schussfeld und in der Folge mit dem FP in das Krankenhaus Stockerau bringen. Dabei schoss K. auch auf Insp Wally, welcher den FP-Wagen lenkte, verfehlte diesen aber und traf nur die Heckscheibe des KFZ.

Während der Fahrt in das Krankenhaus Stockerau konnte Insp Wally über Funk Verstärkung anfordern. K. wurde überwältigt und festgenommen. Vom KG Korneuburg wurde er wegen mehrfachen Mordversuchs zu 12 Jahren Freiheitsentzug verurteilt. Die Beamten Schneps und Zieger mussten wegen ihrer schweren Verletzungen in den Ruhestand versetzt werden.

27. Juli 1984. Gendarmerieposten Neusiedl an der Zaya

Der Maler und Aktionist Hermann Nitsch aus Prinzendorf an der Zaya hielt in seinem Schloss ein „Orgien-Mysterien-Theater" ab, an dem täglich ca. 700 Personen teilnahmen. Aufgrund angekündigter Demonstrationen wurde die Veranstaltung durch die Gendarmerie und die SID NÖ intensiv überwacht. Es gab keine Zwischenfälle.

27. Juni 1986. Gendarmerieposten Schwadorf

Ein Führerscheinneuling verlor die Beherrschung über sein Fahrzeug und stieß frontal gegen einen entgegenkommenden PKW. 5 Personen wurden getötet.

Revierinspektor Hans Habres, Diensthundeführer, wurde im Zuge einer Nachtpatrouille ermordet.

17. Jänner 1987. Gendarmerieposten Schwadorf

Ein dreijähriges Kind zündelte zu Hause. Die Wohnung brannte aus und das Kind kam ums Leben. Sein 15monatiger Bruder konnte gerettet werden. Die Kinder waren allein zu Hause. Die Eltern waren einkaufen.

2. März 1989. Gendarmerieposten Maria Lanzendorf

Ermordung des Gendarmeriebeamten Revierinspektor Johann Habres in Maria Lanzendorf. Habres der am Posten Maria Lanzendorf Dienst versah, hatte an diesem Tag Nachtdienst. Im Zuge einer Nachtpatrouille kamen ihm zwei Männer mit Plastiksäcken verdächtig vor. Er kontrollierte die zwei Männer und forderte sie zur Ausweisleistung auf, was von einem Zeugen noch gesehen wurde.

RevInsp Habres wurde am nächsten Morgen bei einem Glascontainer tot aufgefunden. Er war durch zwei Kopfschüsse ermordet worden. Seine Dienstpistole war verschwunden. Die Mörder blieben unerkannt.

2. Februar 1990

Nach Hinweisen konnte ein Täter Amyn G. und seine Mutter Friederi-

mit 29 Teilnehmern. Sowie noch weitere Lehrgänge und Seminare für Dienst führende und eingeteilte Beamte. Der letzte Grundausbildungslehrgang wurde in die SchAASt Ybbs überstellt.

23. August 2000. Gendarmerieposten Rastenfeld

Ein 34jähriger Mann aus Altnagelberg war seit einer Woche abgängig. Sein PKW wurde am Parkplatz des Stausees Ottenstein gefunden. Vom Abgängigen fehlte jede Spur. Eine Suchaktion um den Stausee war erfolglos geblieben. So wurden Leichenspürhunde angefordert. Das Gelände unterhalb der Staumauer war dicht mit Büschen und hohem Gras bewachsen. Als der Belgische Schäferhund mit Führer Kurt Dobetsberger dort seinen Hund ansetzte, arbeitete dieser zielstrebig bis zur Leiche. Der Abgängige war von der Staumauer gesprungen. Dabei rekonstruierte der Hund den Rutschweg der Leiche an Hand von Blutspuren.

Im Jahr 2000 wurden zehn Leichenspürhunde-Einsätze durchgeführt.

1. Mai 1954. Stromgendarmerieposten Hainburg an der Donau

Zuerst als Expositur des Postens Hainburg errichtet wurden 6 Beamte zur Dienstverrichtung eingeteilt. Die Dienststelle hatte eine 6 m lange Holzzille und eine 8 m lange Holzzille mit einem 25-PS-Außenbordmotor. Mit 1. Jänner 1959 wurde der Stromposten eine selbstständige Dienststelle.

Nach mehreren Booten übergab nach dem Stapellauf am 16. März 1987 der damalige Innenminister Karl Blecha den Beamten das neue Motorschiff mit dem Sachbereichskennzeichen B 704 und dem Namen „Greif". Das Schiff ist auf dem neuesten Stand der Technik mit Radar, Echolot, Wendekreiszeiger und Schiffsfunk ausgerüstet, 10,4 m lang und 3,5 m breit und wird von 2 BMW 6-Zylinder Turbo-Diesel-Motoren, die jeweils eine Leistung von 132 Kw erbringen, betrieben.

Für dieses Schiff mussten die Beamten ein erweitertes Schiffsführerpatent und ein internationales Seefunkzeugnis erwerben. Der Wirkungsbereich geht von der Staatsgrenze zur Slowakei bis zur Stadtgrenze Wien, die gesamten Ufergebiete und Inseln sowie den Grenzfluss March von der Donaumündung bis Marchegg. Die Beamten haben bei ihren Dienstverrichtungen die Einhaltung der fluss- und strompolizeilichen Vorschriften, das internationale Donauschifffahrtsabkommen, die Grenze zur Slowakei, alle Großschifffahrtsbewegungen wahrzunehmen, bestimmte Frachtschiffe zu begleiten, bei Außenlandungen die Schiffsmannschaft zu kontrollieren, den Warenschmuggel zu unterbinden, bei Katastrophenfällen Hilfe zu leisten.

5. September 1983

Das ungarische Tragflügelboot „Siraly" fährt aus Unachtsamkeit der Besatzung während einer Begegnung mit einem anderen Schiff auf eine Buhe auf und kentert. Bei dem Unfall werden 2 Passagiere getötet und 16 verletzt. Die Patrouille der StrGP Hainburg begibt sich unverzüglich mit dem Boot zum Unfallort und wirkt bei der Bergung der Verletzten und bei der Sachverhaltsaufnahme mit.

10. September 1988

Gegen 5.00 Uhr läuft ein tschechisches Grenzpatrouillenboot infolge dichten Nebels bei Stromkilometer 1876.500 mit hoher Geschwindigkeit auf eine Schotterbank auf österreichischem Staatsgebiet auf. Das Boot kommt ca. 8 Meter außerhalb der Wasserlinie zum Stillstand, verletzt wird niemand. Das Boot wird bis zur Bergung durch die CSR-Behörden von Beamten der StrGP bewacht.

24. März 1990

Das österreichische Luftkissenboot „Donaupfeil" fährt bei starkem Nebel von Preßburg kommend in Richtung Wien. Gegen 7.15 Uhr kommt es bei Stromkilometer 1880.400 zu einer Begegnung mit einem talwärts fahrenden bulgarischen Frachtschiff. Aus ungeklärter Ursache kommt der Donaupfeil zu nahe zum linken Ufer, fährt dort gegen den Steinwurf und bleibt schräg seitlich hängen.

An Bord befinden sich 12 Passagiere und 4 Mann Besatzung, die beim Unfall unverletzt bleiben. Am Schiff entstand schwerer Sachschaden, sodass die Bergung durch einen Spezialkran erforderlich war.

Landesgendarmerie-Kommandant Brigadier Manfred Schmiedbauer.

Oberösterreich

Daten 2005

Landesgendarmerie-Kommandant: Generalmajor Manfred Schmiedbauer
Kommandant der Kriminalabteilung: Oberst Werner Buchegger
Kommandant der Verkehrsabteilung: Oberst Josef Reiter
Kommandant der Alpinen Einsatzgruppen: Oberstleutnant Walter Hölczli
Kommandant der Diensthunde: Oberst Günter Humer

In den **1950**er-Jahren herrschte im Umkreis von Steyr, Sierning und Bad Hall große Angst und Verunsicherung. Ein Sexualmörder und Triebtäter trieb in dieser

Region sein Unwesen. Die „Bestie von Sierning", unter dieser Bezeichnung ging der 1920 in Sierning geborene und nur 1,58 Meter große Alfred E. in die O.Ö. Kriminalgeschichte ein. Sein Motiv war ein abgrundtiefer Frauenhass. Er wollte die Frauen durch die Vergewaltigungen demütigen. Seine Tathandlungen folgten immer einem gleichen Muster. Er spionierte Frauen aus, die in der Dunkelheit auf wenig befahrenen Straßen entweder zu Fuß oder mit einem Fahrrad unterwegs waren. Dann fuhr er mit seinem Fahrrad parallel zu seinen Opfern, schlug ihnen mit einem Maurerfäustel so heftig auf den Kopf, dass sie entweder bewusstlos oder doch so benommen waren, dass sie sich nicht mehr wehren konnten. Anschließend schleifte er die Frauen von der Straße weg in das angrenzende Gelände. Dort erfolgte dann die Vergewaltigung. Sollte eine Frau noch Lebenszeichen von sich geben, schlug er mit dem Maurerfäustel wiederholt zu. Es sollte aber sechs Jahre dauern, bis diesem Verbrecher sein bestialisches Handwerk gelegt werden konnte.

31. Juli 1951

Elfriede K. wird in Sierninghofen von einem kleinwüchsigen Radfahrer mit einem Hammer niedergeschlagen und schwer verletzt. Motorengeräusche und ein Scheinwerferkegel treiben den Täter in die Flucht. Ein vorbeikommender Motorradfahrer rettete ihr das Leben. Der Unhold konnte unerkannt entkommen.

15. April 1954. Bergsteigertragöde am Dachstein

Hundeführer Matthäus Schatzl mit Diensthund Deutscher Schäferrüde Ajax, Schutz-, Fährten- und Lawinensuchhund.

Am 15. April 1954, Gründonnerstag, stieg eine Gruppe von 10 Schülern aus Heilbronn (Deutschland) unter Führung ihres Klassenlehrers und in Begleitung zweier weiterer Lehrpersonen von Obertraun zu einem Tagesausflug über die Schönberg- und Gjaidalpe zum Krippenstein im Dachsteinmassiv auf. Zu dieser Zeit war das Wetter der Jahreszeit gemäß äußerst wechselhaft und für eine solche Bergtour denkbar ungünstig. Allen Warnungen bergerfahrener Personen zum Trotz wagte sich der Mathematiklehrer Seiler in die unerbittliche Welt des Hochgebirges. Ohne entsprechende Alpinausrüstung und warme Kleidung verließ die Gruppe bei strahlendem Sonnenschein um 6.30 Uhr ihre Unterkunft. Als die Gruppe völlig durchnässt die Schönbergalm am Nachmittag erreichte und dort zum Aufwärmen 8 Liter Tee konsumierte, wurden sie nochmals vor einer Fortsetzung ihrer Tour gewarnt. Doch sie vertrauten offensichtlich auf die Bergerfahrung ihres Lehrers, der auch eine gute Karte und einen Kompass mithatte. Völlig überraschend setzte ein Wettersturz ein, der von starkem Schneefall und orkanartigen Stürmen begleitet war.

Als die Gruppe nicht wie vereinbart in ihr Quartier zurückkehrte, verständigte man umgehend die Gendarmerie. Bei schweren Schneestürmen und dichtem Nebel begann am 16. April 1954 eine groß angelegte Suchaktion im Dachsteingebiet. Alpingendarmen aus Oberösterreich und der Steiermark, B-Gendarmen aus den Gendarmerieschulen Oberösterreich I und II, Bergrettung und zum Teil auch aus anderen Bundesländern, in einer Stärke von zeitweise über 300 Mann.

42 Tage, an denen die Männer teilweise bis zur Brust im Neuschnee versanken und die Sicht manchmal nur bis zu 10 Meter betrug, dauerte die Suchaktion, die sich über ein Gebiet von anfänglich 35 km² erstreckte, bis es den eingesetzten Kräften, unter besonders am Anfang übermenschlichen Anstrengungen und körperlichen Strapazen gelang, alle Vermissten zu bergen.

Lawinensuchhund Ajax war ununterbrochen im Einsatz. Extreme Witterungsbedingungen führten Mensch und Tier an die Grenzen ihrer körperlichen Belastbarkeit. Nach 9 Tagen stellte sich der erste traurige Erfolg ein, Obwohl er schon wund gelaufene Pfoten von den scharfen Eiskristallen hatte, zeigte Ajax den ersten Fund an, die Leichen von zwei Erwachsenen und sieben Schulkindern unter meterhohem Schnee. Die übrigen Leichen konnten erst nach Tagen geborgen werden, wobei wieder Ajax zur Auffindung beigetragen hatte.

Alpingendarmen und Bergrettungsmänner haben ein weit über die Grenzen Österreichs hinausreichendes unvergängliches Denkmal großer Selbstaufopferung, Pflichttreue und Hingabe im Dienste der Menschlichkeit gesetzt.

Westdeutsche und österreichische Regierungsstellen fanden warme Worte der Anerkennung.

Heute erinnert nur noch das am Dachsteinplateau beziehungsweise am Fundort der Erfrorenen errichtete Heilbronner Kreuz an das furchtbare Unglück.

23. August 1955

Gegen 21.00 Uhr ging die bildhübsche 27jährige Krankenschwester Margarete B. auf einer Landstraße im Bereich Mühlgrub. Ein Radfahrer versetzte ihr an einer geeigneten, unverbauten Stelle von hinten mit einem Maurerfäustel einen fürchterlichen Schlag auf den Hinterkopf. Der Täter schleifte sein Opfer ein Stück in die angrenzende Wiese. Dort legte er sie auf den Rücken. Als sie sich aufsetzen wollte, schlug er nochmals brutal mit dem Fäustel zu. Dann zog er ihr das Höschen aus und wollte sie durch einen Geschlechtsverkehr erniedrigen. Gott sei Dank kam gerade noch zur rechten Zeit ein Auto aus Richtung Bad Hall, dessen Scheinwerfer die grausige Szene gespenstisch beleuchtete. Der Gewalttäter befürchtete entdeckt zu werden und konnte unerkannt entkommen. Die Krankenschwester musste schwer verletzt ins Krankenhaus gebracht werden.

6. November 1955

Um 18.00 Uhr war die 24jährige Fabrikarbeiterin Gertrude B. mit ihrem Fahrrad im Bereich Dietach unterwegs. Auf offenem Gelände wurde sie von einem kleinen dämonischen Mann mit dem Fahrrad verfolgt. Als er mit der Frau auf gleicher Höhe war, holte er mit dem Maurerfäustel zum Schlag aus und traf damit den Hinterkopf. Dabei verfing sich sein Fahrrad mit dem des Opfers. Beide kamen zu Sturz. Die Frau setzte sich so heftig zur Wehr und schrie aus Leibeskräften. Daraufhin flüchtete der Frauenschreck. Am Tatort konnte ein Mantelknopf des Täters sichergestellt werden. Die Frau war zwei Wochen im Krankenhaus in stationärer Behandlung.

10. November 1955

Gegen 20.00 Uhr fuhr der gefürchtete Frauenschreck mit seinem Fahrrad von Steyr in Richtung Sierninghofen. Er beobachtete eine Frau, die Richtung Gründberg ging. Es war die 25jährige schwarzhaarige, adrette Narkoseschwester Bernhardine F. die mit dem Narkosearzt Dr. Günter H. auf dem üblichen Treffpunkt verabredet war. Er wartete, bis die Frau von den letzten Häusern weit genug entfernt war, dann fuhr er von hinten an das Opfer heran, hob die Waffe und schlug zu. Die Krankenschwester sank zu Boden. Er warf sein Fahrrad in den Straßengraben. In weiterer Folge zerrte er sein Opfer hinter ein Gebüsch. Nachdem Bernhardine F. zu schreien begann, versetzte er ihr nochmals einen Schlag mit dem Fäustel. Jetzt gab das Opfer keinen Laut mehr von sich. Er zog die röchelnde Frau über ein Wiesenstück bis zu einem Steig, der zum Ufer des Steyrflusses führte. Die Frau kam wieder zu sich und wollte schreien. Deshalb knebelte er sie mit einem schwarzen Wollstrumpf. Als das nichts nützte, schlug er ihr wieder mit dem Fäustel auf den Kopf. Dann riss er dem Opfer die Kleider vom Leib und versuchte es zu vergewaltigen. Als ein Auto vorbeifuhr deckte er mit dem Mantel des Mordopfers den entblößten Körper zu und hastete zu seinem Fahrrad. Bernhardine Margarete F. aber war noch nicht tot. Sie zog sich den Knebel aus dem Mund, konnte sich noch einmal erheben und durch die Finsternis schwanken. Sie schleppte sich aber offensichtlich in die falsche Richtung und stürzte fünf Meter tief zum Steyrfluss ab. Dort musste sie langsam sterben. Sie wurde erst zwei Tage später gefunden. Bei der Obduktion wurden acht schwere Kopfwunden festgestellt.

5. Februar 1957

Gegen 4.00 Uhr erfolgte im Ennstal, unmittelbar neben der Bahnstrecke Losenstein–Reichraming ein Erdrutsch. Infolge Witterungseinflusses lösten sich vom einem in nächster Nähe des Schienenstranges befindlichen Felshanges ungefähr 40 bis 50 Kubikmeter Erd- und Felsmassen, die die Gleise beschädigten bzw. ihrer Befestigung hoben und so ein Entgleisen der Lokomotive des Arbeiterfrühzuges, der ab 5.13 Uhr von Reichraming in Richtung St. Valentin – mit Anschluss an die Westbahn – verkehrt.

Das Zugsunglück vermochte dadurch verhindert werden, weil für den Lokführer wegen einer in kurzer Entfernung von der Unfallstelle in Reparatur befindlichen Brücke „langsames Fahren" angeordnet war, was der Lokführer genauestens beachtet hatte. Die Situation war äußerst bedrohlich, wäre nämlich die Lokomotiven umgekippt, damit konnte nämlich jeden Augenblick gerechnet werden, hätte das zur Folge gehabt, dass sich der eine oder andere Waggon vom eigentlichen Train gelöst hätte und über den dort befindlichen ca. 20 m tiefen Uferhanges in die knapp vorbeiführende Enns gestürzt wäre. Vom Bezirksgendarmerie Kommando Steyr wurden sofort alle notwendigen Maßnahmen eingeleitet.

10. Juni 1957

Gegen 21.00 Uhr, im Bereich von Neuzeug, beobachtete der Lustmörder die 22jährige Herta F. die sich auf dem Heimweg befand. Er überholte die Frau mit seinem Fahrrad, dabei schlug er ihr mit dem Maurerfäustel auf den Hinterkopf. Die Frau sank zu Boden. Der Täter warf sein Fahrrad in das angrenzende Weizenfeld und zerrte das Opfer im Krebsgang vom Weg fort und hinein ins Weizenfeld. Doch die Frau kam wieder zu Bewusstsein und fing an zu schreien. Er steckte ihr ein Halstuch in den Mund. Anschließend verging er sich an ihr. Da sie sich dabei aber noch gewehrt hatte, hatte er ihr nochmals mit dem Fäustel auf den Kopf geschlagen. Nach vollbrachter Tat zog er den leblosen Körper tiefer in das Weizenfeld und bedeckte ihn mit ausgerissenen Getreidehalmen. Um einen Raubmord vorzutäuschen nahm er seinem Opfer die Handtasche, Armbanduhr und das Halskettchen ab. Nachdem Herta F. in der Nacht nicht heimgekommen ist, wurde eine groß angelegte Suchaktion gestartet. Die Frau wird in einer ausgetretenen Schneise im Weizenfeld tot aufgefunden. Ihr rot getupftes Sommerkleid ist zerrissen und hochgeschoben, der weiße Schlüpfer liegt blutig daneben. Der Kopf der Frau ist bestialisch zerschlagen, im Mund steckt ein Knebel, der sich als halbiertes Kopf- oder Halstuch entpuppte. Es gab eine Reihe von Überprüfungen. Ein Bursche hatte sogar schon ein Geständnis abgelegt.

15. Juni 1957

Herta S. wurde nächst Hehenberg bei Bad Hall vom Triebtäter niedergeschlagen. Alfred E. wurde durch einen vorbeikommenden Motorradfahrer gestört und musste fliehen.

Aber noch während dieser Vernehmung, es war der 15. Juni um 22.20 Uhr, kam ein Mann in das Inspektionszimmer des Gendarmerieposten Bad Hall und schrie: „Schnell, schnell ein Überfall!" Dabei stützte er eine blutüberströmte Frau, die Maschinenstrickerin Herta S. Alle waren überzeugt, das war bestimmt der Mörder von Sierning. Ingenieur Wilhelm N. informiert: „Ich habe ihn mit seinem Hammer direkt im Scheinwerferlicht meines Motorrades gesehen. Dann ist er weggelaufen. Vielleicht können wir ihn noch erwischen." Eine Großfahndung wurde ausgelöst. Dabei wurde auch der später als Mörder entlarvte Alfred E. kontrolliert. Er ist den Gendarmen bekannt, er darf aber weiter heimwärts gehen, zu seiner schwangeren Frau und seinen drei Kindern, die gegenüber dem Gendarmerieposten im Sierninger Schloss wohnen. Mit Handscheinwerfern wurde nun der Tatort genau abgesucht. Die Bad Haller Landstraße war inzwischen gesperrt worden. Und die Gendarmen wurden fündig. Im Gestrüpp fanden sie ein Herrenfahrrad mit einer Pullmannmütze über dem Sattel und am Gepäckträger eine Aktentasche.

Diese überstürzte Flucht wurde schließlich dem Verbrecher zum Verhängnis. Er musste eine Reihe von Beweismittel am Tatort zurücklassen. Insbesondere das Fahrrad und die Uhr, die ihm beim Kampf mit dem Opfer von der Hand gerissen wurde führten zur Identifizierung des Täters Alfred E. Dem Mörder aber gelang die Flucht. Er gelangte vorerst zu Fuß, später mit der Bahn ins nördliche Niederösterreich. Er wollte über die Tschechoslowakei in die Sowjetunion. In der Nähe der Grenze sah er in einer eingezäunten Baumschule sechs leicht bekleidete Frauen und ergötzte sich daran. Da wurde er von einer Frau entdeckt. Sie fing an zu schreien rief den in der Nähe befindlichen Forstwart zu Hilfe. Da seine Ausreden unglaubwürdig waren, machte sich der Forstwart mit dem Verbrecher auf den Weg zur Zollwachstation, um ihn dort überprüfen zu lassen. Auf dem halben Weg dorthin gab Alfred E. auf und sagte: „Du hast einen schönen Fang gemacht mit mir. Auf meinen Kopf sind 10.000 Schilling ausgesetzt. Ich bin der Mörder Alfred E." Alles andere war dann ein routinemäßiger Ablauf. Alfred E. wurde zu lebenslangem Kerker, verschärft durch ein hartes Lager und einen Fasttag vierteljährlich verurteilt. Ende der 1980er-Jahre wurde er bedingt entlassen. Und es ist wohl eine Ironie des Schicksals. Im Jahr 1993 stirbt er durch Frauenhand. Eine Prostituierte hatte ihm im Zuge einer Auseinandersetzung ein Messer in den Rücken gerammt.

23. September 1963. Landesgendarmerie-Kommando Oberösterreich

Im Zuge des Südtirol-Konflikts kam es frühmorgens zu einer Bombenexplosion in Traunkirchen, wobei das dortige Löwendenkmal zerstört wurde. Wenig später wurde eine weitere Bombe auf dem Dach einer Gondel der Feuerkogel Seilbahn in Ebensee entdeckt und entschärft. Beim Versuch eine dritte Bombe an einem Solarbehälter der Ebensee Saline zu untersuchen, kam es zur Explosion. Dabei wurde Gendarmerie-Rayonsinspektor Kurt Gruber getötet sowie drei weitere Beamte zum Teil schwer verletzt.

2. September 1969

Kurz nach 16.00 Uhr stürmte ein mit einer Pistole bewaffneter und mit einem aufgeklebten Bart maskierter Mann in den Kundenraum der Raiffeisenkasse Mehrnbach im Bezirk Ried im Innkreis. Er schrie die allein anwesende Bankangestellte an, sie möge ruhig bleiben, sonst werde er sie erschießen. Anschließend fesselte er die Frau auf einen Sessel und knebelte sie mit einem Leukoplaststreifen. Dann raubte er aus dem Tresor 140.000 Schilling. Daraufhin flüchtete der Täter. Die Überfallene konnte unmittelbar nach dem Raub befreit werden. Ebenso konnte das Fluchtauto beschrieben und das Kennzeichen notiert werden. Sofort wurde eine Alarmfahndung mit diesen Fahndungsmerkmalen eingeleitet. Aufgrund des zurzeit stattfindenden Rieder Volksfestes und den damit verbundenen Verkehrsmaßnahmen waren mehrere Motorradstreifen der Gendarmerie-Verkehrsabteilung aus Linz im Bezirk Ried im Innkreis unterwegs. Einer solchen Doppelpatrouille gelang es den Fluchtwagen aufzuspüren. Eine Verfolgungsjagd begann. Über Funk wurden sofort alle Streifen informiert. Mit mehr als 140 Stundenkilometer raste der Verfolgte in Richtung Bezirkshauptstadt Ried im Innkreis. Nach ca. 30 Kilometern Verfolgungsjagd, bei der Abzweigung nach Haag, passierte es dann. Gendarm Günter F. war mit seinem Motorrad auf gleicher Höhe mit dem Täterfahrzeug als der Verbrecher auf ihn das Feuer eröffnete. Eine Kugel durchschlug das rechte Handgelenk des Beamten. Er hatte Glück, dass er nicht stürzte. Aber die Verfolgung musste er aufgeben. Sein Kollege Dieter W. war aber noch hinter dem Fluchtfahrzeug. Außerdem hatten sie jetzt die Unterstützung einer weiteren Patrouille. Nachdem ja diese Aktionen die Gendarmen des Bezirkes über Funk mitverfolgten, gelang es den Rieder Beamten mit zwei PKW eine Straßensperre zu errichten. Sie gingen in Deckung, die Karabiner im Anschlag. Der Gejagte ließ sich aber nicht aufhalten und flüchtete mit einem halsbrecherischen Manöver über eine Böschung. Im Kugelhagel entkam er abermals. Nach der Antiesenbrücke in Antiesenhofen war aber dann Endstation. Der Kollege von der Verkehrsabteilung, Gottfried B., schoss aus ca. zehn Meter Entfernung von hinten auf das Fluchtfahrzeug. Obwohl der Schuss nur wenige Zentimeter oberhalb der Stoßstange eingeschlagen hatte, wurde der Bankräuber durch den Querschläger im Rücken getroffen, wo das Projektil stecken blieb. Der Bankräuber musste das Fahrzeug anhalten. Als er ausstieg, jammerte er: „Nicht mehr schießen." Er selbst hatte insgesamt fünf Schüsse auf die Beamten abgegeben. Die gesamte Beute konnte sichergestellt werden. Als Täter konnte der 36jährige Wiener, Rudolf W., identifiziert werden. Zum Überfall benützte er ein Leihauto. Zum Motiv für seine Tat befragt, gab er an, er habe die ganze Aktion unter Drogeneinfluss durchgeführt und er könne sich an gar nichts mehr erinnern. Eine Ausrede die aufgrund der Vorbereitungshandlungen, der Planung und durchdachten Vorgangsweise wenig glaubwürdig wirkte. Ich kann den Beamten der Verkehrsabteilung zu dem positiven Abschluss dieser Verfolgungsjagd nur gratulieren und ihnen Dank und Anerkennung aussprechen.

Mai 1978. Die Zöllnermorde bei Achleiten

Zwei Wiener Unterweltler, der 27jährige Johann Oskar M. und der 33jährige Helmut T. hatten sich entschlossen, nach Frankreich zu fahren, um sich dort mit Straftaten zu bereichern. Da offensichtlich die richtigen Gelegenheiten fehlten, sprachen sie am 22. Mai 1978 in Paris beim österreichischen Generalkonsulat vor. Durch Vorgabe falscher Angaben erhielt jeder der beiden ein Unterstützungsdarlehen von knapp 600 Francs. Von Paris aus fuhren sie nach Holland. Am 25. Mai 1978, gegen 16.00 Uhr hatten sie Probleme mit ihrem Auto. Auf einem Autobahnparkplatz in der Nähe von Arnheim sahen sie einen unbesetzten PKW mit holländischem Kennzeichen. Der Besitzer dieses Autos, der 29jährige holländische Staatsangehörige Elza J., war im angrenzenden Wald spazieren. Die beiden Verbrecher zwangen den Mann sich nackt auszuziehen. Anschließend feuerten sie je zwei Schüsse auf die Brust und den Kopf ihres Opfers ab. Der Holländer war sofort tot. Anschließend nahmen sie dem Toten sämtliche Wertsachen ab, bedeckten die Leiche mit Laub und Geäst und montierten die österreichischen Kennzeichen auf das holländische Fahrzeug. Das eigene Fahrzeug stellten sie auf einem Parkplatz etwa 20 Kilometer vom Tatort entfernt ab. Mit dem holländischen PKW traten sie nun die Heimfahrt Richtung Wien an. Am 27. Mai 1978, gegen 17.00 Uhr kamen sie zum Grenzübergang Passau-Achleiten. Dort wurden sie von den Zollwacheinspektoren, dem 31jährigen Johann H. und dem 29jährigen Josef K. zum Anhalten aufgefordert. Aber statt stehen zu bleiben gaben die Verbrecher Gas und rasten durch die Zollkontrolle.

Die beiden diensteifrigen Inspektoren sprangen in den Privat-PKW des Johann H., einem gelben BMW. Eine Verfolgungsjagd begann. Nach ca. 11 Kilometer in Pyrawang im Gemeindegebiet von Esternberg konnten die Verbrecher gestoppt werden. Die Amtshandlung erfolgte in einer sumpfartigen Ausbuchtung. Die Zöllner dürften angenommen haben, es handle sich um Schmuggler, ohne deren Gefährlichkeit zu ahnen. Die Verbrecher aber vermeinten offensichtlich, dass sie wegen des Mordes in Holland bereits gesucht wurden. Irgendwie muss es den Gewalttätern gelungen sein, die beiden Beamten zu überrumpeln und ihnen die Waffen abzunehmen. Anschließend mussten sich die beiden Zöllner niederknien. M. und T. töteten je einen Beamten durch Genickschüsse. Es war eine regelrechte Hinrichtung, bei der die Zöllner keine Chance hatten. Anschließend flüchteten die Verbrecher mit dem gelben BMW der Beamten. Die Tat wurde von Insassen eines vorbeifahrenden Autos teilweise gesehen. Nachdem diese Meldung erstattetn, wurde sofort eine Alarmfahndung nach zwei Männern und einem gelben BMW eingeleitet.

Der „Aktuelle Dienst" des ORF unterbrach mehrmals das Programm, um Fahndungsdurchsagen auszustrahlen. Insbesondere richtete sich die Fahndung auf das Fluchtfahrzeug, weil es von den Tätern keine Personsbeschreibung gab. Um ca. 19.15 Uhr war ein Mann in der Ortschaft Hilkering mit dem Streichen seines Zaunes beschäftigt. Ihm fielen dabei zwei Männer auf, die zu Fuß unterwegs waren, die er hier noch nie sah und ihm auch deshalb verdächtig vorkamen. Er hatte ja in den Radiodurchsagen gehört, dass neben dem gelben BMW auch nach zwei Männern gefahndet wurde. Er rief sofort beim zuständigen Gendarmerieposten Aschach/D. an und gab seine Beobachtung weiter. Vom Gendarmerieposten brachen sofort die Inspektoren Karl L. und Siegfried H. auf, um die beiden Unbekannten zu kontrollieren. An der Kreuzung Nibelungenstrasse/Güterweg Koppl, nächst dem Landwirt O. in Hilkering konnten die Gendarmen die beiden für sie unbekannten Verbrecher anhalten und zur Ausweiskontrolle auffordern. Die beiden Mörder aber zogen nicht ihre Ausweise, sondern die Pistolen. Während T. mit der Pistole gegen die Beamten nur in Anschlag ging, schoss M. sofort gegen diese, wobei Inspektor L. durch einen Hüftschuss schwer verletzt wurde. Inspektor H. konnte in dieser Situation einen „Tausendguldenschuss" anbringen. Er traf Mayer so, dass dieser sofort handlungsunfähig war. Es war ein Bauchschuss bei dem die Hauptschlagader durchtrennt worden war. Der schwer verletzte Karl L. ließ sich in den Straßengraben fallen und schoss von dort aus mit der Maschinenpistole in Richtung T., der hinter einem Baum in Deckung gegangen war. Offensichtlich durch die moralische Wirkung dieser Waffe gab der Verbrecher auf, kam mit erhobenen Händen auf die Straße und ergab sich den Beamten. Der Verbrecher Johann Oskar M. ist noch am Tatort verstorben.

Bei der Vernehmung legte T. sowohl den Mord in Holland betreffend, als auch jenen an den beiden Zollwachebeamten ein umfassendes Geständnis ab. Nach seinen Angaben haben sowohl M., als auch er auf den Holländer geschossen. In gleicher Weise haben sie die beiden Zollwachebeamten hingerichtet. Helmut T. wurde zu einer lebenslangen Freiheitsstrafe verurteilt.

31. Jänner 1979. Gendarmerieposten Spital am Pyhrn

Gendarmerie Bezirksinspektor Rudolf Fischill wurde im Zuge der Verkehrsüberwachung an der Pyhrnstraße von einem PKW angefahren und getötet.

7. Februar 1981. Aschach

Ein amtsbekanntes Trio war mit seinem Citroen 2 CV nach Afrika aufgebrochen um Cannabis-Harz für Süchtige zu holen. Das Cannabis war in der hinteren Verkleidung der Wagentür versteckt und wurde so durch alle Grenzkontrollen geschmuggelt.

Fünfzig Kilometer vor dem Ziel fiel eine der Scheinwerferbirnen aus, was patrouillierenden Gendarmen auffiel. Sie stoppten das Trio und schöpften Verdacht.

Revierinspektor Siegfried H. aus Aschach wurde mit seinem Suchtgiftspürhund angefordert. Die fünfjährige Asta riss gleich wild die Innenverkleidung von der Linken Hintertür des Autos. Ihr Herrl fischte dann 300 Gramm Cannabis-Harz im Wert von 60.000 Schilling aus dem Versteck. Die Schmuggler wurden verhaftet.

11. September 1980

Ein in Mondsee auf einem Parkplatz seit längerer Zeit abgestellter PKW, wurde vom Diensthundeführer Werner Schmidhammer mit seinem Suchtgiftspürhund Aeneas of Worplesdon abgesucht. Dabei wurde der Hund fündig, sodass dieser PKW nun rund um die Uhr von Kriminalbeamten beobachtet wurde. Als zwei Fernfahrer damit wegfahren wollten, wurden sie verhaftet und das Fahrzeug in die Werkstätte des Landesgendarmerie-Kommandos gebracht.

Als man den Wagen untersuchte, fand man in den Holmen 11 kg Cannabisharz, in einem eingeschweißten Tank 12 kg Cannabisharz und hoch konzentriertes Cannabisöl in Plastiksäcken. Der Wert des sichergestellten Suchtgiftes betrug 10 Millionen Schilling. Es gelang dann noch 5 Händler zu verhaften und einer gerechten Strafe zuzuführen.

Allein in diesem Jahr starben 47 Menschen an einer Überdosis Rauschgift.

April 1983

Bei einer Nachtpatrouille bemerkte der Gendarm Angleitner in der Gemeindekanzlei der Gemeinde Pöstlingberg bei Linz, Licht und wollte Nachschau halten. Ungefähr 10 m vor der Gemeindekanzlei schoss plötzlich aus einem Versteck jemand mehrmals auf ihn. Der Gendarm wurde von einem Projektil getroffen, welches durch Patrouillentasche und Leibriemen in den Bauch drang und deshalb eine schwere Verletzung verhinderte. Nach den Schüssen sprangen ihn zwei Männer an und versuchten den Gendarmen zu entwaffnen. Der in der Nähe wohnende Bachlwirt hörte die Schüsse und kam mit anderen zu Hilfe, worauf die drei Verbrecher flüchteten. Einer der Täter war nach Verübung eines Verbrechens auf der Flucht von einem bayrischen Gendarmen erschossen worden.

Diensthundeführer RevInsp Franz Kampenhuber mit DH „Dux vom Mohrungerland".

12. Dezember 1986

Fährteneinsatz des Diensthundes Onyx vom Kreuzweg mit Diensthundeführer und Abrichter Franz Kampenhuber nach den seit siebzehn Stunden vermissten neunjährigen Schüler Clemens F. der ermordet in einem Sumpf gefunden wurde. Am Auffindungsort der Leiche wurde der Hund angesetzt. Er verfolgte die Fährte in nordwestlicher Richtung, durch einen Schilfgürtel, über einen Acker. An dessen Ende bei einem Transformator verwies der Hund einen grünlichen Stoffteil, der vom Opfer stammte. Von dort ging der Hund in Richtung Erziehungsanstalt Steyr-Gleink. Obwohl in den Höfen verschiedene Böden waren, ging der Hund unbeirrt weiter bis vor eine geschlossene Doppeltür, dem Eingang zum Erziehungsheim. Bei den anschließend von den Beamten der Kriminalpolizei Steyr durchgeführten Vernehmungen gestand ein siebzehnjähriger Zögling den Mord.

17. September 1988. Gendarmerieposten Gallneukirchen

Bericht des Kommandanten der Kriminalabteilung Oberst Schmiedbauer.

Ich war mit meiner Frau Inge und meinem jüngeren Sohn Joachim zu Besuch in meinem Elternhaus in Gallneukirchen. Wie üblich gingen wir, meine Familie und mein Stiefvater im Wald spazieren.

Es war etwa gegen 16.00 Uhr als mein Personenrufgerät anschlug. Ich lief sofort zum nächstgelegenen Haus und ersuchte telefonieren zu dürfen. Handy gab es damals für uns noch nicht. Der Journaldienstbeamte der Kriminalabteilung sagte mir, dass es in Gallneukirchen eine Geiselnahme gebe. Ich gab sofort die hierfür notwendigen Anweisungen und sagte, dass ich ohnehin in Gallneukirchen sei und die Einsatzleitung übernehme. Daraufhin fuhr ich mit meinem Privat-PKW zum Tatort. Ich war einigermaßen erstaunt, das Tathaus war nämlich mein Geburtshaus, in dem ich bis zu meinem Schuleintritt aufgewachsen bin. Natürlich waren viele bauliche Veränderungen, so dass ich keine genauen Ortskenntnisse mehr hatte. Auf der Straße vor dem Haus standen bereits einige uniformierte Kollegen des Gendarmerieposten Gallneukirchen. Im Hof des Tathauses kam eine aufgeregte Frau auf mich zu und sagte: „Der Horst hat meine Tochter in seiner Gewalt, er ist zu allem fähig. Horst ist der Ex-Freund meiner Tochter Margit. Er hat eine Pumpgun. Mit dieser hat er bereits die Haustüre aufgeschossen. Jetzt fordert er einen Kombi oder Kleinbus. Damit will er mit der Margit wegfahren." Das waren meine ersten Informationen. Nun wollte ich bis zum Eintreffen meiner Leute die Lage erkunden. Ich schlich mich über eine Stiege hinauf in den ersten Stock. Vor mir lag ein Gang 1,23 Meter breit und 8 Meter lang. Im gleichen Augenblick wie ich in diesen Gang trat, kam der Geiselnehmer mit angeschlagener Waffe um die Ecke, also 8 Meter von mir entfernt. Mein Glück war, dass er nicht sofort schoss. Ich machte „Hände hoch" und sagte: „Horst, ich möchte mit dir reden." Nach einigem Hin und Her erlaubte er mir, näher zu kommen. Zuvor musste ich meine Jacke ausziehen, damit er sehen konnte, dass ich unbewaffnet war. Auch mein Personenrufgerät musste ich ablegen, weil er glaubte, es sei eine Waffe. Ab diesem Zeitpunkt war auch ich Geisel. Horst ließ mich nicht in seine Nähe kommen und hielt den Lauf der Waffe ständig auf mich gerichtet. Er drohte, dass er mich bei der kleinsten Bewegung, die er mir nicht erlaubt, erschießen werde. Im Wohnzimmer in dem wir uns befanden war auch seine erste Geisel, Margit H. Diese saß total fertig auf der Couch. Nun sagte mir Horst seine Forderungen. Er verlange einen Kastenwagen. Mit dem wolle er gemeinsam mit Margit flüchten. Er möchte sich mit ihr noch ein paar schöne Stunden machen. Anschließend wolle er erst Margit, die er über alles liebe und dann sich selbst erschießen. Er habe mit seinem Leben abgeschlossen. Die Margit habe er so unheimlich gern, dass er mit ihr sterben werde. Ein anderer Mann dürfe Margit nie bekommen, sie gehöre nur ihm allein. Dieser Plan stehe so fest, dass ihn niemand daran hindern werde. Nachdem er ja mit dem Leben abgeschlossen habe, werde er die Ausführung seines Vorhabens mit der Waffe erzwingen. Er werde jeden erschießen, der sich ihm in den Weg stellt. Margit H. sagte mir, sie halte diese enge, fast krankhaft auf sie fixierte Liebesbeziehung nicht mehr aus. Deshalb habe sie Schluss gemacht. Nur Horst wolle das nicht zur Kenntnis nehmen. Mit dieser Entscheidung hätte sie beinahe ihr Todesurteil unterschrieben. Nach einiger Zeit kam mein Kollege Manfred B. von der Mordgruppe und rief uns von besagter Stiege aus an. Horst wollte ihn nicht zu uns kommen lassen. Ich sagte aber, den brauchen wir unbedingt zur Besorgung des von ihm gewünschten Autos. Ab diesem Zeitpunkt musste sich Manfred B. in der Ecke des Wohnzimmers aufhalten und den Platz nicht verlassen.

Nun versuchte ich mit Horst ins Gespräch zu kommen. Er war total unberechenbar. Vorerst drohte er mir an, mich sofort zu erschießen, wenn das geforderte Auto nicht in allernächster Zeit zur Verfügung stünde. Ich versuchte ihn zunächst von der Sinnlosigkeit seines Handelns zu überzeugen, merkte aber sehr bald, dass ich ihn dadurch nicht beruhigen konnte, das Gegenteil.

Nun sagte er, er habe seinen Plan geändert. Er habe nun nicht mehr vor den Raum zu verlassen und werde zuerst uns, dann die Margit und letztlich sich selbst hier im Wohnzimmer erschießen. Nach etwa zwei Stunden, ich redete ununterbrochen mit Horst, weil ich annahm, dass er wie bereits erwähnt schießen werde sobald ich zu reden aufhörte, fiel Margit von der Couch. Sie war ohnmächtig geworden. Die ständige Angst und den immensen Druck konnte sie offensichtlich nicht mehr verkraften. Ich sagte: „Du musst mir erlauben einen Arzt zu rufen, sie stirbt sonst." Diese Erlaubnis erteilte er mir. Ich rief den Gemeindearzt von Gallneukirchen, Dr. Gerd K. an, mit dem ich aufgewachsen bin, den ich persönlich kannte. Der Arzt konnte anstandslos zu uns kommen. Er gab Margit eine Spritze, so dass sie wieder zu Bewusstsein kam. Der Arzt musste daraufhin die Wohnung wieder verlassen. Horst hatte die ganze Zeit mit dem Gewehr im Anschlag die Situation verfolgt. Jetzt aber gingen die nervenaufreibenden Gespräche wieder weiter. Ich war schon ganz heiser, aber ich merkte, dass er Vertrauen zu mir gewann. Ich interessierte mich wieder verstärkt um seinen Lebenslauf. Dabei brachte ich ihn soweit, dass er mir von sich erzählte. Das verschaffte mir etwas Luft. Aber immer dann, wenn ich glaubte, jetzt kann ich ihn zum Aufgeben bewegen, schaltete er unberechenbar um und ich brauchte wieder einige Zeit, um ihn zu beruhigen. Immerhin bekam ich durch seine Aussagen ein Bild von seiner Kindheit und dem Jugendalter, das ein sehr trauriges war. Seine Mutter hatte ihn verschenkt, er wuchs in verschiedenen Kinderheimen auf. Aber nun hatte er zum ersten Mal in seinem Leben Glück, und zum ersten Mal hat er durch Margit eine echte Liebe verspürt. Mir tat der Bursche fast leid. Ich sagte ihm, dass er für mich ein genauso wertvoller Mensch sei, dass alles was bisher geschehen ist nicht irreparabel sei, dass ich mich für ihn bei Gericht einsetzen werde und so fort. Oftmals glaubte ich wieder, dass meine Worte Wirkung zeigten. Doch dann war er wieder so unberechenbar und wild entschlossen, allem ein Ende zu bereiten. Ich sagte ihm auch, dass ich einen Sohn habe der etwa im gleichen Alter wie er sei, dass ich seinen bisherigen Lebensweg bedauere, aber dass es ja nicht zu spät sei für einen Neubeginn, er sei ja noch so jung. In dieser Tonart ging es weiter, Stunden um Stunden. Nach etwa sechs Stunden, ich hatte bereits jeden Zeitbegriff verloren, hatte ich das Gefühl, dass er zur Aufgabe bereit wäre. Ich nahm nochmals alle Argumente zusammen und hatte wirklich Erfolg. Er sagte, wenn er sich auf mich verlassen könne, dass ich auch vor Gericht für ihn eintrete, gebe er auf. Ich wiederholte mein Versprechen, denn es war mir sicher ernst damit. Daraufhin sagte er zu mir, er möchte zehn Minuten mit Margit alleine sprechen, dann gebe er auf. Ich sagte ja, unter drei Bedingungen: „Die Margit muss einverstanden sein, du gibst mir vorher die Pumpgun, und die Tür zum Schlafzimmer muss offen bleiben, weil ich für die Sicherheit der Margit verantwortlich bin." Sowohl Margit als auch Horst waren einverstanden. Er gab mir die Waffe und das kurze Gespräch mit Margit im Schlafzimmer beendete diese Ausnahmesituation. Der Rest war Routine. Vor Gericht stand ich zu meinem Wort und setzte mich voll für Horst ein. Er bekam vier Jahre Freiheitsstrafe. Horst wurde während der Haft auch psychologisch betreut. Durch seinen Psychologen bedankte er sich nochmals bei mir für die faire Behandlung und zu einem besonderen Dank fühle er sich auch deshalb verpflichtet, weil ich ihm wieder einen Weg in die Zukunft eröffnet habe. Oft wurde ich gefragt, ob ich in diesen sechs Stunden Todesangst gehabt hätte. Ich muss ehrlich sagen, dass man solchen Situationen so angespannt und auf die Lage konzentriert ist, dass man eigentlich keine Furcht verspürt. Das was man Angst nennt, kam bei mir erst etwa drei Tage später. Da wurde mir erst so richtig bewusst, in welcher Lage ich mich befunden hatte, dass mein Leben an einem seidenen Faden gehangen hatte. Was wäre dann aus meiner Familie, meiner Frau und meinen beiden Söhnen geworden. All diese Gedanken plagten mich. Vor allem in Ruhezeiten, wo ich Muße zum Nachdenken hatte. Psychologische Betreuung – nein, die gab es nicht.

5. Februar 1992. Gendarmerieposten Pasching

Im Zuge einer Alarmfahndung nach einem 38jährigen Arbeitslosen, der zuvor einen Sprengstoffanschlag auf den Gendarmerieposten Haid verübt haben soll, konnte ein Verdächtiger auf dem Parkplatz eines Gasthauses angetroffen werden. Als die Beamten ihn nach dem Ausweis fragten, zog dieser eine Faustfeuerwaffe und tötete Inspektor Erwin Furtner durch einen Bauchschuss. Zwei Beamte wurden noch durch Schüsse lebensgefährlich verletzt, konnten jedoch das Feuer erwidern und den Täter überwältigen. Dieser wurde wegen Mordes, zweifachen Mordversuch und Gefährdung durch Sprengmittel zu lebenslanger Haft verurteilt.

29. November 1999. Gendarmerieposten Mauerkirchen

Eine 88jährige Frau war seit den Morgenstunden abgängig. Sie war nur mit Nachthemd und Socken bekleidet. Diensthundeführer RevInsp Heinrich Kirchsteiger stöberte mit seinem Diensthund, Deutscher Schäfer „Aron vom

Hause Kampfenhuber", zwei, ca.1 km vom Wohnort der Frau entfernte Waldstücke ab. Nach ca.1 Stunde verbellte er die in einem Gebüsch liegende Frau. Sie war bereits stark unterkühlt und wurde in das Krankenhaus Ried eingeliefert.

4. Februar 2000. Gendarmerieposten Frankenmarkt

Seit 18.00 Uhr war eine 72jährige Frau aus Frankenmarkt abgängig. Eine Suchaktion der Angehörigen und der Feuerwehr blieb erfolglos.

Diensthundeführer RevInsp Bernhard Stummer mit seinem Diensthund, Deutscher Schäfer „Boss vom Teufelsjoch", der Nachtpatrouille wurde um 21.05 Uhr angefordert.

Nach ca. 1 Stunde Stöberarbeit hatte der Hund die Frau gefunden, sie lag nach einem 4 Meter Sturz mit schwersten Kopfverletzungen und stark unterkühlt in einen versteckten Graben. Im Krankenhaus gaben die Ärzte an, dass die Frau die Nacht nicht überlebt hätte.

28. Februar 2000. Gendarmerieposten Ansfelden

Diensthund-Einsatz nach einem 88jährigen Mann aus Sipbachzell. Diensthundeführer RevInsp Andreas Blesius wurde um 20.15 Uhr angefordert und konnte sein Diensthund, Deutscher Schäfer „Ciro" nach ca. 30 Minuten Stöberarbeit, 200 m vom Wohnort, den im Unterholz liegenden Mann anzeigen. Er war gestürzt und hatte eine Gehirnerschütterung erlitten. Er wurde in das Krankenhaus Wels gebracht, auch er hätte die Nacht nicht überlebt.

4. März 2000. Gendarmerieposten Gmunden

In den Morgenstunden hatte eine 55jährige Frau in Selbstmordabsicht 50 Stück Tabletten und eine Flasche Whisky konsumiert. Damit sie noch eine Überlebenschance hatte, musste sie rasch gefunden werden. Diensthundeführer RevInsp Manfred Bammer wurde mit seinem Diensthund, Deutscher Schäferhund „Cliff vom Trauntor", eingesetzt. In kurzer Zeit konnte der Hund die Frau in einem Schilfgürtel des Traunsees aufspüren. Sie saß im knietiefen Wasser des Traunsees, noch lebend aber nicht mehr ansprechbar. Sie wurde in das Krankenhaus Gmunden eingeliefert und überlebte.

Motorbootstation GMUNDEN Errichtung am 20. August 1949**.** Zuweisung eines Motorbootes mit Außenbordmotor.

1. Juni 1962

Zuweisung des neuen Motorbootes mit Außenbordmotor.

4. August 1968

Tragisches Bootsunglück auf dem Traunsee. Tödlich endete eine Segelfahrt mit einem gemieteten Segelboot für den 44jährigen Ing. Gerhard Streit, dessen 40jährige Lebensgefährtin Ernestine Geyer und deren 7jährige Tochter Sylvia Geyer.

Als sich die drei gegen 17.00 Uhr etwa in Seemitte auf der Fahrt von Hoisen nach Altmünster vom ebenfalls an Bord befindlichen 6jährigen Sohn von Ing. Streit fotografieren lassen wollten, setzten sie sich auf die Segelstange des Großsegel. Das Großsegel riss jedoch ein und alle drei fielen rücklings in den See. Der herzkranke Ing. Streit, der als einziger schwimmen konnte, dürfte einen Herzschlag erlitten haben. Ernestine Geyer und ihre Tochter ertranken hilflos. Der an Bord verbliebene sechsjährige Harald Streit konnte das Segelboot nicht steuern und musste hilflos zusehen.

Motorbootstation TRAUNKIRCHEN

Errichtet am 10. August 1955 mit Zuweisung eines Gleitbootes mit Außenbordmotor 10 PS. Für das Boot wurde das Kennzeichen C 555 zugewiesen.

Da das Boot nicht sturmfähig war verfügte der Landesgendarmerie Kommandant Oberst Dr. Mayr, dass bei Sturm nicht ausgefahren werden darf.

Nach verschiedenen Bootstypen bekam die Station am 28. Mai 1986 das Motorboot „Speedy" welches mit einem 130 PS starken Innenbordmotor Volvo-Penta ausgerüstet war. Somit konnte der Hilfs- und Rettungsdienst auf dem Traunsee wieder in vollem Umfang aufgenommen werden.

Motorbootstation EBENSEE

Mit LGK Befehl 1075/50 vom 21. Mai 1950 wurde der GP Ebensee Motorbootstation ein Sturmboot zugewiesen. Dieses Ungetüm von einem Boot, ein Überbleibsel der deutschen Wehrmacht erregte natürlich großes Aufsehen bei der Bevölkerung. Das Boot hatte den klangvollen Namen „Seeteufel" und bewährte sich besonders bei Hochwassereinsätzen. Evakuierungen und Rettung von Sachgütern konnten mit diesem Boot bedenkenlos erfolgen.1985 erhielt die Station das neue Motorboot Type Sancrui mit einem 139 KW starken Innenbordmotor.

Die Motorbootstationen sind auf Grund eines Erlasses verpflichtet bei Sturmwarnung ihre Motorboote sofort in den Dienst zu stellen. Von Mai bis September wechseln sich die Motorbootstationen Ebensee, Gmunden und Traunkirchen in Turnusdiensten bei der Seeüberwachung ab.

Motorbootstation St. WOLFGANG

Im Jahr 1958 wurde der GP St. Wolfgang Motorbootstation. Als erstes Boot wurde ein Holzboot mit einem 25 PS-Außenbordmotor zugewiesen. Nach verschiedenen Booten erhielt die Station 1987 ein Kajütboot mit dem die Beamten retten und alle anfallenden Dienste jederzeit erledigen können.

Motorbootstation WEYREGG am Attersee

Die Motorbootstation wurde im Jahr 1952 errichtet und ein Holzboot mit einem 25 PS-Außenbordmotor zugewiesen. Am 5. Mai erhielt die Station ein neues Kunststoffmotorboot mit Kajüte und Innenbordmotor 145 PS Volvo-Penta.

Der Motorbootdienst besteht aus Seeüberwachung, Hilfeleistung bei See- und Notdienst. Erhebungen von Unfällen und Wasserverunreinigungen.

13. August 1978

In der Nacht fuhren 3 Burschen und 5 Mädchen mit einem Ruderboot von Seefeld nach Stockwinkel. Ca. 800 m vom Ufer entfernt kenterte das Ruderboot, weil die Insassen aus Übermut schaukelten. Von den 8 Insassen ertranken 2 Mädchen und 3 Burschen.

15. und 16. August 1978 ertranken zwei Taucherinnen bei Übungstauchgängen.

Motorbootstation ASCHACH an der Donau

Derzeit ist die Motorbootstation Aschach mit einem Motorboot der Marke „V21-Spider" mit einem 200 PS starken 8-Zylinder- Motor ausgerüstet.

Salzburg

Daten 2005

Landesgendarmerie-Kommandant: Brigadier Ernst Kröll
Kommandant der Kriminalabteilung: Major Franz Lang
Kommandant der Verkehrsabteilung: Oberstleutnant Friedrich Schmidhuber
Kommandant der Alpinen Einsatzgruppen: Robert Jölli
Kommandant der Einsatzeinheiten: Günter Neulandtner

Landesgendarmerie-Kommandant Brigadier Ernst Kröll.

Postenchronik Hallein

22. Juni 1953. Flugzeugabsturz im Tennengebirge

Am Breithorn war ein englisches Sportflugzeug mit dem Piloten Hayhow, der sich auf einem Rekordflug nach Belgrad befand, abgestürzt. Der Pilot wurde 10 Meter neben dem Flugzeug erfroren aufgefunden. Die Leiche wies keinerlei äußerliche Verletzungen auf. Das unversehrte Flugzeug wurde der Gendarmerie geschenkt. Nach der Demontage wurde es zu Tal gebracht und bei der Landesgendarmerie Salzburg deponiert.

Vom Posten Hallein waren insgesamt 8 Beamte im Einsatz.

15. Juli 1954. Mordversuch und Erpressung

Karl W. fuhr mit seinem Fahrrad auf der Zederhauser Landstraße, als er plötzlich von drei Burschen vom Rad gestoßen und geohrfeigt wurde. Er sollte ein Bier zahlen, was er aber nicht konnte da er kein Geld hatte. Nun wollten sie seine Uhr, hatten aber kein Glück, da der Bursche weder Geld noch eine Uhr hatte. Ohne Beute zogen sie weiter, nachdem sie noch die Luft aus den Reifen gelassen hatten.

Die Gegend des Zickenberges wurde von den Burschen unsicher gemacht auch Wilderer wurden immer wieder gemeldet. Am 1. November hatten sie eine Gams geschossen, worauf sie einige Tage später wieder auf die Pirsch gingen. Dabei ertappten sie zwei Forstorgane, worauf es zwischen Jägern und Wilderer ein wildes Feuergefecht gab. Weil die Richtung aus der die Geschosse kamen nicht genau festgestellt werden konnte, wurde nur der Tatbestand der Erpressung angezeigt.

1958. Gendarmerieposten Saalbach

In der Umgebung von Saalbach gingen viele Lawinen ab, wobei einige Skifahrer verschüttet wurden. Der Bergrettungsdienst arbeitete fieberhaft und konnte auch zwei aus Deutschland stammende Skifahrer bergen. Im Anschluss an diese Bergungsarbeit wurde der Lawinensuchhundeführer Revierinspektor Leopold Rechberger vom Gendarmerieposten Bergheim mit der Lawinensuchhündin „Waldfee" zur Suche nach einem weiteren Verschütteten eingesetzt. Da aber, wie bereits erwähnt zur gleichen Zeit zahlreiche Lawinen abgingen war nicht klar, wo der verschüttete Skifahrer liegen könnte. Es mussten daher ausgedehnte Flächen abgestöbert werden, wodurch von der Hündin außerordentliche Leistungen verlangt wurden. Der Bergrettungsdienst musste sogar die Sonderarbeiten einstellen, da jede Weiterarbeit aussichtslos geworden schien. Nach einer Stöberarbeit von dreiviertel Stunden verwies die Hündin durch Scharren und Bellen eine bestimmte Stelle, an der die Bergrettungsmänner sofort zu sondieren begannen. Die Verwendung der 3 m langen Sonden erbrachten kein Ergebnis. Die Hündin gab sich jedoch nicht zufrieden und grub eifrig weiter sodass man an dieser Stelle mit Grabarbeiten begann. In einer Tiefe von 3,5 Meter und mühevoller Arbeit gelang es an dieser Stelle den Verschütteten zu finden.

Diese Arbeit der Diensthündin ist umso höher zu werten, als niemand angeben konnte, wo der Skifahrer von der Lawine erfasst worden war.

12. April 1958

Gegen 21.00 Uhr wurde die 16jährige Annemarie H. auf dem Heimweg von Badgastein zur Windischgrätz-Hütte von einem Unbekannten missbraucht, ermordet, hernach in einen Jungwald geschleppt und dort in eine Mulde geworfen. Die ersten Erhebungen verliefen negativ. 17 Stunden nach der Tat wurde der Gendarmerie Diensthund „Blitz 2" unter Führung von Gendarmerie Patrouillenleiter Günther G. vom Gendarmerieposten Wals zum Einsatz an den Tatort gebracht. Auf einer gesicherten Fußspur wurde der Hund angesetzt. Die Fährte war äußerst schwierig zu verfolgen, doch der Hund ließ sich nicht verwirren, auch konnte ein Fußabdruck wieder gesichert werden. Auf Grund des Schlechtwetters und der Anstrengungen musste dem Hund eine Pause eingeräumt werden. Nachdem er sich etwas erholt hatte verfolgte er weiter zielstrebig die Fährte bis zu einem Haus an der stark befahrenen Straße zu der Wohnung des Täters. Der Hilfsarbeiter Karl Sch. gestand die Tat.

12. März 1962

Bei einem Feuergefecht im Stadtgebiet von Hallein mit ausländischen Verbrechern, erlitt Gendarmerie Rayonsinspektor Eugen Ponholzer einen Magen- und Brustdurchschuss. Er ist an diesen schweren Verletzungen verstorben.

Gendarmerie-Rayonsinspektor Eugen Ponholzer wurde im Feuergefecht mit Verbrechern erschossen.

Rechts: Begräbnis Ponholzer mit Ehrenkontukt.

2. März 1965. Lawinenabgang

Am Nachmittag wurde in der Gemeinde Untertauern die Radstädter Tauernstraße durch eine Schneelawine (Weißlahn) auf ca. 25 Meter ca. 3 Meter hoch verschüttet. Von der Lawine wurde ein mit 38 Personen besetzter Postbus erfasst und über einen Steilhang gegen einen Baum geschleudert. Nach mehrmaligen Überschlägen blieb der Bus mit den Rädern nach oben schwer beschädigt liegen. Die Fahrgäste waren Urlauber aus Schweden und Finnland. Von den 38 Insassen wurden 14 (18-20 Jahre) getötet. Drei Personen wurden schwer und die anderen leicht verletzt. Das Unglück erregte ungeheures Aufsehen, weit über die Grenzen Österreichs hinaus. Die Straße wurde auf der gesamten Strecke überwacht und bis 22. Mai nur in der Früh und in den Abendstunden für den Verkehr freigegeben.

19. März 1965. Seilbahnunfall

Bei der Salzbergbahn in Hallein, in der Nähe einer Stütze hatte sich das Seil gelöst, dabei stießen die talwärts- und bergwärts fahrenden Kabinen zusammen. Bei diesem Zusammenstoß wurde eine Person getötet, 6 Personen schwer und 5 leicht verletzt. Die Unfallursache konnte nicht geklärt werden.

Die Bahn wurde am 1. Mai 1965 wieder in Betrieb genommen.

19. August 1966. Hubschrauberabsturz in Tamsweg

Der Lungau war Mitte August von schweren Unwettern heimgesucht worden. 20 Brücken wurden weggerissen

Beschädigte Gondeln der Salzbergseilbahn: 1 Toter, 11 Verletzte.

und Häuser schwer beschädigt. Zur Unterstützung der örtlichen Feuerwehren war auch das 3. Pionierbataillon aus Wals-Siezenheim eingesetzt. Um 15.02 Uhr wollte der Pilot mit dem Militärhubschrauber am Sportplatz in Tamsweg landen und ist dabei aus ca. 2 Meter Höhe abgestürzt. Der Hubschrauber wurde schwer beschädigt. Der Pilot wollte auf dem zur Bodenmarkierung aufgelegten Teppich aufsetzen, wobei der Teppich durch den Sog aufgewirbelt und in den laufenden Rotor gerissen wurde. Der Rotor wurde zertrümmert und der Hubschrauber stürzte ab. Drei Insassen wurden schwer und der Pilot leicht verletzt.

10. Dezember 1966

Ein unbekannter Mann versuchte in Goldegg das Steinhäuslgut um 17.30 Uhr in Brand zu stecken. Der Täter wurde vom Pächter überrascht, doch es gelang ihm die Flucht, während der Pächter den Brand löschte.

Einsatz eines Fährtenhundes am Tatort um 20.30 Uhr, anschließend verfolgte der Hund die Fährte zirka 4 Kilometer über steiles alpines Gelände bis kurz vor das Gasthaus Hagenhofer, wo er die Fährte auf der stark begangenen Straße verlor.

Bei den Erhebungen im Gasthaus konnte in Erfahrung gebracht werden, dass der Besitzer des Hofes im Lokal gewesen sei. Er konnte in Rauris angehalten und zur Brandlegung befragt werden, die er gestand und angab, dass er den Brand gelegt habe um eine hohe Versicherungssumme kassieren zu können.

Jänner 1969. Hochstapler als Arzt

Einen gewieften Hochstapler konnte die Gendarmerie auf Grund eines Haftbefehles festnehmen. Der 26jährige Linzer Gelegenheitsarbeiter Dieter G. verstand es, auf Kosten gutgläubiger Menschen ein unbeschwertes Leben zu führen. Als falscher Frauenarzt und Sexualpsychologe Dr. Gruber-Pellegrini konnte er in Salzburg untertauchen. Die Mädchen und Frauen suchten bei dem Arzt Rat bezüglich ihres Sexuallebens. Durch Honorare und Tricks lockte er gutgläubigen Menschen Geld heraus.

14. November 1972. Sprengstoffanschlag

In den frühen Morgenstunden fand im Bundesgymnasium in Tamsweg eine unerklärte Detonation statt. Nach den Ermittlungen der Kriminalabteilung waren Konferenzzimmer und Lehrbücherei durch eine Benzinspur verbunden gewesen. Ein Sachschaden von über 400.000 Schilling ist entstanden. Die Täter konnten nie ausgeforscht werden.

10. September 1975

Ein Ehepaar aus Vigaun hatte seinen 18jährigen Sohn angekettet gefangen gehalten. Der Bursch wurde gefoltert, geknebelt und seine Hände mit einer Eisenkette gefesselt an beiden Enden mit einem Vorhangschloss versperrt am Rücken gebunden. Die Eltern hatten keinen anderen Ausweg gesehen, da er so schwer zu behandeln war. Sein Bruder traute sich nicht ihn zu befreien. Er konnte schließlich von einer Gendarmerie Patrouille befreit und der Jugendfürsorge übergeben werden.

6. September 1977. Großbrand

... bei der Firma Borregaard in Hallein. In der Nacht brach in der Papierfabrik Booregaard ein Großbrand aus. Im Einsatz waren 500 Feuerwehrmänner und Rot-Kreuz Angehörige. Auch alle verfügbaren Gendarmen des Postens Hallein waren im Einsatz.

Bei dieser größten Brandkatastrophe im Land Salzburg wurden durch den Brand drei Hallen, 5000 Tonnen Papier und modernste Maschinen vernichtet. Der Firma entstand ein Schaden von 250 Millionen Schilling.

20. Dezember 1977

Die Erhebungsabteilung der Gendarmerie, Beamte des Posten Hallein, die Polizei und die Zollfahndung konnten im Zuge einer großen Einsatzaktion, Rauschgift im Wert von 20 Millionen Schilling beschlagnehmen. Mehrere Personen wurden festgenommen.

31. Jänner 1982

Sonntag gegen 11.00 Uhr, stieg eine achtzehnköpfige Gruppe unter der Führung des geprüften Bergführers Hermann Thumm aus Immenstadt im Allgäu und der beiden Lehrer Sybille Klemann und Ulrich Schulze mit fünfzehn Lehrlingen und Schülern aus Deutschland zu einer Tourenwanderung auf die Elmaualm auf. Nach einem eineinhalbstündigen Marsch im dichten Schneetreiben ließ der Bergführer haltmachen. Zu diesem Zeitpunkt befanden sie sich gerade im Gebiet des von den Einheimischen gemiedenen und unwegsamen Lawinenloches des 2.360 m hohen Hochthorn. Bergführer Thumm machte sich allein auf den Weg, um eine Route zu suchen, kam aber bald zurück und erklärte, dass man hier nicht weiterkommen würde und daher umdrehen müsse. Gerade als sich die Gruppe auf den Rückweg begab und einen Hang gemeinsam querte, wieder ein großer Fehler, den Hang hätten die Schüler einzeln queren müssen, löste sich am Gegenhang eine Lawine und donnerte mit einer solchen Wucht zu Tal, dass auch die gegenüber befindliche Gruppe erfasst wurde. Die Lawine hatte sich unterhalb des. 2.360 m hohen Hochthrons gelöst und die Gruppe 200 m tief in eine Talsenke mitgerissen, wo Schüler und Begleiter auf 120 m Länge und bis zu 7 m tief verschüttet lagen.

Stefan Bleilinger aus Glonn gelang es, sich mit eigener Kraft aus der Lawine zu befreien. Er stolperte und taumelte den Weg zurück zur Gamsblickhütte. Nach einer Stunde kam er dort schwer geschockt aber nur leicht verletzt an. Jetzt ging alles blitzartig, der Wirt Otto Krahbichler verständigte sofort Alpingendarmerie und Bergrettung. Unter Führung des Alpinreferenten der Salzburger Gendarmerie, Oberstleutnant Hörmannes, wurden bis zu 299 Männer und 37 Lawinensuchhunde eingesetzt. Für diese Einsatzkräfte bestand während des gesamten Einsatzes akute Lawinen- und Lebensgefahr. Immer wieder gingen kleinere Lawinen ab. Für den Fall, dass eine Nachlawine die Rettungsmannschaft verschüttet, hielt Oberstleutnant Hörmann 90 Mann in unmittelbarer Nähe in Bereitschaft.

Der Lawinensuchhund Kero fand eine lebende Schülerin und daran anschließend zwei tote Schüler. Sofort nach Bekanntwerden der Katastrophe war Großalarm gegeben worden. Das Rote-Kreuz hatte im Gasthaus Gamsblick eine Intensivstation eingerichtet, in der Ärzte und Rot Kreuz Helfer einen verzweifelten Kampf um das Leben der Opfer führten. Obwohl noch lebend geborgen wurden, starben dort noch der Bergführer Thumm und ein 17jähriger Bursch. Einige der Opfer konnten erst in 7 m Tiefe gefunden werden.

Dieses Unternehmen war tödlicher Leichtsinn. Obwohl bereits alle Lifte gesperrt waren, überall Lawinen ins Tal donnerten und auch die einheimische Bevölkerung warnte, wurde diese Tour durchgeführt, die leider 13 Menschen das Leben kostete.

26. Oktober 1988

Seit Herbst 1983 trat in den Bundesländern Kärnten und Salzburg immer wieder ein Hoteleinsteigdieb auf. Die Medien bezeichneten ihn als Klettermaxe. Der Unbekannte bevorzugte Hotels in Fremdenverkehrsorten.

Da der Klettermaxe am 12. Oktober 1988 in Bad Hofgastein wieder in ein Hotel eingestiegen war und Schmuck und Bargeld im Wert von ca. 80.000 Schilling erbeutet hatte, wurde von den Beamten des GP Hofgastein Verpass gehalten.

Am Abend des 26. Oktober legten sich die Beamten Trausnitz und Guggenberger in Zivilkleidung, bewaffnet und mit Funkgeräten ausgerüstet, im Park des „Palace Hotels" hinter Sträuchern auf die Lauer. Gegen 18.30 Uhr sah Insp Guggenberger wie eine männliche Gestalt an der Außenfassade des Hotels hochkletterte und vom Balkon aus in ein Hotelzimmer, in dem kurz zuvor das Licht ausgegangen war, eindrang. Als der Täter dann kurz darauf wieder über die Fassade in den Hotelpark abstieg wurde er von den beiden Beamten gestellt. Die Aufforderung „Halt Gendarmerie" ignorierte er und flüchtete in der Dunkelheit durch den Park. Die beiden durchtrainierten Beamten konnten ihn jedoch einholen und zu Boden ringen. Der Täter versuchte noch eine verbotene Waffe (Tränengassprühdose) welche er bei sich hatte, gegen die Beamten einzusetzen. Mit inzwischen verständigten weiteren Beamten konnte der Fassadenkletterer endgültig dingfest gemacht werden. Der Täter Wolfgang E. hatte in einem Lederbeutel, welchen er umgeschnallt hatte, eine Taschenlampe, eine Tränengassprühdose, diverses Werkzeug und die erbeuteten Schmuckstücke bei sich.

Bei dem 50jährigen Wolfgang E. handelte es sich um einen sportlich trainierten Berufsverbrecher, welcher seine Beutezüge jedes Mal von Köln aus nach Österreich, in die Schweiz und nach Italien unternahm.

11. November 2000. Gendarmerieposten Kaprun

Um 9.00 Uhr gerät 600 m nach Einfahrt in den Tunnel die bergwärts fahrende Zuggarnitur der Gletscherbahn Kaprun in Brand. Aus der brennenden Zugsgarnitur können sich 12 Personen über die Nottreppe in Richtung Talstation aus dem Tunnel retten. 150 Passagiere ersticken und verbrennen bei dem Versuch, sich aus dem brennenden Fahrzeug auf die Nottreppe und von dort bergwärts durch den Tunnel zu retten.

Unmittelbar nach dem Brandausbruch retten sich aus dem Gebäude der Gletscherbahnbergstation und den Geschäften die dort anwesenden Personen.

Von der Bezirksleitzentrale wird sofort Großalarm ausgelöst, der Landesgendarmerie Kommandant, der Leiter der Kriminalabteilung werden informiert. Tatortspezialisten aus Niederösterreich und Tirol mit spezifischem Identifizierungs- und Bergematerial werden über Schwechat zum Einsatzort beordert. Ein Einsatzstab wird in Kaprun errichtet.

Der Einsatz wurde vom Leiter KA Salzburg Major Franz Lang geleitet.

Bei dieser größten Unfallkatastrophe waren 270 Exekutivbeamte (Gendarmerie, Bundespolizei, ausländische Polizeikräfte und Sicherheitsdirektion), 346 Rot-Kreuz-Helfer davon 26 Notärzte, 771 Feuerwehrmänner, 150 Mann Bundesheer und 6 Hubschrauber, 12 Mann Bergrettung, 45 Psycholog/innen Krisenintervention, 50 Gemeinde- und Bergbahnangestellte, 30 Reporter vom Landespressedienst und 80 Freiwillige Helfer im Einsatz.

Steiermark

Daten 2005

Gendarmerie-Landeskommandant: Generalmajor Peter Knöbl
Kommandant der Kriminalabteilung: Oberst Alois Eberhart
Kommandant der Verkehrsabteilung: Oberst Wolfgang Staudacher
Kommandant der Alpinen Einsatzgruppen: Oberstleutnant Siegmund Schnabl
Kommandant der Diensthunde: Oberst Karl Lassnig

Landesgendarmerie-Kommandant Brigadier Peter Knöbl.

11. Juni 1948

Von Revierinspektor Anton Pammer konnte der flüchtige Massenmörder Franz Löcker nach Abgabe von 2 Schüssen, die den Verbrecher in den Oberschenkel und in die Schulter trafen festgenommen werden.

Löcker hatte in den Jahren 1946 bis 1948 in der Südoststeiermark 6 Menschen zum Teil bestialisch ermordet. Er wurde zum Tode verurteilt und als letzter Verbrecher vor der Abschaffung der Todesstraße am 14. Juni 1949 im Hof des Landesgerichtes Graz hingerichtet.

18. Februar 1950

Explosion in der Dynamitfabrik St. Lambrecht. Um 21.50 Uhr explodierten in der Dynamitfabrik zwei Säurekesseln, wodurch das Gebäude samt den maschinellen Einrichtungen zerstört wurden. Hierbei wurde der 74 Jahre alte Säurearbeiter Franz Brunnhofer getötet. Der Sachschaden beträgt ca. 500.000 – 600.000 Schilling. Die Ursache der Explosion ist nicht bekannt.

20. August 1950

In den Jahren versetzten dann mehrere Raubmorde, Raubüberfälle und Brandstiftungen die Bevölkerung von Fladnitz und Umgebung in Furcht und Schrecken. Nach umfangreichen Ermittlungen der Gendarmerie gelang schließlich die Verhaftung von Josef Kienreich, der als „Teufel von Fladnitz" bezeichnet wurde. Nach weiteren Recherchen wurden drei weitere Komplizen ausgeforscht und verhaftet. Die Aufklärung dieser Verbrechensserie brachte der steirischen Gendarmerie in der Bevölkerung große Anerkennung.

24. Oktober 1950

Um 15.00 Uhr hat der Lagerinsasse Johann Nebensnjuk, DP Lager in Eisenerz, seine ehemalige Lebensgefährtin Julia Pascu, aus Eifersucht mit einem Messer 7 Stiche in den Rücken versetzt und dadurch schwer verletzt. Zur Tatzeit war im DP-Lager eine russische Repatrierungskommission anwesend. Die russische Kommission war von einem britischen Kapitän in Uniform begleitet. Der Täter wurde noch vor Eintreffen einer Gendarmeriepatrouille von der russischen Kommission mitgenommen. Auf Grund einer Intervention der britischen Besatzungsmacht wurde der Täter Johann Nebensnjuk von der Polizeidirektion Klagenfurt verhaftet und wird dem Kreisgericht Leoben überstellt.

30. Juli 1951. Gendarmerieposten Admont

Um 18.00 Uhr wurde der hs. Posten von Gstatterboden telefonisch vom Absturz zweier Bergsteiger in der Festkogelverschneidung verständigt. Noch am Abend stieg Gendarmerie Patrouillenleiter Josef St. mit 7 Bergrettungsmänner in das Haindlkar ein. Im Haindlkar befanden sich noch die zwei Augenzeugen des Absturzes. Sie hatten auf einer anderen Route die Wand durchstiegen, dabei sahen sie wie im oberen Teil der Wand eine Zweierseilschaft den dort befindlichen Überhang anscheinend nicht überwinden konnten. Schließlich machte einer der beiden einen Steigbaum. Nun sahen sie wie der oben stehende stürzte und seinen Kameraden noch etwas zurief wie: „Halte fest." Bei der Spannung des Seiles wurde jedoch der Zweite, der anscheinend mangelhaft gesichert hatte, ausgehoben und flog über den Ersten hinunter. Die Beiden überschlugen sich in der steilen Wand mehrmals. Den Liegeplatz konnten die Zeugen nicht einsehen. Die Bergsteiger meldeten bei ihrer Rückkehr zur Haindlkarhütte sofort den Absturz dem Hüttenwart.

Am 31. Juli 1951 brach die Bergemannschaft um halb 4 Uhr in das Haindlkar auf und stieg um 6 Uhr in die Festkogelverschneidung ein. Nach ca. 300 m unterhalb der Wandmitte, wurden am Beginn eines großen Risses die beiden Abgestürzten schließlich vollkommen zerschlagen tot aufgefunden.

Die Toten Franz St. und Günther W. wurden unter schwierigsten Umständen bis zum Wandende abgeseilt und unter ungeheurer Anstrengung zu Tal gebracht. Wo die Mannschaft um 20.00 Uhr total erschöpft einlangte. Die Angehörigen wurden verständigt. Kein Fremdverschulden.

8. November 1959. Gendarmerieposten Wildon

Unbekannte Täter hatten eine Rehgeiß, die zwei Kitzen mitführte, weggeschossen. Die Anzeige wurde nach ca. 2 Stunden am Gendarmerieposten erstattet, von wo aus Gendarmerie Rayonsinspektor Gottfried Thomann mit seinem Diensthund „Senta II" des Posten Wildon zum Tatort entsandt wurde. Die Hündin verfolgte die Fährte ca. 800 m über eine Böschung und unwegsames Gelände durch ein Flussbett über Waldwege bis zu einem Wohnhaus in Ligist. Durch die Einvernahme gelang es, die beiden Söhne des Besitzers als Wilddiebe auszuforschen, diese legten ein volles Geständnis ab.

3. August 1963. Gendarmerieposten Admont

Die beiden Bergsteiger Oskar R. und Peter H. unternahmen vom Haindlkar im Gesäuse aus eine Durchsteigung der „Roßkuppenkante". Beide kamen in der schwierigen Route schnell voran und befanden sich um ca. 10.00 Uhr bereits in der Nähe der so genannten „Hanglleiste", im oberen Drittel der Wand, als der Seilschaftführer Oskar R. durch Ausbrechen eines großen Felsbrockens den Halt verlor und ca. 70 Meter tief abstürzte. Peter H. hatte zu diesem Zeitpunkt seinen Seilgefährten mit Schultersicherung gesichert. Als er seinen Kletterpartner herabstürzen sah, warf er das Seil blitzschnell um einen kleinen Felsvorsprung und vermochte so den Absturz aufzufangen. Im schwerstverletzten Zustand blieb Oskar R. ca. 2 Stunden im Seil hängen. Erst durch eine nachkommende Zweierseilschaft wurde der Genannte aus seiner lebensgefährlichen Lage befreit und in die Wand gesichert. Peter H. erlitt durch das durchlaufende Seil Verbrennungen an der linken Hand, vermochte aber dann noch mit einer Seilschaft zum Gipfel aufzusteigen.

Bereits kurze Zeit nach dem Bergunfall wurden die Hilferufe auf der Haindlkarhütte wahrgenommen und mehrere Bergsteiger liefen in das Tal und verständigten von Gstatterboden aus den Posten Admont.

3 Hubschrauber der II. Bundesheerhubschrauberstaffel Aigen im Ennstal fliegen in den Mittags- und Nachmittagsstunden Angehörige der Alpinen Einsatzgruppe Admont und Männer des Bergrettungsdienstes Admont zum Dachlgrat und zur Hesshütte im Gesäuse, von wo die Rettungsmannschaften zum Gipfelgrat der Roßkuppe aufsteigen. Der Schwerverletzte wurde in den Nachmittagsstunden von den Rettern unter schwierigsten Bedingungen mittels Stahlseil zum Gipfel der Roßkuppe und anschließend über die „Roßkuppenwand" in des „Roßkar" abgeseilt. Ein, im Roßkar gelandeter Bundesheer-Hubschrauber brachte den Schwerverletzten um ca. 17.00 Uhr in das Unfallkrankenhaus Kalwang.

16. November 1970. Gendarmerieposten Neumarkt

Gendarmerie Rayonsinspektor Odilo Seisser wurde von einem mit einem Jagdgewehr bewaffneten Mann vor einem Gasthof zum Stehenbleiben aufgefordert. Als er das Gewehr auf die anwesende Frau des Gendarmen richtete griff Seisser nach der Waffe, wobei er vom Täter erschossen wurde.

Der Täter wurde nach einer Großfahndung am nächsten Morgen in Kärnten verhaftet und zu lebenslanger Haft verurteilt. Das Motiv der Tat blieb unklar.

30. Dezember 1978. Gendarmerieposten Kindberg

Gendarmerie Gruppeninspektor Johann Stauber und Inspektor Johann Müllner starben bei einem Feuergefecht im Wohnzimmer des mehrfach vorbestraften Kriminellen, der wegen eines Betrugsdeliktes verhaftet werden sollte. Der Täter jedoch hatte bereits in Deutschland einen Mann getötet und glaubte auf Grund dieser Tat festgenommen zu werden, weshalb er im Schlafzimmer zu einer versteckten Waffe gegriffen hatte. Im folgenden Schusswechsel wurde noch ein dritter Beamter schwer verletzt, ehe sich der ebenfalls Angeschossene Täter ergab. Er wurde zu lebenslanger Haft verurteilt.

23. Februar 1984. Gendarmerieposten Bad Aussee

Gendarmerie Gruppeninspektor starb im Feuergefecht mit einem Raubmörder der zuvor den 49jährigen Postbediensteten Karl Amon erschossen und einen weiteren Beamten verletzt hatte. Der Täter selbst wurde von zwei Schüssen getroffen und konnte überwältigt werden.

14. August 1984. Stanz, Revier Rosegg des Forstgutes Malburg

Einsatz der Fährtenhündin Kessy mit Hundeführer Walter Vollmeier bei der Aufbruchstelle eines gewilderten Rehbocks. Durch alle Arten von Waldgebiet und zuletzt auf einer Forststraße, insgesamt zirka 3 Kilometer, bis zu einer Wegkreuzung, wo deutlich sichtbare Schuhabdrücke und Reifenspuren sichergestellt werden konnten.

Auf einem nahe gelegenen Bauernhof konnte in Erfahrung gebracht werden, dass in den frühen Vormittagsstunden ein bekannter Schwammerlsucher aus Stanz mit seinem PKW dort gestanden war. Bei der Nachschau am Hof dieses Schwammerlsuchers konnten die Stiefeln mit dem sichergestellten Profil, sowie die Innereien des Rehbockes gefunden werden.

21. April 1985

Diensthundeführer Walter Vollmeier mit Diensthund, Deutsche Schäferhündin Kessy vom Rheinmad. Fährteneinsatz: Einbruch in das Warenkaufhaus Interspar in Kapfenberg. Fährtenansatz beim Fluchtfenster, um das Objekt herum, zu einem Platz bei einer Gartenanlage, entlang des Mürzuferdammes zur Gustav- Kramer Straße, nach links abbiegend bis in den Hof des Hauses, Grazer Straße Nr. 47, durch diesen Hof zur Bundesstraße 116 und nach ca. hundert Meter zu einem Fahrzeug mit jugoslawischen Kennzeichen. Da am Tatort jugoslawische Münzen gefunden wurden, wurde beim PKW Verpass gehalten, wo noch am gleichen Tag der Täter, ein Jugoslawe, festgenommen werden konnte. Er gestand an mehreren Einbrüchen beteiligt gewesen zu sein.

12. September 1985. Gendarmerieposten Admont

Gegen 22.00 Uhr wurde der Posten von der Haindlkarhütte aus verständigt, dass Rudolf K. und Alexander St. von der Klettertour nicht zurückgekehrt sind.

Daraufhin wurde am 13. September 1985 um 10.00 Uhr nachdem sich die Nebeldecke aufgelöst hatte eine Suchaktion eingeleitet, woran sich Angehörige der Alpinen Einsatzgruppe Liezen, Angehörige des Bergrettungsdienstes Admont und ein Militärhubschrauber der Hubschrauberstaffel Aigen im Ennstal beteiligten. Die Abgängigen wurden von der Hubschrauberbesatzung in der so genannten Dachlschlucht abgestürzt aufgefunden. Die Erhebungen wurden von Beamten des Gendarmerieposten Admont durchgeführt.

Rudolf K. und Alexander St. brachen am 12. September um 7.00 Uhr von der Haindlkarhütte zur Klettertour auf. Sie wollten die Nordwand der Roßkuppe über die Roßkuppenkante mit einem Schwierigkeitsgrad von V durchsteigen.

Im oberen Drittel der Wand dürfte gegen 13.00 Uhr der Seilschaftsführende in einer Kletterpassage, wo keine Zwischensicherung angebracht werden konnte, gestürzt sein. Durch die Wucht des Sturzes dürfte die Standsicherung des Nachsichernden ausgerissen worden sein und beide Bergsteiger stürzten mit dem Seil verbunden ca. 300 Meter bis zum Wandfuß in die Tiefe. Sie erlitten tödliche Verletzungen. Die Abgestürzten wurden von Bergrettungsmännern und Alpingendarmen aus der Dachlschlucht ausgeseilt, mittels Seilwinde aufgenommen und nach Johnsbach in die Totenkammer geflogen.

4. Oktober 1985. Gendarmerieposten Admont

Gegen 16.30 Uhr stürzte der Tischler Roland G. beim Versuch unangeseilt die mit Schwierigkeitsgrad II bis III bewertete NO-Kante des Kleinen Buchsteines im Gesäuse zu durchsteigen, dabei stürzte er ca. 20 Meter ab und zog sich schwerste Verletzungen zu. Nachdem Roland G. und Thomas M. über den Westgrat zum Gipfel des Kleinen Buchsteins aufgestiegen und über die Normalroute bis zum Wandfuß wieder abgestiegen waren, entschlossen sie sich noch die NO-Kante des Kleinen Buchsteines unangeseilt zu durchsteigen. Dabei verlor der voraus kletternde Roland G, vermutlich auch infolge Übermüdung auf einer Felsplatte den Halt und stürzte sich mehrmals überschlagend ca. 20 bis 30 Meter in die Tiefe und kam am Wandfuß im steilen rasendurchsetzten Felsgelände zu liegen. Thomas M. stieg zu dem Abgestürzten ab und versorgte den Schwerverletzten durch eine erträgliche Lagerung eilte zu Tal und verständigte über Notruf den Gendarmerieposten Admont. Nach der Unfallmeldung sind sofort Angehörige der Alpinen Einsatzgruppe Liezen und des Bergrettungsdienstes Admont zur Rettung des Abgestürzten zum Kleinen Buchstein aufgestiegen. Vier Bergsteiger, welche später hinzugekommen waren, sind bis zum Eintreffen der Rettungsmannschaft beim Abgestürzten geblieben.

Da der Abtransport des Abgestürzten infolge schwerster Verletzungen mit der Gebirgstrage im schwierigen Felsgelände in den Nachtstunden von seiten des Arztes nicht mehr vertretbar war und unter Umständen zum Tod des Schwerverletzten geführt hätte und weil von der Hubschrauberstaffel des Bundesheeres in Aigen bzw. von der Einsatzzentrale in Wien eine Einsatzgenehmigung nicht erreicht werden konnte, wurde über Funk die Flugeinsatzstelle Graz mit der Bitte um Beistellung eines Hubschraubers zum Abtransport des lebensgefährlich verletzten Bergsteigers, verständigt.

Zu diesem Zeitpunkt um 21.00 Uhr herrschte klares Wetter mit guten Sichtverhältnissen, eine Windgeschwindigkeit von ca. zwei bis drei Knoten und Dunkelheit.

Nach Rücksprache der Flugeinsatzstelle Graz mit der Abteilung III/4 des Bundesministeriums für Inneres, erhielt Gruppeninspektor Ernst H. die Genehmigung für den Einsatzflug zur Rettung des Abgestürzten.

Durch die vorbildliche Zusammenarbeit der Flugeinsatzstelle mit Beamten der Funkleitstelle, der Gendarmerieposten Admont, Rottenmann, Liezen, der Verkehrsabteilung Trieben, sowie der auf der Unfallstelle im Einsatz befindlichen Einsatzgruppe und der Bergrettung war es möglich, dass der Pilot in Admont einen mit der Örtlichkeit bestens vertrauten Angehörigen der Alpinen Einsatzgruppe aufnehmen konnte. Gegen 22.30 Uhr flog der Pilot in das Gebiet des Kleinen Buchstein bis zur Absturzstelle bzw. zum vorbereiteten Außenlandeplatz in ca. 1800 m Seehöhe. Der vorgesehene Außenlandeplatz war mit Handscheinwerfern ausgeleuchtet und die vorgesehene Anflugroute durch eine größere Anzahl von Taschen- und Stirnlampen auf eine Länge von 100 m markiert. Trotz der Dunkelheit flog der

Pilot H. den mit ca. fünf mal fünf Meter großen Außenlandeplatz mit einer bravourösen Leistung an und landete sicher. Der Schwerverletzte konnte innerhalb kürzester Zeit in den Hubschrauber gebracht und für den Abflug versorgt werden. Er wurde vom Bergrettungsarzt Dr. Rupar aus Admont begleitet. Das nächstgelegene Krankenhaus Rottenmann war über Funk bereits verständigt worden.

15. April 1986. Gendarmerieposten Eisenerz und St. Lorenzen

Pilot Alois Lang, Gendarmerie Bezirksinspektor Bernhard Radauer und Revierinspektor Karl Neuhold wollten mit einen Hubschrauber des Innenministeriums vom Typ Bell 206 angeblich alpinen Notsignalen am Gößeck nachgehen. Gegen 7.30 Uhr wurde der Hubschrauber von einer Windbö erfasst und zerschellte am Berg. Anschließend wurde das Wrack noch von einer Lawine erfasst. Keiner überlebte.

21. Jänner 1987. Gendarmerieposten Admont

Gegen Mittag dürfte der Monteur Karl Heinz Z. von Rottenmann aus eine Schitour in das Gebiet der Rottenmanner Tauern unternommen haben. Nachdem er am 21. Jänner 1987 nicht nach Hause gekommen ist und sich auch nicht gemeldet hat, verständigte seine Gattin Sofie Z. den Bergrettungsdienst Rottenmann, von wo aus die Gendarmerie Rottenmann in Kenntnis gesetzt wurde, dass Karl Heinz Z. abgängig sei.

Bei den anschließenden Ermittlungen wurde der PKW St 14.154 des Vermissten im Bürgerwald südlich von Rottenmann versperrt aufgefunden. Weiteres wurde ermittelt, dass Z. am 21. Jänner l987 gegen Mittag mit Schiern vom Abstellplatz seines Autos Richtung „Stein am Mandl" marschiert ist. Es wurde daher ein Bergunfall vermutet. Deshalb wurde am Morgen des 22. Jänner 1987 eine Suchaktion gestartet, an der sich ein angeforderter Hubschrauber des Bundesheeres aus Aigen, der Bergrettungsdienst der Ortsstellen Rottenmann, Trieben und Selzthal und die Alpine Einsatzgruppe Liezen der Gendarmerie mit insgesamt ca. 30 Männern und einem Lawinenhund beteiligten. Bei klarer Sicht wurde vorerst das Gebiet zwischen Stein am Mandl und Bösenstein mehrmals überflogen, wobei im Tiefflug nach dem Vermissten, nach einer Schispur bzw. nach einem Lawinenkegel Ausschau gehalten wurde, was aber erfolglos geblieben ist. Auch die am nächsten Tag durchgeführte Suchaktion blieb erfolglos.

Die folgenden Erhebungen ergaben, dass Z. schon den ganzen Jänner im Krankenstand ist und zuvor gekündigt hat. Viele Umstände lassen darauf schließen, dass Z. einen Bergunfall vorgetäuscht hat und in Wahrheit aber untergetaucht ist. Z. ist vorbestraft und wird derzeit wegen zahlreicher schwerer Delikte Schadenssumme 200.000 Schilling, verfolgt. Auch hat er am 15. Jänner 1987 bei der Interunfall Versicherung eine kurzfristige Lebensversicherung abgeschlossen.

Die Fahndungsmaßnahmen sowie die Ausschreibung des Abgängigen wurden vom Gendarmerieposten Judenburg veranlasst.

4. August 1988

Stöberarbeit nachdem einem Landwirt aus Kirchdorf kurz vor Antritt der Fahrt ein Zuchtschwein vom Anhänger gesprungen und im Waldgebiet von Pernegg verschwunden war. Als der Besitzer das Schwein gegen Mittag noch immer nicht gefunden hatte verständigte er die Gendarmerie. Nachdem die Hündin ein Maisfeld durchstöbert hatte, wurde sie beim Hof auf die Fährte des Schweines angesetzt. Nach ca. 200 Meter durch Gärten stellte die Diensthündin das Schwein. Die Sau aber flüchtete panikartig durch ein Dickicht in den angrenzen Hochwald. Nach ca. 45 Minuten Fährtenarbeit stellte die Hündin abermals das Schwein. In die Enge getrieben griff das Schwein die Hündin und ihren Führer an, worauf der Hundeführer und sein Kollege zu den Waffen griffen und das Schwein mit 5 Pistolenschüssen zur Strecke brachten.

14. Juli 1991. Gendarmerieposten Admont

Gegen 11.30 Uhr stiegen eine aus 10 Personen bestehende Erlebnis-Urlaubergruppe vom Brucksattel in den Bruckgraben, Gemeindegebiet Wenig bei Admont. Zu diesem Zeitpunkt war der Himmel bedeckt und es regnete leicht.

Beim Bruckgraben handelt es sich um einen etwa 2,5 Kilometer langen, mit Wasserfällen und Felsengen durchsetzten, ca. 100 Meter tiefen Schluchtgraben der in das nördliche Ennsufer einmündet.

Unter der Führung der Sportagentur St. kam die Gruppe etwa zwei Drittel der Route gut voran. Die Teilnehmer seilten sich bis dahin dreimal über etwa 30 Meter hohe Wasserfälle ab.

Gegen 14.00 Uhr jedoch nahm der Regen wolkenbruchartig zu und aus dem eher kleineren Bach wurde ein reißender Wildbach.

Armin L. kletterte aus der Schlucht, aus einer Tiefe von ca. 80 Meter aus und sicherte fünf Gruppenmitglieder. Vier Gruppenmitglieder waren bereits schon weiter in der Schlucht vorgedrungen und konnten nicht mehr zurückklettern. Michael C. versuchte einen Mann an einem Baumstumpf festzubinden, während zwei vorbeigeschwemmt wurden, die sich aber auf einem Felsvorsprung retten konnten. Michael C. sah, dass er auf Grund des steigenden Wassers fremde Hilfe holen musste. Er ließ sich ca. 100 Meter über kleinere Wasserfälle mittreiben, wobei er sich am Knie leicht verletzte, bis es ihm gelang aus der Schlucht zu klettern. Nachdem er das nördliche Ennsufer erreicht hatte durchschwamm er den Fluss und konnte gegen 15.10 Uhr die Einsatzmannschaften verständigen.

Vom Gendarmerieposten Admont wurden die Flugeinsatzstelle Aigen im Ennstal, die Bergrettung Admont, die Alpine Einsatzgruppe der Gendarmerie und die Freiwillige Feuerwehr Admont verständigt.

Aufgrund des schwierigen Geländes und des herrschenden Schlechtwetters gestaltete sich die Bergung besonders schwierig und zeitaufwendig, wobei der Zeitdruck wegen des steigenden Wassers in der engen Schlucht eine wesentliche Rolle spielte.

Durch zwei aufgestellte Stahlseilgeräte konnten die letzten zwei Teilnehmer aus der Schlucht unverletzt geborgen werden. Mit Unterstützung des Hubschraubers wurden alle Gruppenmitglieder in Sicherheit gebracht. Insgesamt waren ca. 30 Helfer im Einsatz.

Jugoslawischer Bürgerkrieg

Beginn 27. Juni 1991 Slowenien und Kroatien erklärten ihre Unabhängigkeit. Dadurch eskalierte die Situation an der österreichischen Grenze. Kampfhandlungen fanden in unmittelbarer Nähe unserer Grenze in Slowenien statt.

1. Oktober 1997

... als sich zwei Frauen, die abends mit ihrem PKW in der Nähe von Gralla (Steiermark) unterwegs waren, von einem weißen Wagen verfolgt fühlten. Dass sie in Kürze den seit Jahren gesuchten „Bomber" überführen würden, ahnten sie nicht und erstatteten sofort Anzeige.

Die Gendarmen waren rasch zur Stelle und fanden das besagte Fahrzeug im Ortsgebiet von Gralla. Es war am Straßenrand geparkt und hinter dem Steuer saß ein ihnen unbekannter Mann. Es war der „Bomber der Nation". Obwohl die Beamten keine Ahnung hatten, fühlte er sich nun enttarnt und verlor die Nerven. Über Aufforderung stieg er aus dem Wagen, hatte jedoch ein Paket in der Hand. Plötzlich machte es einen fürchterlichen Knall. Die Gendarmen wurden zu Boden geschleudert, und der Täter lief in der Dunkelheit davon. Obwohl die Beamten verletzt waren, nahmen sie sofort die Verfolgung auf und konnten den Unbekannten nach mehreren hundert Metern stellen. Entsetzt schreckten sie zurück, als sie sahen, dass er an Stelle der Hände nur mehr zwei blutige „Stümpfe" hatte.

Die Ermittlungen in Bezug auf die Bombenattentate wurden sofort aufgenommen und schon nach der ersten Durchsuchung seines Elternhauses stand fest, dass dieser Mann – der später als Franz Fuchs identifiziert wurde – mit den Schreckenstaten der letzten Jahre in Zusammenhang stehen musste.

Im März 1999 folgte der Prozess. Franz Fuchs hat nie ein Geständnis abgelegt und wurde aufgrund der Indizien zu lebenslanger Haft verurteilt, die er in der Strafanstalt Graz-Karlau verbüßen sollte.

Selbstmord durch Erhängen. Dass Fuchs sein Leben durch Selbstmord beenden würde, ahnte man auch in der Justizanstalt und ordnete deshalb eine verstärkte Überwachung an. Trotz seiner Behinderung und der ständigen Kontrollen, gelang es ihm, sich mit dem Kabel eines Rasierapparates zu erhängen. Als er am 26. Februar 2000, gegen 14.00 Uhr von einem Justizwachebeamten in seiner Zelle tot aufgefunden wurde, endete einer der aufregendsten Kriminalfälle der Zweiten Republik.

25. März 1998. Bezirksgendarmerie Kommando Bruck an der Mur

Der Alpinreferent des Landesgendarmerie-Kommando Steiermark Oberst Günther Karner starb bei einem Alpinunfall.

22. Juli 2002. Gendarmerieposten Schloßberg

Gendarmerie Revierinspektor Albert Strohmaier wurde am frühen Nachmittag in einem örtlichen Supermarkt von einem verschanzten Mörder erschossen, der zuvor eine Angestellte getötet hatte. Der Täter wurde kurz darauf von einem zweiten Beamten angeschossen und überwältigt.

Landesgendarmerie-Kommandant Brigadier Werner Pail.

Tirol

Daten 2005

Landesgendarmerie Kommandant Generalmajor Werner Pail
Kommandant der Kriminalabteilung Oberst Rudolf Sams
Kommandant der Verkehrsabteilung Oberst Markus Widmann
Kommandant der Alpinen Einsatzgruppen Oberst Norbert Zobl
Kommandant der Einsatzeinheiten Oberst Norbert Zobl

Alpindienst

Die Tiroler Gendarmerie hatte sich den geografischen und topografischen Gegebenheiten anzupassen. Allein das hochalpine Gelände, zahlreiche Gletscherregionen wie Stubaier-, Kaunertaler-, Hintertuxer-Gletscher wurden für den alpinen Schilauf erschlossen. 1999 hat die Gendarmerie 140 ausgebildete Alpingendarmen, die jährlich ca. 2000 Alpinereignisse zu bearbeiten haben. Jedes Bezirksgendarmerie Kommando in Tirol hat eine eigene Alpine Einsatzgruppe zur Verfügung. Ein großer

Teil dieser Alpingendarmen sind auch ausgebildete Flugretter, die den Hubschrauber des Innenministeriums bei Rettungs- und Bergeflügen begleiten. Die Vielzahl der Aufgabenbereiche, wie die Erhebung von Schi-, Schitouren-, Lawinen-, Kletter- und Canyoningunfällen, erfordert ein umfangreiches Wissen und Können von den Gendarmerie-Alpinisten.

Seit dem Jahr 1946 mussten fünf Alpingendarmen in der Bergwelt Tirols in Ausübung ihres Dienstes ihr Leben lassen.

22. März 1955. Gendarmerieposten Mayerhofen

Nachmittags wurde der deutsche Staatsangehörige Wilhelm Moitje am Arbiskogel von einer Lawine, die er selbst abgetreten hatte, verschüttet.

Rayonsinspektor Leopold Loidl vom Posten Mayerhofen im Zillertal wurde mit dem Gendarmerie Lawinensuchhund „Niko von Wolfssohn" an die Unglücksstelle berufen. Männer der Bergrettung und Lawinensuchhunden arbeiten fieberhaft an der Suche nach dem Verschütteten, ohne einen Erfolg erzielen zu können. „Niko" wurde an dem riesigen Lawinenkegel angesetzt, wo er plötzlich zu heulen begann. In rasendem Tempo, dabei aber mit tiefer Nase zog er über den Kegel hinweg und nach vier Minuten begann er unter lautem Heulen zu scharren. Die Rettungsmannschaft setzt an der Stelle mit den Grabungen an und nach 1 Stunde und 20 Minuten stießen die Männer auf den Körper des Verschütteten. Alle Wiederbelebungsversuche blieben erfolglos.

Die Leistung des Hundes war hervorragend, wenn man in Erwägung zieht, dass der Verschüttete in einer Tiefe von 4,5 Meter gelegen ist. Der Verschüttete lag mit dem Kopf nach unten und vermutlich wäre auch sofortige Hilfe nicht mehr von Erfolg gekrönt gewesen.

1958. Gendarmerieposten Solbad Hall

Lawinensuchhundeführer Patrouillenleiter Nußbaumer wurde mit der Lawinensuchhündin „Brege" zur Suche nach einem seit Tagen vermissten Skifahrer eingesetzt. Der Anmarsch zur vermutlichen Unglücksstelle erforderte fünf Stunden in dem durch Sonnenwärme schon weich gewordenen Schnee. Nach erfolgtem Einsatz begann „Brege" plötzlich heftig zu scharren und ließ sich nicht von der bezeichneten Stelle wegbringen. Unter Mithilfe des Hundeführers gelang es dann auch den Kopf des Verschütteten freizulegen. Durch die rasche Arbeit der Hündin wurde viel Arbeit an Sondieren und Ziehen von Gräben erspart.

21. November 1959. Gendarmerieposten Neustift

Nachmittags wurde im Jagdrevier Neustift von einem Jäger ein Schuss wahrgenommen. Diensthundeführer Rayonsinspektor Loidl wurde mit dem Diensthund „Niko vom Wolfssohn" erst nach 48 Stunden an den Tatort gerufen um bei der Forschung nach Wilddieben mitzuwirken. Auf Grund vorhandener Spuren wurde „Niko" am Tatort eingesetzt und er verfolgte eine Fährte zirka 2 km durch unwegsames Gelände bis zu einem Bauernhof in Fallach. Der Hund begann zunächst in der Umgebung des Hauses zu stöbern und führte dann in die dort stehende Scheune. Nach eifrigen Graben im Stroh förderte Niko zunächst das Geweih eines Zehnenders zutage und nach weiterem suchen und graben wurde ein kapitaler Zehnender-Zukunftshirsch im Gewicht von ungefähr 169 kg ans Tageslicht befördert. Nun half dem Bauern und seinem Sohn kein Leugnen mehr und sie mussten ein umfassendes Geständnis über den Wilddiebstahl ablegen.

Südtirol Unruhen durch Sprengstoffattentate
13. Juni 1961 bis 20. Februar 1971

Nach einer Reihe von Sprengstoffanschlägen in Südtirol beschuldigte Italien Österreich den Terroristen Unterschlupf zu geben. Das Innenministerium war mit der Grenzüberwachung überfordert und ersuchte das Bundesheer um Assistenzleistung.

13. September 1962. Alpine Einsatzgruppe Kitzbühel

Die Alpingendarmen die bereits seit zwei Wochen im Hochgebirge übten, sollten am vorletzten Kurstag noch das Gletschergebiet beim Taschachhaus durchsteigen. Dabei löste sich über der Seilschaft eine rund 20 m hohe und 50 m breite Eiswand, welche auf die Beamten stürzte.

Der Kursleiter Oberstleutnant Friedrich Rainer, sowie die beiden Beamten Rayonsinspektor Anton Kendlbacher und Inspektor Raimund Ertl wurden getötet. Die zwei weiteren verschütteten Alpingendarmen, Leutnant Erich Bäumel und Gendarm Widmann wurden schwer verletzt aber lebend geborgen.

26. Februar 1964. Flugzeugabsturz am Glungezer

Die größte Flugzeugkatastrophe in der Luftfahrtgeschichte.

Das viermotorige Verkehrsflugzeug, Typ Bristol Britania 312, der Fluggesellschaft British Eagle Airlines startete in London-Heathrow gegen 12.04 Uhr zu einem Flug nach Innsbruck. An Bord befanden sich 75 Passagiere sowie 8 Besatzungsmitglieder. Über Innsbruck konnte die Maschine wegen Schlechtwetter nicht durch die Wolkendecke durchstoßen. Der Pilot orientierte sich an einem noch nicht für die Luftfahrt zugelassenen Funkfeuer am Patscherkofel. Um

14.12 Uhr kam die letzte Meldung der Crew. Kurz darauf prallte die Maschine frontal gegen die Ostflanke des Glungezers im Gemeindegebiet von Tulfes in 2600 m Höhe. Der Aufprall, 76 Meter unter dem Gipfel, löste eine Lawine aus, die das Wrack mitriss. Ursache für den Aufprall war, dass der Glungezer nicht in den ICAO-Karten verzeichnet war. Lediglich der um 400 m niedrigere Patscherkofel, als der höchste im Umfeld liegende Berg, war verzeichnet. Bei dem Unglück kamen alle 83 Insassen ums Leben.

General i. R. Rudolf Sams war der Chef der damaligen Erhebungsabteilung, welche für die Identifizierung der 83 Opfer zuständig war. In einem Krone-Interview sagte Sams, dass die Einsatzkräfte damals übermenschliches geleistet hätten. Die Identifizierung der Opfer habe in etwa zwei Wochen gedauert, diese seien für die eingesetzten Kräfte absolut belastend gewesen. Psychologische Betreuung habe es noch nicht gegeben, man sei sich gegenseitig Psychologe gewesen.

Absturz eines Verkehrsflugzeuges der British Eagle Airlines mit 83 Toten, am Glugenzer, Bergung durch Alpin-Gendarmerie.

13. Dezember 1986

Alpinunfall bei einer Hochgebirgsschule in den Ötztaler Alpen.

Bei der Begehung des Ostgrates der Wildspitze in den Ötztaler Alpen ist eine Führerschaft ca. 300 Höhenmeter über die Nordwand abgestürzt. Der Führer der Seilschaft Bezirksinspektor Haiden wurde getötet. Die übrigen Mitglieder der Seilschaft und Insp Michael Schneid wurden in die Universitätsklinik Innsbruck geflogen.

7. Mai 1991

Raubüberfall auf die Raiffeisenkasse Volders, wobei Geld und Devisen im Wert von 1,7 Millionen Schilling geraubt wurden. In der Gemeinde Terfens hatte ein Zeuge beobachtet, wie ein Mann in den Wald gelaufen war. In diesem Waldgebiet wurde zunächst mit dem Diensthund Rico des Hundeführers Ruetz gestöbert. Doch dann nahm der Hund eine Fährte auf und stellte unter einem Baum drei Männer. Der vom Zeugen gesehene Mann war auch darunter. Es waren drei italienische Bankräuber samt ihrer Beute von 1,7 Millionen Schilling.

9. Mai 1991

Einer der Täter war noch flüchtig. Nachdem er eine Geisel durch einen Bauchstich verletzt hatte und diese auf einer Tankstelle flüchten konnte, floh der Täter in Richtung Brenner. Nach einer groß angelegten Fahndung konnte in Erfahrung gebracht werden, dass sich der Flüchtling in Steinach im Keller eines Wohnblocks versteckt hielt. Nun wurde mit den Diensthunden Rico und Condor ein scharfer Einsatz durchgeführt. Dabei wurde der Täter im Keller von den Hunden gestellt und als er sich zu wehren begann, von diesen schwer verletzt. Alle Täter wurden in das Gefangenenhaus Innsbruck eingeliefert.

1999

Diensthundeeinsätze. In diesem Jahr wurden die Diensthundeführer mit ihren Diensthunden zu 1211 Einsätzen gerufen. Nebst verhafteten und angezeigten Täter konnte Gut im Wert von 1,869.981.- Schilling sichergestellt werden. Die Diensthundeführer sind Tag und Nacht einsatzbereit, egal ob es sich um entflohene Straftäter, illegale Flüchtlinge, versteckte Gewalttäter oder um Suchtgifteinsätze handelt.

Vorarlberg

Landesgendarmerie-Kommandant: Generalmajor Manfred Bliem
Kommandant der Kriminalabteilung: Oberst Hardy Tschofen
Kommandant der Verkehrsabteilung: Oberst Hermann Lutz
Kommandant der Alpinen Einsatzgruppen: Oberst Karl Moosbrugger
Kommandant der Einsatzeinheiten: Oberstleutnant Günther Fritsch

Daten 2005

Landesgendarmerie-Kommandant Brigadier Manfred Bliem.

26. August 1981

Ein Schweizer Fabrikant hatte einen Erpresserbrief erhalten, wo er aufgefordert wurde 80.000 Franken zu zahlen, wenn ihm am Leben seiner Töchter gelegen sei. Das Geld sollte er in Vorarlberg, in Altach auf dem Gelände der Schrottfirma Loacker, hinterlegen.

Die Schweizer Kantonspolizei verständigte die Kriminalpolizei in Bregenz worauf mehrere Beamte und der Hundeführer RevInsp Josef Bertsch mit seinem Diensthund, Deutscher Schäferhund, „Lando von Valrehna", am Firmengelände versteckt warteten. Nachdem Georg K. schon einige Stunden das Geld deponiert hatte, näherte sich gegen Mitternacht ganz vorsichtig der Erpresser. Nach einem Anruf der Beamten flüchtete er sofort und blieb auch trotz Warnschüsse nicht stehen. In der Dunkelheit konnte er ins Schilf flüchten. Nun kam RevInsp Josef Bartsch mit seinem Diensthund zum Einsatz. Der Hund nahm sofort die Fährte auf und drang in das Schilffeld ein, was für seinen Führer auf Grund der Dichte des Schilfes nicht möglich war. Kurz darauf nach einem Rascheln sprang der Hund voran, nochmals ein Rascheln und der Diensthund hatte den flüchtenden Täter zu Boden geworfen und hielt ihn am Hosenboden fest. Bei dem Täter handelte es sich um den 22jährigen Daniel F. der seinen Arbeitgeber erpresst hatte. Nach seinem Geständnis wurde er in das Gefangenenhaus eingeliefert.

14. November 1981

In Bezau wurden Türken beobachtet, die in einem Wald herumsuchten und dann mit einem PKW wegfuhren. Worauf der Diensthund „Falk" in diesem Gebiet eingesetzt wurde. Der Hund nahm auch eine Fährte auf, verfolgte diese einen stark ansteigenden Waldhang hinauf und verwies nach zirka dreihundert Meter bei einer Fichte. Eine Flachwurzel war dort untergraben und die Erde noch ganz frisch, womit feststand, dass es sich vermutlich um ein Suchtgiftdepot gehandelt hatte.

Da das Kennzeichen des PKWs, mit dem die Türken weggefahren waren, bekannt war, wurde eine Fahndung erlassen. An der Grenze zur Schweiz konnten die zwei Türken verhaftet werden. Da eine Hausdurchsuchung keinen Erfolg brachte bestand der dringende Verdacht, dass auch hier das Rauschgift vermutlich in einem Walddepot gelagert war. Daher wurde der Suchtgifthund Mona eingesetzt und dem Hund gelang es, ein Versteck mit 320 Gramm Heroin aufzuspüren, obwohl das Suchtgift sechszehnfach verpackt war. Das Suchtgift hatte einen Schwarzmarktwert von 960.000.- Schilling. So konnte das Zentrum des Bregenzerwälder Heroinumschlagplatzes in Bezau zerschlagen und mehrere Personen festgenommen werden.

Diensthundepatrouillen.

23. Februar 1990

Der türkische Staatsbürger Lütfi Basoglu war mit seiner Familie nach Andelsbuch gezogen und fiel durch seinen aufwändigen Lebenswandel auf, Nachtklubbesuche, Maßanzüge und das Auto. Basoglu der sich angeblich als Tourist in Vorarlberg aufhielt war bereits in der Schweiz und Deutschland wegen Zuhälterei und Suchtgifthandel sowie wegen eines Schusswaffendeliktes eine längere Zeit in Haft gewesen.

Vor einem Lokal in Hohenems wurde er einer genauen Kontrolle unterzogen, dabei wurden 2,7 Kilogramm reines Heroin gefunden. Bei der in seiner Wohnung durchgeführten Durchsuchung wurden nochmals 1,3 Kilogramm Heroin gefunden. Das sichergestellte Suchtgift hat einen Großhandelswert von zehn Millionen Schilling.

11. Dezember 1982. Autobahngendarmerie Bludenz – Haschtransport gestoppt

Es lag die Information eines Suchtgifttransportes vor, als den Beamten ein PKW mit Kärntner Kennzeichen und besetzt mit drei Männern und einer Frau auffiel. Das Fahrzeug wurde in Klösterle angehalten und umstellt. Dabei zeigten sich die Insassen besonders nervös und machten auch widersprüchliche Angaben zu Fahrziel und Fahrzweck.

PKW-Türverkleidungen als Suchtgiftversteck.

Beim 19jährigen Engelbert E. wurden in der Kleidung versteckt 20 Gramm Haschisch gefunden, die 22jährige Studentin Irene B., der 24jährige Kellner Manfred S, sowie der derzeit arbeitslose 22jährige Gerhard Z. alle aus Völkermarkt in Kärnten, hatten insgesamt 13.000 Schweizerfranken bei sich. Bei der Einvernahme gaben sie zu in Marokko Haschisch eingekauft zu haben.

Worauf der Hundeführer Bertsch mit Suchtgifthund „Peggy" vom Posten Frastanz angefordert wurde.

Der PKW wurde beschlagnahmt, in eine Werkstätte gebracht, wo die Kriminalabteilung und der Zoll das Fahrzeug vom Suchtgifthund untersuchen ließen und diese gleich bei der Türverkleidung zu Scharren begann wo 3 Kilogramm Haschisch im Wert von 25.000 Schilling gefunden wurden. Aber auch bereits geleerte Verstecke zeigte der Hund an. Worauf zwei der Verdächtigen angaben das Suchtgift bereits in der Schweiz verkauft zu haben.

Über Interpol wurden die Schweizer Behörden informiert. Alle vier Verdächtigen wurden in das Gefangenenhaus Feldkirch eingeliefert.

Dezember 2003. Kriminalabteilung Bregenz – Suchtgifthändler verhaftet

Von der Kriminalabteilung wurde ein 45 Jahre alter Mann aus Rankweil wegen Verdacht des Kokainhandels verhaftet. Nach umfangreichen Erhebungen durch Beamte der Kriminalabteilung Bregenz konnten nun auch seine beiden Hauptlieferanten ermittelt und verhaftet werden.

Es handelt sich um einen 37 Jahre alten Mann aus Bludenz und einen 28 Jahre alten Mann aus Nenzing. Die 3 Personen sind verdächtig innerhalb der letzten 2 Jahre insgesamt ca. 1,5 bis 2 kg Kokain und größere Mengen Cannabis in Vorarlberg verkauft zu haben. Es wurden auch mehrere Abnehmer ausermittelt. Insgesamt wurden in diesem Zusammenhang ca. 30 Personen wegen Vergehens oder Verbrechens nach dem Suchtmittelgesetz der Staatsanwaltschaft Feldkirch angezeigt.

9. April 2004. Feldkirch. Bewaffneter Raubüberfall

Um ca. 1.50 Uhr, nach Lokalschluss, betrat ein bisher unbekannter Täter das Lokal „Di Vino" in Feldkirch, Churertor Nr. 1. Die Gäste hatten das Lokal bereits verlassen, die Inhaberin befand sich zu diesem Zeitpunkt nur mehr alleine im Lokal und war mit Aufräumarbeiten beschäftigt. Der mit einer schwarzen Sturmhaube maskierte Täter forderte mit vorgehaltener Waffe die Herausgabe der Tageslosung. Die Inhaberin kam der Aufforderung des Täters nach und händigte dem Täter einen Bargeldbetrag in der Höhe von mehreren hundert Euro aus. Danach flüchtete der Täter zu Fuß in unbekannte Richtung.

Beschreibung des unbekannten Täters:

Mann, etwa 20–30 Jahre alt, schlank, ca. 180 cm groß, sprach ohne erkennbarer Dialekt und akzentfrei.

Der Täter trug eine schwarze, bis über die Hüfte reichende schlichte, gerade Jacke mit Stehkragen und einem Reißverschluss. Die schwarze Jacke des Täters hatte auf der Brustseite einen quer verlaufenden, schmalen, orangefarbenen Streifen, ähnlich einem eingenähten Passepoilband.

Es wird gebeten, einen entsprechenden Fahndungsaufruf mit Einstellung des Lichtbildes der Jacke des unbekannten Täters zu veröffentlichen. Personen, die Angaben darüber machen können, wer im Besitz einer solchen Jacke ist oder war bzw. sonst zweckdienliche Hinweise zum Sachverhalt machen können, werden gebeten, sich mit der Kriminalabteilung Bregenz zu melden.

16. April 2004. Schruns. Bei Diebstahl aus PKW auf frischer Tat betreten

Am 16. April 2004 kaufte ein 24jähriger, in Dornbirn wohnhafter Mann angeblich in Dornbirn von einem Unbekannten 2 Lederjacken, Kosmetikartikel, eine Geldtasche und Sonnenbrillen. Diese Sachen wurden am Abend des 15. April 2004 aus einem PKW, der beim Messepark in Dornbirn geparkt war bei einem Einbruch gestohlen. Am 25. 4. 2004 wurden zwei Gendarmeriebeamte des Gendarmeriepostens Schruns aufmerksam, als auf dem Hochjochbahnparkplatz in Schruns ein Mann an mehreren geparkten Fahrzeugen die Türklinke drückte und nach Wertgegenständen in den Pkws suchte. Nach einer kurzen Observation stahl der Mann vor den Beamten aus einem unversperrten Pkw eine Handtasche mit Geldbörse und flüchtete auf den Friedhof. Dort konnte er von den Beamten angehalten werden. Es handelte sich um einen 24jährigen, in Dornbirn wohnhaften Mann. Der Täter wurde im Verwahrungsraum angehalten und nach richterlicher Anordnung am 26. 4. 2004 um 21.00 Uhr entlassen. Er wird wegen Diebstahl aus PKW und Hehlerei an das Gericht angezeigt.

1. Mai 2004

Klärung von Einbruchsdiebstählen im Großraum Feldkirch und in der Schweiz. Beim Gendarmerieposten Feldkirch wurde ein Einbruchsdiebstahl in einer Reifenfirma in Feldkirch angezeigt. Beim Einbruch wurden Reifen, Felgen und Batterien im Wert von ca. EUR 30.000.- gestohlen. Das Diebesgut wurde mit einem in der Werkstätte abgestellten Firmenbus abtransportiert. Der gestohlene Bus im Wert von EUR 15.00.- wurde noch in der Nacht auf dem Gelände eines Steinbruches in Rankweil brennend aufgefunden. Aufgrund der von Beamten des Gendarmerieposten Feldkirch durchgeführten Erhebungen konnten drei in Nenzing und Zwischenwasser wohnhafte Männer im Alter von 29, 27 und 24 Jahren ausgeforscht werden. Bei Hausdurchsuchungen konnten neben dem gesamten Diebesgut aus dem Einbruch bei der Reifenfirma, noch weitere Werkzeuge, Autoradios, Elektrogeräte, Fahrräder usw. sichergestellt werden. Die durchgeführten Erhebungen ergaben, dass die Tatverdächtigten seit mehreren Jahren Einbruchsdiebstähle in ganz Vorarlberg und der Schweiz verübt haben.

Allein am Wochenende des 1. Mai wurden von ihnen 4 Einbruchsdiebstähle verübt. Bisher konnten den Tatverdächtigen 15 Einbruchsdiebstähle in verschiedenen Firmen, Feuerwehrhäuser, PKWs und Lagerhallen, sowie mehrere Diebstähle nachgewiesen werden.

Dabei stahlen sie Diebsgut im Wert von ca. EUR 70.000.- und verursachten einen Sachschaden von mindestens EUR 35.000.-. Diebsgut im Wert von ca. EUR 36.000.- konnte bisher den Geschädigten zugeordnet werden. Erhebungen zu vermuteten weiteren Einbruchsdiebstählen sind noch im Gange.

Motorbootstation BODENSEE – Außenstelle Gendarmerieposten Hard

Die Dienststelle befindet sich im Dampferhafen, Leiter der Station ist GI Michael B. mit 3 Beamten. Ein Seegendarm muss das Schifffahrerpatent für Motor- und Segelboote nach der Bodensee-Schiffsordnung, eine interne Ausbildung zur Navigation, Bootsführung sowie Beherrschung der GPS- und Radarsichtgeräte und das internationale UKW-Sprechfunkzeugnis besitzen. Außerdem muss er über den Rettungsschwimmschein der Wasserrettung verfügen.

Die Beamten haben 28 österreichische Uferkilometer, die Naturschutzgebiete „Mehrerauer Seeufer" und „Rheindelta" und die blaue Grenze zur Schweiz und zu Deutschland zu überwachen.

Die Station hat 3 Boote für ihre Einsätze, das größte sturmtaugliche Gendarmerie Boot „V20" ist das größte Gendarmerieschiff in Österreich und mit Radar und Satellitennavigationssystem GPS ausgerüstet. Der Dienst beginnt um 8.00 Uhr. Die Kontrolltätigkeit umfasst die Einhaltung der Verkehrsvorschriften, Überprüfung der Schiffspatente und Ausrüstung in der Nacht. Schiffsunfälle werden aufgenommen, in Seenot geratene Personen gerettet.

Im Jahr werden ca. 400 Anzeigen erstattet. Im Jahr 2000 mussten die Gendarmen 43 Schiffsunfälle aufnehmen. Der Bodensee kann durch plötzliche Stürme mit extrem hohen Wellengang sehr gefährlich werden.

„Dein Freund und Helfer", diese Worte sind darauf zurückzuführen, dass die Gendarmen auch bei vielen Naturkatastrophen eingesetzt wurden. Vor allem in der Nachkriegszeit als Österreich noch kein Bundesheer hatte und vor allem bei Lawinen- und Hochwasserkatastrophen.

Diese, nächste und übernächste Seite (obere zwei Bilder): Hochwassereinsätze der Gendarmerie in Obervellach und Radenthein. (Bilder: Gend.-Museum)

Unten und nächste Seite: Hochwassereinsatz in Trattenbach/NÖ durch die Gendarmerieschule Rennweg, 3. Kompanie. (Bilder: Gend.-Museum)

XIII. Gendarmerie-Verkehrsabteilung

Nach Kriegsende wurde bei der Technischen Abteilung eine Fahreinheit von jüngeren Beamten, die von den Posten kamen aufgestellt. Beide Abteilungen zusammen waren die „Verkehrsgruppe".

Durch die schnelle Zunahme des Verkehrs trennte man 1957 die beiden Abteilungen und dadurch wurde die Verkehrsabteilung gegründet.

Die Beamten wurden mit den modernsten Fahrzeugen und Funkgeräten ausgerüstet. Als im Jahr 1958 die ersten Autobahnteilstücke eröffnet wurden, war es notwendig für die Verkehrsabteilung Außenstellen einzurichten.

In den folgenden Jahren wurde die Spezialisierung durch folgende Aufgaben wie Radarmessungen, Gewichtskontrollen und Lärmmessungen erweitert. Der Aufgabenbereich umfasst das jeweilige Bundesland. Dazu gehören auch Motorradstreifen und Streifen mit Zivilfahrzeugen.

Derzeit gibt es in jedem Bundesland eine Verkehrsabteilung und an den Autobahnen Verkehrsabteilung Außenstellen (VA und VAASt).

Beamte der Verkehrsabteilung in ihren Lederuniformen. (Alle Bilder dieses Kapitels: Gend.-Museum)

Im Jahr 1960 bekam die Verkehrsabteilung Porsche 911 als Testfahrzeuge.

Links und unten: Das Hauptfahrzeug der Gendarmerie war der VW.

Gendarmerie-gedenktag in der Rennweg-Kaserne.

In der Rennweg-Kaserne 1960, zur Übergabe aufgestellte Puch Haflinger.

In Meidling zur Übergabe, Lada Geländewagen bereitgestellt.

Rechts und nächste Seite: BMW- und Puch-Motorräder in der Rennweg-Kaserne.

GENDARMERIE
Gendarmerie
W 119 514

REPUBLIK ÖSTERREICH
S2
125 JAHRE GENDARMERIE

W119-541
W119-533
W119-532
W119-536
W 113-564

Links: Lotsendienst der Verkehrsabteilung für eine Panzerkolonne.

Rechts: Porsche – der Stolz der Verkehrsabteilung.

Einer der ersten in Dienst gestellten Mercedes-PKW.

Der Gendarm als Kuhfänger – sie hatte sich auf die Bundesstraße verirrt.

Verkehrsüberwachung mit Hubschrauber und Motorrad.

XIV. Diensthundeausbildung

Von 1945 bis zum Jahr 2001 wurden alle Gendarmeriediensthunde in Kursen des Gendarmerie Zentralkommandos in Wien Meidling ausgebildet. Leiter war Oberst Vitecek, sein Nachfolger Oberleutnant Vogl.

Dienstführender war Gruppeninspektor Werner Fleisch, sein Nachfolger Gruppeninspektor Rudolf Bugl. Ausbildungsleiter Eduard Schwammer, Jakob, Werner Aschbacher.

Nachfolger Otto Krippel, Rudolf Putz, Franz Kampenhuber.

Gendarmerie – Lawinensuchhunde-Führerkurs am Dachstein 1958

In der Zeit vom 15. bis 25. April 1958 fand im Dachsteingebiet mit dem Standort „Gjaidalm“ der diesjährige Gendarmerie-Lawinensuchhunde-Führerkurs statt, an dem 14 Gendarmerie Diensthundeführer aus den Alpenländern unter dem Kommando des Diensthundereferenten Major Anton Hatbesser antraten.

Die Ausbildung erfolgte meist unter ungünstigsten Verhältnissen, da sich Schneefälle und Nebel, Regen und Sonne ständig gegenseitig ablösten. Die Abschlussprüfung konnte dann allerdings bei ruhigem Winterwetter abgenommen werden, wobei ganz hervorragende Ergebnisse erzielt wurden. Die Ausbildung bei Schlechtwetter bietet natürlich die beste Gewähr dafür, dass die Hunde im Ernstfall allen Unbilden der Natur besser entgegentreten.

Ausbildner Franz Wenger – Diensthunde-ausbildung im Hochgebirge.

Unten und nächste Seite: Ausbildung von Lawinensuch-hunden.

Kontrollinspektor Josef Bertsch, Bundesausbildner für Suchtmittelspürhunde – Suchtmittelspürhundeausbildung im Wandel der Zeit

Die ersten Versuche der Wiener Sicherheitswache, Hunde zum Aufspüren von Haschisch und Opium auszubilden fanden in Österreich im Jahre 1966 statt.

Die damaligen Abrichteunterlagen, die aus Amerika stammten, waren sehr unterschiedlich, so dass zur Lösung dieser Aufgaben in Österreich neue Wege begangen wurden.

Da die Hunde das Identifizieren vom Mann zum Gegenstand, vom Gegenstand zum Mann, von der Fährte zum Mann, von der Fährte zum Gegenstand und von Gegenstand zu Gegenstand bereits gelernt hatten, wurde diese Methode gewählt, um ans Ziel zu kommen.

Mittels einer Geruchskonserve wurden die Hunde auf den Geruch von Haschisch eingestellt. Zu diesem Zweck wurden auch Bringhölzer ausgehöhlt, durchlöchert und mit Haschisch gefüllt.

Es stellten sich auch bald erste Erfolge ein. Daraufhin wurde im Jahre 1972 erstmals in Österreich ein gemeinsamer Lehrgang zur Heranbildung von Suchtgiftspürhunden und deren Führer einberufen.

Unter Leitung von Polizeioberstleutnant Ernest JAKSCH nahmen Hundeführer der Polizei, der Gendarmerie, der Zollwache und 2 Schweizer Polizisten mit ihren Hunden an diesem Lehrgang in Wien teil.

Als Rassen standen Deutsche Schäferhunde und Rottweiler zur Verfügung.

Damals war das Abwittern von Personen mit Suchtgifthunden üblich. In einem Erfahrungsbericht von damals ist vermerkt, dass Frauen zeitweise auf Rüden ablenkend wirken und es in „dieser Zeit" bei Hunden zu Fehlleistungen kommen kann.

Im Jahre 1980 absolvierte ich meinen 1. Suchtgiftspürhunde Kurs bei der Gendarmerie.

Dieser Kurs wurde in Wien abgehalten. Es wurden Hunde der Rassen Golden Retriever, Labrador und Riesenschnauzer ausgebildet. Diese Hunde hatten keine „Vorbildung" und somit stand neben der geruchlichen Einstellung und der Anzeige des Versteckes das Erlernen des Gehorsams im Vordergrund. Die Hunde arbeiteten großteils „trieblos", was auf den Aufbau mit der Identifizierungsmethode zurückzuführen war.

Da ich meinen Hund in Unkenntnis über die gewünschte Methode über den Beutetrieb aufgebaut hatte, wurde in Erwägung gezogen, mich mit dem Hund nach Hause zu schicken, um das Kursniveau in der Waage zu halten. Mit Unterstützung des Abrichters Franz WENGER aus Salzburg gelang es, den Kursleiter von der Beutetriebmethode zu überzeugen.

Die Hunde wurden im 1. Kurs auf Haschisch und Marihuana ausgebildet. Die Ausbildung auf andere Suchtgifte beschränkte sich vorerst auf Opium. Dazu wurde ein eigener Kurs abgehalten.

Im Jahre 1981 wurde der 1. Kurs für Suchtgiftspürhunde zur Auffindung von Heroin abgehalten. Die Hunde wurden mit Echtstoff – Heroin ausgebildet. Kurze Zeit nach dem Heroinkurs spürte meine Riesenschnauzerhündin „Mona" bei der Durchsuchung einer Postsendung das 1. Heroin auf. Ich traute meinen Augen kaum, dass die Hunde Heroin auch wirklich finden konnten, da wir damals über die Leitsubstanzen noch wenige Erkenntnisse hatten und selbst noch zweifelten, ob ein Hund Heroin auch wirklich finden kann. Dies konnte aber innerhalb kürzester Zeit auf Grund der vielen Hundeerfolge beim Aufspüren von Heroin einwandfrei bewiesen werden.

Kurz darauf wurde der 1. Kurs zur Erweiterung der Ausbildung der Suchtgiftspürhunde auf die Modedroge Kokain einberufen. Da kein „Echtstoff" zur Verfügung stand, wurde ein synthetisches „Cocaine HCL" aus der Apotheke beschafft und die Hunde damit ausgebildet.

Nachträglich stellte sich heraus, dass dieses synthetische „Cocaine HCL" für die Hundeausbildung ungeeignet war, und die Ausbildung wurde daraufhin mit Echtstoff durchgeführt.
In der Zwischenzeit lernten wir eine Menge über Zusammensetzung, Lagerung, Verpackung und den Umgang mit Suchtgiften. Ebenfalls fertigten wir Hilfsmittel für das Erlernen einer sicheren Anzeige (Kratzkiste) an und bastelten an beißsicheren Bringseln, möglichst ohne Nebengerüche.

1985 wurden die Diensthunde der Gendarmerie 3893 Mal angefordert.

Niederösterreich hat 43 Diensthunde, Oberösterreich 32, Steiermark 19, Tirol 14, Salzburg 13, Kärnten 11, Burgenland 9.

Oberösterreichs Hunde sind mit 43 Einsätzen die fleißigsten, die niederösterreichischen mit 850.000 Schilling die finanziell erfolgreichsten und Vorarlbergs 6 Hunde hatten die beste Nase für Suchtgift, ein Drittel der Einsätze galt dem Aufspüren von Drogen.

1993 Die Suchtgiftspürhundekurse wurden von Wien nach Tirol verlegt. Gendarmerie Kontrollinspektor Josef Bartsch war für die Ausbildung der Suchtgiftspürhunde in Österreich verantwortlich, Abrichter war Werner Schmidhammer aus Oberösterreich.

Kontrollinspektor Josef Bertsch Bundesausbildner für Suchtmittelspürhunde.

Ausbildung bei der Suche nach Suchtgift.

Erfolgreich bestandene Prüfung als Suchtgiftspürhundeführer.

Überprüfung der Hunde auf ihre Flugtauglichkeit.

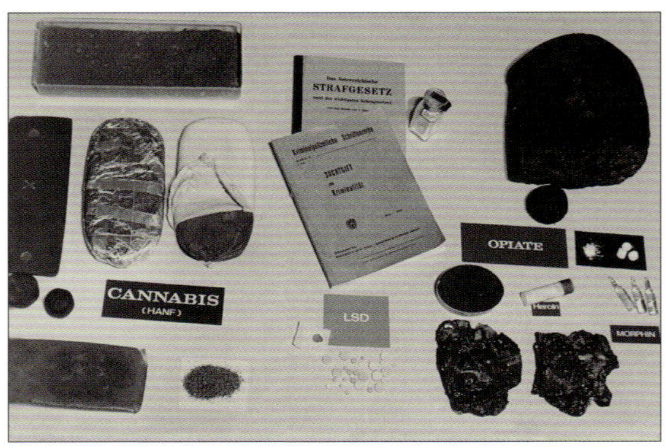

Kleine Bilder: Übungsbehelfe zum Suchtgift aufspüren.

Fritz Ertl, Bundesabrichter Edi Schwammer, Sachbearbeiter Rudolf Bugl, Abrichter Friedrich Brettner.

Links: Diensthundereferent Oberst Vitecek, Bundesabrichter Jakob und Schwammer.

Rechts: Abrichter Jakob erklärt die Fährtenarbeit.

Mitte: Gendarmerie-Diensthundestaffel Oberösterreich.

Unten links: Welpenauswahl – wer wird ein Diensthund?

Unten rechts: Abrichter Franz Kampenhuiber.

Diensthundestaffel mit Abrichter Siegfried Hagen.

Links: An der Marchgrenze.

Rechts: Der Autor mit Diensthunden im March-Grenzgebiet zur CSR.

Links: Diensthund springt aus dem Hubschrauber. Kleines Bild: Diensthund Deutscher Schäfer springt auf VW-Bus.

Rechts: Diensthundereferent NÖ Major Franz Polzer (li.), Sachbearbeiter NÖ Gruppeninspektor Rudolf Bugl.

1994 Verlegung der Kurse. Für Vorarlberg war ausschlaggebend, dass viele Suchobjekte zur Verfügung standen und daher ideale Ausbildungsstätten waren. Die Lehrgänge wurden in zwei Termine im Bereich Nenzing – Gurtis, Bezirk Feldkirch, durchgeführt.

Ab dem Jahre **1999** wurde für alle DH und DHF die Dualausbildung festgelegt. Da mit diesem Schritt bereits eine Selektion für die Hunde die in den SMSH-Kurs einberufen wurden gegeben war, reduzierten sich die Ausfälle praktisch auf Null.

Die Hunde kommen derzeit als fertige Schutzhunde in den SMSH-Kurs, sind leicht zu motivieren und haben eine funktionierende praktische Unterordnung.

Verschiedene Bundesländer haben kaum einen Zugriff auf Echtstoffe für die DH-Ausbildung.

Aus diesem Grund und auf Grund der Gefährlichkeit und den allgemein bekannten Problemen in der Handhabung dieser Echtstoffe waren wir ständig auf der Suche nach geeigneten Ersatzstoffen.

Diese Ersatzstoffe hatten aber auch ihre Tücken und es konnte uns niemand konkret Auskunft über die Lagerung, Haltbarkeit usw. geben. Zudem war das Vertrauen der DHF in Funktionalität dieser Ersatzstoffe nicht immer gegeben.

Derzeit werden unsere DH mit „SOKKS-Drugs" grundkonditioniert und sind somit „Echtstoff" ausgebildet. Die Überprüfungen und Fortbildungen der DH werden mit Echtstoffen und SOKKS im ständigen Wechsel durchgeführt. Durch die Grundkonditionierung auf alle gängigen Suchtmittel in einem Arbeitsgang steht uns wesentlich mehr Zeit für die praxisnahen Übungen zur Verfügung. Weiteres entfällt die Unsicherheit der Leitsubstanz bei Echtstoffen, deren Zusammensetzung uns oft unbekannt ist. Die Ungefährlichkeit von SOKKS erspart uns so manche schlaflose Nacht, wenn ein Bringsel irgendwo abhandengekommen ist oder vergessen wurde.

V. li.: Abrichter Bez.-Insp Franz Kampenhuber, Diensthundereferent Zentralkommandant Oberleutnant Vogl, Bundesabrichter Rudolf Putz und Otto Krippel.

Besuch von Gendarmerie-General Strohmeier beim Kurs für Schutz- und Fährtenhunde.

Erfolgreich bestandener DH-Führerkurs. Von links: Bundesabrichter Rudolf Putz, Chefabrichter Otto Krippl, mit rotem Anorak Diensthundereferent Oberleutnant Vogl, Bundesabrichter Franz Kampenhuber, Schutzhelfer Alois Stuppacher.

Links: Debatte mit dem General über eine neue Diensthundevorschrift.

Rechts: Bundesabrichter Rudolf Putz bei der Schutzarbeit.

Abschlussbesprechung nach der Prüfung.

Schutz- und Fährtenhundekurs.

Diensthundegruppe NÖ-Süd

Diensthundegruppe NÖ-West.

Diensthundegruppe NÖ-Nord.

Diensthundegruppe NÖ-Ost.

Die Diensthundestaffel des Burgenlandes.

Polizeihundeschule Strebersdorf mit Zwingeranlagen und Diensthundeführer mit Rottweiler-Hunden. Kleines Bild: Oberst Diethart, Leiter der Wiener Polizei-Hundestaffel mit Hundeführer.

Bundesausbildungsstätte für Hundeführer und Diensthunde Bad Kreuzen/OÖ.

7. Juni 2000. Gendarmerie General Oskar Strohmeyer in Begleitung von Hauptmann Hesztera stattet dem Seminarlehrgang für Diensthundeausbildner einen Besuch ab. Der Bundesausbildungsleiter Kontrollinspektor Otto Krippel konnte 16 angetretene Seminarteilnehmer, die Bundesausbildner der Diensthundeschule des GZK sowie den externen Vortragenden und Hundeausbildner Horst Böthig aus Deutschland melden. General Strohmeyer begrüßte jeden angetretenen Ausbildner und Horst Böthig mit Handschlag und ließ einen kleinen Hundewelpen, der erst zu einem richtigen Diensthund heranwachsen muss, auch die nötigen Streicheleinheiten zukommen.

Er wurde über den Verlauf des Seminars und dessen Notwendigkeit einer einheitlichen Ausbildung informiert. General Strohmeyer war von dem Interesse der Teilnehmer am Seminar beeindruckt und verabschiedete sich mit Glückwünschen für ihre weiteren Tätigkeiten im Diensthundewesen.

XV. Die Grenzgendarmerie

Grenzsicherung in Österreich durch Zollwache, Gendarmerie, Polizei und Bundesheer

Jahrzehntelang stand die österreichische Zollwache als uniformierter Wachkörper an vorderster Front an unseren Grenzen. Sowohl an den Straßenverkehrs-Übertrittstellen, als auch an der „grünen Grenze" im Flachland oder in den Wäldern, aber auch an der „blauen Grenze" zu Wasser am Bodensee und in den Buchten des Neusiedler Sees, haben diese Beamten zum Wohle der Bevölkerung ihren Dienst verrichtet. Mit dem am 1. Mai 2004 erfolgten Beitritt unserer Nachbarstaaten zur Europäischen Union wurden die Kompetenzen der Zollwache an die österreichische Bundesgendarmerie übertragen, der Wachkörper aufgelöst und die Beamten in die heutige Bundespolizei eingegliedert.

Bereits nach Beendigung des 1. Weltkrieges war es die Gendarmerie die 1919 die Grenze zwischen „Restösterreich" und „Restungarn" als Grenzgendarmerie zu sichern hatte. Auch die Grenzen in der Steiermark und Kärnten, aber auch zur Tschechoslowakei waren zu sichern. Dann mussten die bis tief nach Niederösterreich eingedrungenen ungarischen Freischärler bei Kirchschlag und im Burgenland zurückgeschlagen werden.

1945 So war es nach dem Ende des 2. Weltkrieges nicht anders. Die Zollwache war von der sowjetischen Besatzungsmacht nicht anerkannt worden, so dass wieder die Gendarmerie die Sicherung unserer Grenzen übernehmen musste. Im Norden von Niederösterreich fielen immer wieder Banden aus der Tschechoslowakei, teils auch in sowjetischen Uniformen in unser schwer geschädigtes Land ein, um uns noch den Rest zu rauben und zu stehlen.

Im Burgenland waren es Banden aus Ungarn und zum Teil auch Ostarbeiter die auf ihrer Heimreise raubten und stahlen was sie mitnehmen konnten. In Kärnten und der Steiermark wurden die Gendarmen fast jeden Tag mit den mordenden und räuberischen jugoslawischen Banden konfrontiert.

In diesen Bundesländern hatte die Gendarmerie viele ermordete Kameraden zu beklagen, wobei besonders in Kärnten die brutalsten Morde verübt wurden.

1955 Erst nach dem Inkrafttreten des Staatsvertrages übernahm wieder die Zollwache die Grenzsicherung und Kontrolle unserer Staatsgrenzen.

28. April 1995 Mit dem Beitritt Österreichs zum Schengen Abkommen waren wir EU-Außengrenze und hatten diese auch zu überwachen. Dazu benötigten wir wieder eine Grenzgendarmerie. Obwohl seit **1990** das Bundesheer im Osten Österreichs im Grenzeinsatz stand.

1. Dezember 1996 Aus Westösterreich verstärken 110 Gendarmen die Grenzmaßnahmen in Niederösterreich. Die Grenzüberwachungsposten von Marchegg, Dürnkrut, Katzelsdorf und Untermarkersdorf werden durch diese Beamte verstärkt. Auch Nachtsichtgeräte und Wärmebildkameras werden eingesetzt um einen entsprechenden Grenzschutz entlang der grünen Grenze zu gewährleisten. Das Innenministerium ordnet Hubschrauberkontrollflüge, auch Nachts, entlang der Grenze an.

1997 wurde die 3. Grenzgendarmerie gegründet mit einem eigenen Schulbetrieb in Zwentendorf. Insgesamt wurden 70 neue Grenzdienststellen errichtet und zwar: **GÜP** – Grenzüberwachungsposten, **Greko** – Grenzkontrollstellen.

21. Februar 1997 Innenminister Schlögl eröffnet die neue Grenzkontrollstelle Bad Radkersburg. Das bundeseigene Gebäude wurde zur Gänze generalsaniert und für einen Personalstand von 30 Bediensteten ausgerichtet.

Bis zum Jahr 1999 werden auf der 145,3 km langen Grenze in der Steiermark rund 400 Bedienstete für den Grenzdienst zur Verfügung stehen. GÜP – Grenzüberwachungsposten sind Klöch, Weitersfeld, Gamlitz, Arnsfeld und Soboth. Greko – Grenzkontrollstellen sind Bad Radkersburg, Spielfeld, Langegg und Graz-Thalerhof.

1. März 1999 In Marchegg wurden vom Innenminister Karl Schlögl 250 Grenzgendarmen ausgemustert, diese werden in Niederösterreich, Burgenland und in der Steiermark Dienst versehen. Damit ist der personelle Aufbau der Grenzgendarmerie abgeschlossen. Insgesamt wurden zur Grenzüberwachung bisher ca. 3 Mrd. Schilling investiert. Zur Sicherung der Außengrenze 1259,2 km EU-Ostgrenze stehen nun 6000 Frauen und Männer im Einsatz: 3000 Grenzgendarmen, 2000 Bundesheersoldaten, 800 Zollwache – sowie auf Flughäfen und im Donaudienst 200 Polizeibeamte.

Eine „Drohne" (unbemanntes Flugzeug) wurde getestet.

Auszüge aus der Chronik des Grenzüberwachungsposten (GÜP) Laa an der Thaya

1. Juli 1996 Um 00.00 Uhr nimmt der neu errichtete Grenzüberwachungsposten den Dienstbetrieb auf. Nach kurzer Vorlaufzeit vom 26. Juni 1996 konnte die Dienststelle planmäßig eröffnet werden.

1988 In diesem Jahr wurden 568 illegale Personen aufgegriffen und den Behörden zugeführt.

9. April 1998 Gegen 22.15 Uhr wurde von der GÜP-Patrouille ein verdächtiger Kleinlastwagen mit franz. Kennzeichen durch das Stadtgebiet von Laa anschließend auf der B46 Richtung Staatz verfolgt. Die beiden Beamten konnten das Fahrzeug ca. 2 km vor Staatz anhalten. Sie stellten in weiterer Folge fest, dass sich im Kleinlaster insgesamt 57 rumänische Staatsangehörige befanden und diese beim Grenzstein in Wildendürnbach illegal nach Österreich eingereist sind.

9. Juli 1999 Anhaltung eines Kastenwagens auf der B7. Dabei wurden von der GÜP Katzelsdorf insgesamt 25 Illegale aufgegriffen.

Die Sektor Patrouille Wolkersdorf hielt im Ortsgebiet von Eibesbrunn gleichfalls einen Klein-LKW an. Auf diesem wurden insgesamt 48 Illegale festgestellt.

Da zwischen den beiden Aufgegriffenen Zusammenhänge festgestellt werden konnten, übernahm die SID-NÖ die Amtshandlung. Die beiden Schlepper wurden in die Justizanstalt Korneuburg eingeliefert.

1999 wurden 880 illegale Grenzgänger aufgegriffen.

9. Juni 2000 Gegen 23.35 Uhr bemerkte die Besatzung der GP im Gebiet von Poysbrunn/NÖ, auf der Bundesstraße 7 zwei verdächtige PKW, welche angehalten hatten und mehrere weibliche Personen zusteigen ließen. Auf Grund einer eingeleiteten Fahndung konnten die beiden PKW im Ortsgebiet von Gaweinstal, nach kurzer Flucht und Verfolgung durch diesen Ort, angehalten werden. Die Einvernahmen auf der Dienststelle ergaben, dass vier in dem PKW sitzende Damen aus Moldawien stammten und für Bordelle in Italien und Österreich als Geheimprostituierte vorgesehen waren.

13. Juli 2000 Um 8.45 Uhr fuhren zwei Beamte zur Tankstelle Zwettler in Laa a. d. Thaya, um den Streifenwagen GÜP 6 zu betanken. Dabei wurde den Beamten vom Trankwart mitgeteilt, dass soeben ein Ausländer mit einem vermutlich gestohlenen Motorrad weggefahren sei. Dieser habe versucht den Tankdeckel mit einer Eisensäge zu öffnen. Worauf von den Beamten sofort eine Fahndung eingeleitet wurde. Nach einiger Zeit konnte GÜP 8 das Motorrad im Bereich der Thayabrücke wahrnehmen. Der Motorradlenker drehte jedoch um und flüchtete zurück in Richtung GÜP-Gebäude. Durch mehrere GÜP-Streifen eingekreist versteckte sich der Lenker in einem ca. 200 m vom GÜP-Gebäude entfernten Waldstück und konnte dort aufgegriffen werden.

Das gestohlene Motorrad wurde der in Wien wohnhaften Besitzerin, welche den Diebstahl noch nicht bemerkt hatte, über richterliche Anordnung ausgefolgt.

19. Oktober 2000 Um 23.15 Uhr bemerkte die Besatzung des Wärmebildgerät-Busses, vom Gipfel des Haidberges aus noch auf tschechischem Staatsgebiet fahrenden LKW sowie einen PKW. Die Fahrzeuge hielten an einem Waldrand an und es stiegen eine große Anzahl Personen aus. Unmittelbar danach setzte sich die Gruppe Richtung Haidberg in Bewegung. Um 23.25 Uhr marschierten die Personen um den Haidberg herum und überquerten bei Grenzstein IX/51 illegal die österreichische Staatsgrenze. Die Beamten verständigten sofort alle GÜP-Streifen und brachten insgesamt 6 Streifen in Wartestellung. Um 1.19 Uhr kam der Einsatzbefehl und es konnten insgesamt 50 Personen, illegale Migranten verschiedener Nationen festgenommen werden. Ein Rumäne konnte als Fußschlepper überführt werden. Da der Verdacht bestand, dass die Illegalen von Fahrzeugen abgeholt würden wurde der Bereich von einer Sid Streife überwacht. Gegen 3.00 Uhr tauchte plötzlich am vermuteten Abholungsort ein Planen-LKW und ein vorausfahrender PKW, alle mit deutschen Kennzeichen, auf und gingen in Warteposition. Die Lenker wurden festgenommen und gestanden als Mitglieder einer Schlepperorganisation gehandelt zu haben. Die 3 Rumänen wurden in die Justizanstalt Korneuburg eingeliefert.

2000 wurden 609 illegale Grenzgänger aufgegriffen.

7. Juni 2001 Gegen 6.45 Uhr beobachteten Beamte der hs. Dienststelle im Bereich des Grenzsteines IX/3 zwei PKW, welche von Tschechien kommend die österreichische Grenze überschritten. Nach einer kurzen Verfolgung mit weiteren Streifen konnten die flüchtenden PKW kurz vor der B45 angehalten werden. In den Fahrzeugen befanden sich insgesamt 10 Personen (9 Rumänen, 1 Moldawier). Die PKW-Lenker wurden als Schlepper verhaftet.

Unmittelbar danach, um 7.10 Uhr überquerten drei weitere PKW, voll mit Illegalen, die Staatsgrenze im Bereich GS IX/3. Da es den 2 Beamten nicht möglich war, ohne Unterstützung drei PKW voller Personen zu kontrollieren und festzunehmen, gelang es einigen Personen in ein angrenzendes Maisfeld zu flüchten. Ein Schlepper wurde festgenommen, 11 illegale Migranten kamen in Verwahrung.

24. Dezember 2001 Heiliger Abend – Im Bereich des Grenzsteines 8/67 waren mit einem alten Skoda-Bus gegen 17.45 Uhr 22 illegale armenische Staatsbürger nach Österreich eingereist. Bereits um 18.00 erfolgte die Festnahme von 3 Männern, 8 Frauen und 11 Kinder. Da die Armenier um Asyl ansuchten wurden sie nach bereits erfolgter Abschiebung von den Tschechen wieder nach Österreich zurückgestellt. Anschließend wurden die Armenier in das Bundesasylamt Traiskirchen überstellt.

2001 wurden 647 Illegale aufgegriffen.

Links: Alarm bei der Schulabteilung.

Rechts: Überwachung der March-Grenze.

Personenkontrolle im Grenzgebiet.

Eröffnung des Grenzüberwachungspostens Großkrut – Begrüßung der Festgäste durch den Bezirksgendarmeriekommandant des Bezirkes Mistelbach Oberstleutnant Florian Ladengruber.

Unten: Aufnahmen am Tag der Eröffnung (Festgäste, Hubschrauber-, Wärmebildkamera-Vorführung).

Vorführungen der COBRA.

Vorführungen der Dienst-hundeführer.

Diensthunde-patrouillen

20. August 2002 Der Vorstand des Bahnhofes Laa/Thaya machte um 7.30 Uhr die Anzeige, dass sich mehrere, vermutlich illegal, eingereiste Personen am Bahnhofsgelände aufhielten. Kurz darauf konnten durch die ho. Streifen 6 mongolische Staatsbürger festgenommen werden. Da zwei der Personen über österreichische Flüchtlingsausweise verfügten, lag der Verdacht nahe, dass es sich dabei um die beiden Schlepper handelt. Im Zuge der Einvernahme gaben die beiden nach anfänglichem Leugnen zu, für einen aus Tschechien operierenden Schlepper die Schleusung durchgeführt zu haben. Sie wurden vom Landesgericht Korneuburg zu je einem Jahr unbedingt verurteilt. Die Mongolen wurden nach Traiskirchen überstellt.

2002 wurden 567 Illegale aufgegriffen.

Nach Erteilung der Visumfreiheit für rumänische und bulgarische Staatsbürger ist ein rasanter Anstieg von illegalen Migranten aus Indien, China und aus den russischen Teilrepubliken, Dagistan, Armenien, Georgien, Tschetschenien, Moldawien und der Mongolei zu verzeichnen.

21. Jänner 2003 Gegen 22.00 Uhr überschritten mehrere Personen bei GS IX/60 unter Schlepperhilfe illegal die österreichische Staatsgrenze. Dabei wurden sie mittels Wärmebildkamera beobachtet wie sie Richtung Pottenhofen marschierten. Unter Mithilfe mehrerer Streifen konnten 27 chinesische Staatsbürger festgenommen werden. Nach Verhängung eines 5jährigen Aufenthaltsverbotes wurden sie nach Tschechien abgeschoben.

3. November 2003 Zwei Grenzgendarmen sahen, als sie gegen 5.00 Uhr in der Früh auf dem Weg zu ihrer Dienststelle in Großkrut durch Poysdorf fuhren, bei einer Bushaltestelle einen Mann stehen. Sie dachten es könnte sich um einen Illegalen handeln, sie hielten an um den Mann zu kontrollieren. Nach der Aufforderung sich auszuweisen, griff dieser in sein Nylonsackerl, das er bei sich trug. Einer der Beamten folgte der Hand mit dem Strahl seiner Taschenlampe und erkannte eine Pistole ein der Tasche. Geistesgegenwärtig riss er den Bewaffneten zu Boden, es entwickelte sich ein Kampf, bei dem nicht nur die beiden Beamten, sondern auch ein zufällig vorbeikommender Mitarbeiter eines privaten Bewachungsdienstes versuchten, den Mann zu entwaffnen.

Als dieser merkte, dass er nicht mehr an seine Waffe herankam, versuchte er, sich der Waffe eines der Beamten zu bemächtigen. Bezirkskommandant Oberstleutnant Florian Ladengruber, „Gottlob haben wir gegen solche Angriffe eine Sicherung." Es war ein Kampf auf Leben und Tod. Bei dem 34jährigen handelte es sich um Herbert K. der am Posten nochmals versuchte an die Pistole eines Beamten zu kommen.

Eine Untersuchung des Plastiksackerls ergab, dass er zwei scharf geladene Pistolen der Marken Walter PPK und Browning, beide Kaliber 7,65 bei sich hatte. Die Pistolen stammten aus einem Überfall in einem Waffengeschäft in Wien-Währing im August 2001, bei dem ein Aushilfsverkäufer derart geschlagen worden war, dass er einige Monate danach verstarb.

4. März 2004 Beamten der hs. Dienststelle, in Zusammenarbeit mit dem GP Drasenhofen, gelang es in Falkenstein 8 rumänische Staatsbürger festzunehmen, welche ohne die erforderliche Bewilligung auf dem „Landmann" mit dem Schneiden von Misteln beschäftigt waren. Die Rumänen wurden der Bezirkshauptmannschaft Mistelbach vorgeführt, wo sie jeweils 5jährige Aufenthaltsverbote erhielten. 2 wurden in Schubhaft genommen, 6 über die GREKO Nikelsdorf nach Ungarn abgeschoben.

24. März 2004 Um 6.45 Uhr gelang einer Streife der hs. Dienststelle die Festnahme von insgesamt 10 russischen Staatsbürgern, welche kurz vorher vermutlich bei HGS IX/66 illegal die österreichische Staatsgrenze überschritten hatten. Die Russen gaben an, wegen des Krieges in ihrem Heimatland Tschetschenien dieses verlassen zu haben und in Österreich um Asyl anzusuchen. Nach der Vorführung bei der BH Mistelbach wurden sie nach Traiskirchen überstellt.

21. November 2004 Der tschechische Staatsbürger Martin T. nahm gegen 23.00 Uhr auf der bereits bekannten Abholstelle bei Welzelsdorf drei Frauen russischer Herkunft auf um sie nach Italien zu bringen. In Harmannsdorf-Rückersdorf wurde der PKW von einer dortigen Streife kontrolliert und die Schlepperei festgestellt. Martin T. konnten noch zwei weitere Schleusungsfahrten nachgewiesen werden, er wurde in Haft genommen. Die drei Frauen wurden Tschechien abgeschoben.

2004 wurden 312 Illegale aufgegriffen.

1. Mai 2005 Durch den EU-Beitritt Tschechiens sowie weiterer 9 Staaten wurde die Zollwache von der Grenzkontrollstelle Laa an der Thaya abgezogen und durch das Personal der Gendarmerie ersetzt. Die Grenzkontrolle wird in Zukunft von den Beamten des GÜP Laa durchgeführt, welcher durch die Übernahme von 21 Zollwachebeamten erweitert wird. Der GÜP besteht somit aus zwei Dienststellen, Grenzüberwachungsposten und Grenzkontrollposten mit einem Personalstand von 68 Bediensteten.

31. Oktober 2005 Gegen Mittag stellte sich der polnische Staatsbürger Andrzy S. bei der Greko Laa der Ausreisekontrolle. Im Zuge der Fahrzeugkontrolle wurden im Laderaum des Fahrzeuges 3 Taschen mit insgesamt 58 Autoradios entdeckt. Da bei den Geräten die Anschlusskabeln abgezwickt wurden, lag der Verdacht nahe, dass es sich hierbei um Diebesgut handelt.

S. gab an, dass in Italien zwei ihm unbekannte Polen, ihn ersucht hätten, gegen ein Entgelt von EUR 200.- die drei Taschen nach Polen zu transportieren.

Da der Verdacht der Hehlerei bestand wurde S. vorläufig in Verwahrung genommen und der Journalstaatsanwalt telefonisch über den Sachverhalt informiert. Dieser ordnete die Anzeige auf freien Fuß und die Beschlagnahme der Geräte an.

8. November 2005 Die polnischen Staatsbürger Jacek O. und Krysztof S. stellten sich um 00.15 Uhr bei der Greko Laa der Ausreisekontrolle. Bei der von Beamten durchgeführten Fahrzeugkontrolle wurden insgesamt 8 Stück neuwertige Alufelgen mit Reifen vorgefunden. Die beiden Polen gaben an, die Alufelgen auf einen Bazar in Turin gekauft zu haben.

Da es in dieser Nacht regnete und die Alufelgen nass waren, bestand der Verdacht des Diebstahls, insbesondere, da die beiden nach einer weiteren Befragung keine Angaben über die Herkunft der Räder machen konnten bzw. wollten.

Nach einer durchgeführten bundesweiten Fahndung teilte der GP Mistelbach um 6.45 Uhr mit, dass gegenständliche Waren in der Nacht bei der Firma Wiesinger in Mistelbach gestohlen wurden. Die beiden Polen wurden dem GP Mistelbach zur weiteren Amtshandlung übergeben.

2004 wurden153 Illegale aufgegriffen, 2005 wurden 72 Illegale aufgegriffen.

Auszüge aus der Chronik des Grenzkontrollposten (Greko) Drasenhofen

1. Juli 1997 Um 0.00 Uhr wurde von der Bundesgendarmerie die Grenzkontrollstelle am Grenzübergang Drasenhofen übernommen.

29. Juli 1997 Vier polnische Staatsbürger wurden mit Suchtgift angetroffen und wegen Vergehen nach dem Suchtmittelgesetz bei der Staatsanwaltschaft Korneuburg angezeigt.

5. November 1997 Auf Grund eines Hinweises von drei Beamten der hs. Dienststelle, welche in den Dienst fuhren, konnten auf der B7 in Wolkersdorf zwei französische Kleinbusse angehalten werden. In den Bussen waren insgesamt 70 rumänische Staatsbürger zusammengepfercht, welche bei Alt Prerau illegal nach Österreich eingereist sind.

20. Dezember 1997 Gegen 23.00 Uhr stellten sich vier rumänische Staatsbürger mit gefälschten ungarischen Reisepässen der Einreisekontrolle. Da Passfotos und ein rumänischer Personalausweis aufgefunden wurden, wurde das Fahrzeug einer genauen Untersuchung unterzogen. Hinter der Seitenverkleidung wurden 40 rumänische Reisepässe und ein ungarischer Reisepass gefunden. Die Amtshandlung wurde von der SID-NÖ übernommen.

1997 155 Festnahmen.

13. März 1998 Drei rumänische Staatsbürger schleppten 28 rumänische Landsleute illegal in einem Kastenwagen nach Österreich. In Poysdorf war Endstation. Die Schlepper wurden in der Greko Drasenhofen beamtshandelt. Die Schlepper wurden in die Justizanstalt Korneuburg eingeliefert und die Illegalen in die Tschechei zurückgeschoben.

3. August 1998 Drei Polen verübten zwischen 27. Juli und 3. August 1998 im Raum Lignano, Italien, mehrere Einbrüche in PKW und Wohnungen. Das Diebsgut war in Seitenverkleidungen und Reisetaschen verstaut. Sie wurden festgenommen und in die Justizanstalt Korneuburg eingeliefert.

14. November 1998 Die Polen Andrzey A. und Pawel W. verübten in Salzburg Einbruchdiebstähle. Diebsgut waren 68.000 Schilling, Autoradios und Handys. In den Schuhen der beiden wurden vorgefertigt Schlossrohlinge für PKW gefunden. Die weiteren Erhebungen wurden von der KA NÖ übernommen. Bei der Einlieferung in die Justizanstalt Salzburg durch Beamte der KA Salzburg, gelang Adamski die Flucht.

1998 41 in Verwahrung genommene Personen.

7. Jänner 1999 Drei polnische Staatsbürger stellten sich der Ausweiskontrolle. Bei einer genauen Kontrolle wurde Diebsgut (Kosmetika, Schuhe, Bekleidung, Getränke etc.) im Wert von 40.000 Schilling gefunden. Dazu wurde spezielle Unterkleidung verwendet, wo man die gestohlenen Gegenstände leicht und unauffällig verstecken konnte. Tatorte waren Tulln, Stockerau und Korneuburg. Die drei wurden in die Justizanstalt Korneuburg eingeliefert.

20. April 1999 Der Italiener Roberto St. stellte sich um 2.30 Uhr der Ausweiskontrolle. Das von ihm gelenkte Fahrzeug Audi A4 mit italienischem Kennzeichen, schien als gestohlen auf. St. führte Aufzeichnungen über 15 Fahrzeuge mit, welche bei einer Anfrage ebenfalls als gestohlen gemeldet wurden. Das Fahrzeug wurde beschlagnahmt und St. verhaftet. Die Amtshandlung wurde von der KA NÖ übernommen.

6. September 1999 Die beiden polnischen Staatsbürger Mariusz P. und Michal M. wollten in einem Linienbus mit neun Autoradios, die sie in Wien gestohlen haben, ausreisen. Sie wurden in Verwahrung genommen. Amtshandlung KA NÖ.

1999 46 in Verwahrung genommene Personen.

6. Jänner 2000 Die polnischen Staatsbürger Piotr Ch., Krzystof K., Krzytof M. und Marcin U. stellten sich der Ausreisekontrolle. Dabei wurde Diebsgut im Wert von 40.000 Schilling gefunden. Die vier wurden in die Justizanstalt Korneuburg eingeliefert.

11. Februar 2000 Der österreichische Staatsbürger Walter R. wurde von den tschechischen Sicherheitsorganen aufgrund eines internationalen Haftbefehls des Landesgerichtes Ried im Innkreis der Greko Drasenhofen übergeben. R. wurde in die Justizanstalt Josefstadt eingeliefert.

8. September 2000 Der estnische Staatsbürger Aivar R. stellte sich der Einreisekontrolle nach Österreich. Im Zuge der Passkontrolle schien eine Vormerkung in der Personenfahndung, betreffend Festnahmen zwecks Auslieferung. Es handelte sich um einen internationalen Haftbefehl des Stadtgerichtes Tallin (Estland). Anlässlich einer bei R. durchgeführten Personsdurchsuchung wurde in seiner Unterhose ein gestohlener estnischer Reisepass vorgefunden. Dieser Reisepass war durch Lichtbildaustausch verfälscht worden. Weiteres wurde ein in Tallin gestohlener finnischer Führerschein gefunden. Die Bezirkshauptmannschaft Mistelbach verhängte ein Aufenthaltsverbot gegen R. Er wurde auf Grund des vorliegenden Haftbefehls von zwei Beamten des GÜP Katzelsdorf in die Justizanstalt Korneuburg eingeliefert.

18. Oktober 2000 Der Pole Stanislaw M. hat seine in der Zeit zwischen dem 11. September 1999 und dem 9. April 2000 zumindest 23 Polen-Aufenthalte der Wiener Gebietskrankenkasse verschwiegen und sich durch das Beziehen von Krankengeld eine zumindest 57 Tage in betrügerischer Absicht fortlaufende Einnahmequelle verschafft. M. wurde bei der Staatsanwaltschaft Korneuburg angezeigt.

30. Dezember 2000 Der polnische Staatsbürger Jacek M. versuchte als Insasse eines polnischen Linienbusses in Richtung Tschechien auszureisen. Im Zuge der Grenzkontrolle wurde festgestellt, dass der Pole unter der Sitzbank des Busses, einen schwarzen Rucksack versteckt hatte, in dem sich eine größere Menge hochwertiger gestohlener Computerbestandteile befanden. M. wurde in vorläufige Verwahrung genommen. Die Computerteile wurden beschlagnahmt. Der Journalrichter setzte den Polen wieder auf freien Fuß.

2000 55 in Verwahrung genommene Personen.

22. Jänner 2001 Die Tschechin Jana F. stellte sich als Lenkerin eines PKW der Ausreisekontrolle. Im Zuge der Kontrolle wurde festgestellt, dass F. den unversperrten PKW vom Privatparkplatz einer Firma gestohlen hatte. Die Staatsanwaltschaft Wien verfügte eine Anzeige auf freien Fuß und die Beschlagnahme des PKW.

2. Februar 2001 Die zwei Polen Dariusz H. und Wajcich P. stellten sich mit ihrem PKW der Ausweiskontrolle. Im Zuge der Kontrolle wurde in deren Gepäcktaschen, im Kofferraum sowie hinter den Plastikverkleidungen des Fahrzeuges mehrere Autoradios, ein Scanner und andere Auto Hi-Fi-Teile entdeckt. Die Journalstaatsanwältin verfügte die Beschlagnahme des PKW und die Einlieferung der beiden Polen in die Justizanstalt Josefstadt.

20. April 2001 Der polnische Staatsbürger Ryscard Z. hat seine in der Zeit zwischen dem 8. Jänner und dem 1. April 2001 zumindest sechs Polen-Aufenthalte dem Arbeitsmarktservice Wien verschwiegen. Z. hat sich durch das Beziehen von Arbeitslosenunterstützung für diese zumindest achtzehn Tage in betrügerischer Absicht eine fortlaufende Einnahmequelle verschafft, wodurch ein Gesamtschaden in der Höhe von mindestens 5.886 Schilling verursacht wurde. Z. wurde der Staatsanwaltschaft Korneuburg angezeigt.

25. Mai 2001 Der Pole Slowomir B. stellte sich auf der hs. Grenzkontrolle der Einreisekontrolle. In seinem Reisepass befand sich ein Stempelabdruck eines gefälschten Grenzkontrolleinreisestempels, mit der Bezeichnung Grenzkontrolle Nickelsdorf. Mit diesem Stempelabdruck sollte vorgetäuscht werden, dass B. die legale Aufenthaltsdauer im Schengenraum nicht überschritten hat.

Außerdem führte Marcin B. einen für ihn ausgestellten polnischen Führerschein mit und legte diesen, als er dazu aufgefordert wurde auch vor. Die Prüfung dieser Urkunde ergab, dass es sich um eine Totalfälschung handelte. Marcin B. wurde zurückgewiesen. Der Führerschein wurde beschlagnahmt.

26. Juli 2001 Die Tschechin Zuzana T. stellte sich als Insassin eines tschechischen Linienbusses der Ausweiskontrolle. In dem von T. vorgewiesenen Reisepass befanden sich auf der Seite 28 ein verfälschter und auf der Seite 27 zwei verfälschte österreichische Grenzkontrollstempel. Bei diesen Stempeln wurde das Datum verfälscht. Der Staatsanwalt ordnete die Anzeige auf freien Fuß und die Bezahlung einer Diversion in der Höhe von 13.000 Schilling an. Weiters wurde T. der Behörde vorgeführt. Gegen sie wurde ein auf fünf Jahre befristetes Aufenthaltsverbot erlassen. Ebenfalls wurde gegen T. die Schubhaft verhängt.

2. November 2001 Der nigerianische Staatsbürger Raymond O. wurde dringend verdächtigt, Suchtmittel im Körper in das Bundesgebiet einzubringen. Weiters wurde mittels Suchtgiftschnelltester festgestellt, dass sich bei O. auf der rechten Handfläche und auf der Unterseite der Einlage des rechten Schuhes, Spuren von Amphetamine befinden. Der Staatsanwalt ordnete die Haft und anschließend Einlieferung in die Justizanstalt Josefstadt an.

2001 41 Personen wurden in Verwahrung genommen.

31. März 2002 Der weißrussische Staatsbürger Nikolai S. lenkte in einem durch Alkohol stark beeinträchtigten Zustand ein Sattelkraftfahrzeug. Dabei durchbrach er die geschlossene Schrankenanlage, wodurch diese gänzlich beschädigt wurde. Anschließend setzte er seine Fahrt Richtung Drasenhofen fort. Ein Beamter des Zollamtes und ein Grenzgendarm verfolgten den flüchtigen Lenker. Zwischen der Grenzkontrollstelle und dem Ort Drasenhofen konnten sie das Sattelkraftfahrzeug überholen. Während des Überholvorganges versuchte man mittels Rotlicht den Lenker zum Anhalten aufzufordern S. missachtete die Zeichen und wechselte auf die Gegenfahrbahn, wobei er die Exekutivorgane und andere Verkehrsteilnehmer der Gefahr aussetzte Schaden zu erleiden. S. war auf Grund entgegenkommender Fahrzeuge gezwungen, auf der Gegenfahrbahn anzuhalten. S. wurde unter Anwendung von Körperkraft aus dem Führerhaus gezerrt. S. verweigerte den Alkotest. Fast 8 Stunden danach ergab der Alkotest einen Wert von 0,63 mgl Alkohol in der Atemluft. Er wurde in die Justizanstalt Korneuburg eingeliefert.

17. April 2002 Der slowakische Staatsbürger Michal J., sowie die tschechische Staatsbürgerin Monika D., versuchten 14 Mobiltelefone nach Tschechien zu verbringen. Die Beiden gaben es weiters zu, am 27. März und am 9. April 2002 insgesamt 19 Mobiltelefone von einem vermutlich jugoslawischen Staatsbürger übernommen und diese nach Tschechien verbracht zu haben, um sie dort zu verkaufen. Beide wurden auf freiem Fuß angezeigt, die Mobiltelefone beschlagnahmt.

21. Juni 2002 Bei der Einreise wurde im PKW von Pavel M., tschechischer Staatsbürger, ein geladener Flobertrevolver sowie Munition gefunden. M. konnte weder ein tschechisches waffenrechtliches Dokument, noch eine behördliche Bewilligung vorweisen. Er führte somit die vorgefundene Faustfeuerwaffe unbefugt. M. wurde auf freiem Fuß angezeigt, die Waffe wurde beschlagnahmt.

29. August 2002 Die polnischen Staatsbürger Jaroslaw U. und Blazey B. versuchten nach Tschechien auszureisen. Da das Fahrzeug auffällig wurde und die Insassen bei genauerer Prüfung einer Fahndung des GP Wilfersdorf entsprachen, wurde das Fahrzeug durchsucht. Die Beamten fanden unter einer Plastikabdeckung einen Beutel in dem sich EUR 100.- Banknoten befanden. Weiters wurde hinter dem Ablagefach der Mittelkonsole ein Beutel mit zwei Bündel EUR 100.- Scheine gefunden. Die Überprüfung der Geldscheine ergab, dass es sich hierbei offensichtlich um nachgemachte Scheine, also Falschgeld handelte. Der Journalstaatsanwalt ordnete Untersuchungshaft und Einlieferung in die Justizanstalt Korneuburg an.

14. Dezember 2002 Die tschechischen Staatsangehörigen Kamil Z. und Radek R. versuchten nach Tschechien auszureisen. Im Zuge der Ausreisekontrolle wurden im Kofferraum, unter dem Beifahrersitz sowie im Handschuhfach des Fahrzeuges mehrere Autoradios, Musik-CDs und diverse KFZ-Bestandteile vorgefunden. Im Zuge der Erhebungen und Befragungen bestätigte sich, dass die beiden Personen verdächtig sind, in Wien 8 Autos aufgebrochen und daraus Wertgegenstände gestohlen zu haben. Bei weiteren 9 Fahrzeugen versuchten die beiden Tschechen einzubrechen, scheiterten jedoch mangels geeigneter Einbruchswerkzeuge. R. und Z. wurden in die Jugendstrafanstalt Wien-Erdberg eingeliefert.

2002 50 Personen wurden in Verwahrung genommen.

8. Jänner 2003 Der tschechische Staatsbürger David Sp. stellte sich der Einreisekontrolle. Bei einer Fahrzeugkontrolle wurde ein „Schlagring", bekannt als Hiebwaffe, gefunden. Sp. wurde auf freiem Fuß angezeigt, die verbotene Waffe sichergestellt.

16. März 2003 Der polnische Staatsbürger Krzysztof S. stellte sich als Insasse eines Linienbusses der Einreisekontrolle. Dabei wurde festgestellt, dass eine Lichtbild Auswechselung vorgenommen und die Originalfolie ersetzt wurde. Bei einer durchgeführten Persons- und Gepäckskontrolle wurde weiters ein totalgefälschter EUR 100.- Schein vorgefunden. Weiteres wurde ein Schlüsselrohling gefunden, wie er üblicherweise zum Aufbrechen von Autoschlössern verwendet wird.

Der Journalstaatsanwalt ordnete Untersuchungshaft in der Justizanstalt Korneuburg und Beschlagnahme der Gegenstände an.

5. Juni 2003 Der spanische Staatsbürger Gabriel E. und seine ukrainische Lebensgefährtin Olga U. versuchten mit ihrem Wohnmobil vier ukrainischen Staatsbürgern die rechtswidrige Einreise nach Österreich zu verschaffen.

Bei einer Zollkontrolle mussten sie eine Geldstrafe wegen Zigarettenschmuggel von EUR 200.- bezahlen. Dabei ergab sich, dass der 200er-Schein eine Totalfälschung und er im Besitz 15 weiterer Euroscheine war. Im Gepäck wurden 6 ukrainische Reisepässe gefunden.

Nach Anweisung des zuständigen Staatsanwaltes wurden sowohl die Geldscheine, als auch die Reisepässe beschlagnahmt. E. wurde in die Justizanstalt Korneuburg eingeliefert.

12. Juli 2003 Die polnischen Staatsbürger Jan M., Krzystof B., Tomasz S. und Sebastian M. versuchten nach Tschechien auszureisen. Im Zuge der durchgeführten Fahrzeug- und Gepäckkontrolle wurden 33 Stück neue Sportbekleidung vorgefunden. Nach Weisung des Staatsanwaltes wurden die 4 Polen in die Justizanstalt Korneuburg eingeliefert. Die Bekleidung wurde beschlagnahmt.

2003 71 Personen wurden in Verwahrung genommen.

17. April 2004 Die polnischen Staatsbürger Arkadiusz C. und Andrezy K. stellten sich mit einem PKW der Einreisekontrolle. Im Fahrzeug führten sie zwei ukrainische Staatsbürgerinnen mit, die sich mit gefälschten polnischen Reisepässen auswiesen. Im Zuge der Einvernahme durch die KA-NÖ gestand C. innerhalb der letzten zwei Jahre ca. 20 Schleppungen mit etwa 60 Ukrainerinnen vorgenommen zu haben. K. nahm an ca. 4 Schleppungen teil. Beide bekamen pro Person EUR 150.-.

Sie wurden in die Justizanstalt Korneuburg eingeliefert.

1. Mai 2004. EU-Erweiterung und Zollwache-Auflösung

An diesem Tag wurde die seit dem Jahr 1830 bestehende Zollwache bundesweit aufgelöst, da mit der EU-Erweiterung um 10 neue Mitgliedsstaaten (Estland, Lettland, Litauen, Malta, Polen, Slowakei, Slowenien, Tschechien, Ungarn und Zypern) auch ein freier Warenverkehr, mit Ausnahme von Zigaretten, eingerichtet wurde.

1088 Beamte der Zollwache wechselten Österreichweit in das Bundesministerium für Inneres. Der Grenzkontrollstelle Drasenhofen wurden 12 Beamte zugeteilt.

9. Oktober 2004 Österreichs Fußballnationalmannschaft bestreitet in Wien ein Ausscheidungsspiel gegen Gruppengegner Polen. Tausende polnische Schlachtenbummler reisten, größtenteils mit Bahn und Autobussen, zum Spiel an. Besonders betroffen war der Grenzübergang Drasenhofen. Mehrere randalierende Fußballfans wurden bereits bei der Einreise wegen Gefährdung der Ordnung, Ruhe und Sicherheit zurückgewiesen bzw. von Angehörigen der Einsatzabteilung mit Körperkraft in die Fahrzeuge verbracht und nach Tschechien eskortiert.

Für ca. 20 Minuten war der Einreiseverkehr durch die Randalierer und ihre Weigerung nach Tschechien zurückzukehren, beeinträchtigt. Nach dem Spiel begleiteten ca. 150 Polizisten und Gendarmen die Fans bis zum Grenzübergang Drasenhofen und beobachteten die Ausreise aus Österreich. Kurzzeitig aufkeimende Störungen der Ordnung wurden binnen Minuten durch den Einsatz der engagierten Beamten beendet.

18. Dezember 2004 Die beiden polnischen Staatsbürger Jerzy P. und Stanislaw G. versuchten im Abstand von wenigen Minuten beim Grenzübergang mit einem in Wien gestohlenen Golf und den auch in Wien gestohlenen VW Passat des Fürsten Constantin von und zu Liechtenstein, beide Fahrzeuge mit polnischen Kennzeichen versehen, auszureisen. Im Zuge der Kontrollen wurden die abweichenden Fahrzeugnummern zwischen den polnischen Dokumenten festgestellt und beide Lenker in die Justizanstalt beim Landesgericht Wien eingeliefert. Die Fahrzeuge sichergestellt.

2004 98 Personen in Verwahrung genommen.

13. März 2005 Mit einem in Spanien als gestohlenen gemeldeten PKW der Marke Mercedes E300D, stellte sich der litauische Staatsbürger Erkas Z. der Ausreisekontrolle. Bei der Überprüfung des Fahrzeuges konnte die Ausschreibung im Schengen festgestellt werden. Der Lenker wurde angezeigt.

11. Mai 2005 Die polnischen Staatsbürger Marcin K. und Dariusz W. wurden mit ihren PKW mit Einbruchswerkzeug und Diebsgut von mindestens 5 PKW-Einbrüchen in Wien im Wert von EUR 8.000.- bei der Greko Drasenhofen angehalten und in vorläufige Verwahrung genommen.

1. Juli 2005 Aus der Gendarmerie und der Polizei wurde per 1. Juli die Bundespolizei. Die bisherigen Uniformen dürfen noch bis Ende 2007 getragen werden, bis die Umrüstung durchgeführt ist. Die neue Uniform ist in Dunkelblau gehalten. Die Dienststellenbezeichnungen, Fahrzeugaufschriften wurden sofort nach der Zusammenlegung wirksam. Im Dienstbetrieb gab es außer der neuen Bezeichnung „Grenzpolizeiinspektion" bzw. im Inland „Polizeiinspektion" anstatt des früheren „Gendarmerieposten", keine nennenswerten Änderungen.

2005 98 in Verwahrung genommene Personen.

18. September 2000. Grenzüberwachungsposten Weikertschlag

Am Abend kurz vor Dienstende befand sich eine Streife an der Grenze zu Tschechien. An diesem Tag war es ruhig gewesen.

Die Patrouille steht in einer kleinen Ortschaft an einer Kreuzung, als sich ein langsam fahrender Mitsubishi Pajero nähert. Der Fahrer starrt die Beamten an. Diese denken an einen der zahlreichen Jagdgäste in dieser Gegend. Als der Pajero aber kurz darauf wendet, fällt den Beamten der apathische Gesichtsausdruck des Fahrers auf. Sie vermuten einen Alkoholisierten, zumal beim Schalten laute Getriebegeräusche zu hören sind.

Mit Blaulicht und Folgetonhorn führen sie eine Anhaltung durch. Der Fahrer des Pajero hält vorerst an. Während die Beamten im Begriff sind auszusteigen, gibt er Gas und fährt davon. Die Beamten nehmen neuerlich die Verfolgung auf. Bei der Fahrt geht es über einen Güterweg und über Felder. Der Streifenwagen kann nicht mithalten. Die Beamten lösen deshalb eine Funkfahndung aus. Die Fluchtrichtung führt nach Oberndorf und sie veranlassen deshalb eine Straßensperre durch zwei Streifenwagen des GÜP Weikertschlag. Kurz vor der Ortschaft entdecken sie den Pajero, der von der Straße abgekommen war. In unmittelbarer Nähe steht ein weiterer Geländewagen, in dem sich ein Mann eingeschlossen hat. Ein anderer Mann, offensichtlich der Geflüchtete steht bei der Fahrertür und reißt bei der Fahrertür. Als er den Streifenwagen sieht läuft er über eine Wiese davon und versucht die Bäume und Sträucher bei einem Bachlauf zu erreichen.

Die Beamten setzen einen Funkspruch ab und nehmen zu Fuß die Verfolgung auf. Der Flüchtende reagiert auf keinerlei Zurufe und verschwindet im dicht verwachsenen Bachbett. Gendarm 1 feuert einen Schuss in den Boden ab. Gleich darauf sieht er den Verdächtigen ungefähr 8 Meter vor sich im Wasser stehen. Er hat eine Pistole gezogen, hantiert damit wortlos in Hüfthöhe und leistet keiner Aufforderung Folge. Plötzlich reißt er die Waffe in die Höhe und schießt gleichzeitig mit dem Beamten. Keiner trifft, aber der Täter verschwindet hinter einem Baum. Gendarm 1 der keine Deckung hat, lässt sich fallen. Bei einer Entfernung von 4 bis 5 Meter entwickelt sich nun ein Schusswechsel. Dabei wird Gendarm 1 im Liegen getroffen. Er merkt, wie das Projektil durch seinen Oberarm fährt, verspürt aber keinen Schmerz. Er deckt den Täter mit Schüssen ein, der immer wieder hinter dem Baum hervorschießt. Gendarm 2 ließ sich ebenfalls fallen und schießt im Liegen ebenfalls in die Richtung des Täters.

Gendarm 3, ursprünglich an der Straßensperre, erkennt die Situation, umgeht den unmittelbaren Gefahrenbereich und arbeitet sich von hinten gedeckt durch einen Holzstoß, an den Täter heran. Der Täter von 2 Seiten beschossen springt plötzlich auf und läuft auf die andere Seite der Bachböschung. Zu diesem Zeitpunkt gibt Gendarm 3 gerade seine Position an seine beiden Kollegen durch Zurufe bekannt. Gendarm 1 schießt noch auf den laufenden Täter. Er sieht dabei keine Trefferwirkung. Der Täter läuft noch einige Meter torkelnd auf einen asphaltierten Weg und geht zu Boden. Dem sich heftig wehrenden Täter werden die Handschellen angelegt. Der Täter, ein junger Mann wird nun merklich schwächer und stirbt kurze Zeit später an inneren Blutungen. Erst jetzt sehen die Beamten, dass sie mindestens zweimal getroffen haben.

Der Täter hatte am 17. September 2000 bei der Mautstelle der Tauernautobahn mit einem Renault Clio Fahrerflucht begangen und vermutlich in der Nacht zum 18. September einen Pajero gestohlen.

XVI. Die Gendarmerie-Zentralschule / Sicherheitsakademie

1. Kommandant: Gendarmerie-Oberstleutnant Otto Rauscher
2. Kommandant: Gendarmerie-Brigadier Gottfried Höller
3. Kommandant: Gendarmerie-Brigadier Mag. Arthur Reis
4. Kommandant: Gendarmerie-Brigadier Rupert Fehringer
5. Kommandant: Polizei-Generalmajor Mag. Arthur Reis

1945 besetzte die sowjetische Besatzungsmacht einen Teil der Objekte in Mödling. Sie ließ die angefangenen Wohnhäuser Grutschgasse Nr. 7 und 9 vollenden. Die vor dem Kriegsende verlagerte Schule nahm in dem verbliebenen Objekt Grutschgasse 18 ihren Schulbetrieb wieder auf.

Am **14. April 1951** wurde die Schule auf Befehl der Besatzungsmacht in die Albrechtskaserne nach Horn verlegt. Auch die restlichen Objekte der Schule wurden von der sowjetischen Besatzungsmacht in Beschlag genommen.

Nach der Unterzeichnung des Staatsvertrages wurde die Schule von den Sowjets geräumt und am **17. September 1955** von einem Wachkommando von der Gendarmerieschule Rennweg übernommen.

Am **26. September** begann die Entgasung der von Ungeziefer (Wanzen) verseuchten Gebäude. Sie wurde am 30. September 1955 beendet.

4. Oktober 1955 Die Schule übersiedelte nun endgültig nach Mödling. Am gleichen Tag fand die kommissionelle Baubegehung statt. Nach Bereitstellung der Gelder wurde am 17. Oktober 1955 mit den umfangreichen Bauarbeiten begonnen, die sich einige Jahre hinzogen.

2. Oktober 1956 Erstmals wurden 159 Gendarmeriebeamte aus allen Bundesländern als Frequendanten des Fachkurses 1956/57 aufgenommen.

29. Oktober 1956 Die offizielle Wiedereröffnung der Gendarmerie-Zentralschule unter den Ehrengästen: Bundesinnenminister Oskar Helmer, Gendarmerie-Zentralkommandant General Dr. Josef Kimmel.

Gendarmerie Oberstleutnant Otto Rauscher wurde zum Kommandanten der Gendarmerie-Zentralschule bestellt.

20. Dezember 1956 wurde ein gehobener Fachkurs aktiviert, bei dem 25 Beamte für die Ausbildung zum Leitenden Beamten des Exekutivdienstes antraten.

2. Juni bis 7. Juni 1960 Anlässlich des Staatsbesuches des sowjetischen Ministerpräsidenten Nikita Chruschtschow wurden mehrmals Beamte der Fachkurse zu Sicherungseinsätzen herangezogen.

Überwachung der Straße nach Rust im Tullnerfeld. Chruschtschow besucht Landeshautmann Figl.

Besichtigung des Donaukraftwerkes Ybbs-Persenbeug. Sicherung der Bahnstrecke Semmering–Gloggnitz, Rückreise der sowjetischen Ministerpräsidenten.

15. Jänner bis 12. Februar 1964 Abkommandierung zu den olympischen Winterspielen in Innsbruck. Insgesamt 15 Beamte der Zentralschule Mödling wurden dem Landesgendarmerie-Kommando Tirol zum sicherheitsdienstlichen Einsatz zugeteilt

25. Oktober 1979 50 Jahre Gendarmerie-Zentralschule. Am Tag des Nationalfeiertages wurde am Exerzierplatz, der mit der Bundesfahne und allen Landesfahnen festlich geschmückt war, das Jubiläum „50 Jahre Gendarmerie Zentralschule" gefeiert.

Das Jubiläum wurde mit einem Festakt, im Beisein des Herrn Bundespräsidenten Dr. Kirchschläger und weiterer Festgäste, begangen.

1. März 1980 Planung von Neubauten an der Gendarmerie-Zentralschule. Wegen Platzmangel und Unterbringungsschwierigkeiten, der in Zukunft wahrscheinlich verstärkten Ausbildungslehrgängen wird beabsichtigt, auf dem Schulareal weitere Neubauten zu errichten.

Die Gemeinde Wien bot hierfür die dort provisorisch erbauten und wieder abzutragenden UNIDO-Fertigteilhäuser an.

15. September 1983 Eröffnung eines Kriminalmuseums an der Gendarmerie-Zentralschule. In Anwesenheit von Univ. Prof. Dr. Roland Graßberger, Univ. Prof. Dr. Csaszar, General Dr. Piegler, General Dr. Bosina und viel weiteren Ehrengästen wurde im neuen Unterkunfts- und Lehrgebäude ein Kriminalmuseum eröffnet. Mit der Übernahme der Exponate aus der Sammlung von Univ. Prof. Dr. Graßberger. Mit den Restaurierungsarbeiten am Mobiliar und der Einrichtung wurde Oberleutnant Föger von General Dr. Piegler beauftragt.

23. Jänner 1984 Einberufung des ersten Ausbildungslehrganges für weibliche Wachebeamte im Gendarmeriedienst. Erstmalig in der 135jährigen Geschichte der Österreichischen Bundesgendarmerie rückten am heutigen Tage 8 Damen nach erfolgreich bestandener Aufnahmeprüfung in die Gendarmerie-Zentralschule ein.

10. Dezember 1984 Einsatz in der Stopfenreuther Au. Am heutigen Tag sollte auf Grund der Bewilligung des Landes Niederösterreich und den Bundesministerium für Land- und Forstwirtschaft mit den Rodungsarbeiten in der Stopfenreuther Au begonnen werden.

Da das LGK f. NÖ. mit den eigenen Kräften nicht das Auslangen fand, wurden Beamte der Gendarmerie-Zentralschule, des Gendarmerie Einsatzkommandos und der Bundespolizeidirektion Wien zugeteilt. Von der Gendarmerie Zentralschule waren in der Zeit von 10. Dezember bis 19. Dezember 1984 insgesamt 928 Beamten eingesetzt. Vier Lehrgangsteilnehmer erlitten im Einsatz leichte Verletzungen.

15. November 1988 Kräfte der Gendarmerie-Zentralschule (Stammpersonal und Lehrgangsteilnehmer) hatten nach Weisung des Bundesministeriums für Inneres im Raum Gaaden an der Großfahndung nach Johann Kastenberger mitzuwirken. Kastenberger dem ein Mord und mehrere bewaffnete Raubüberfälle in Wien und Niederösterreich zur Last gelegt wurden, gelang am 12. November 1988 während einer Vernehmung die Flucht.

An der Großfahndung beteiligten sich 192 Mann der Gendarmerie-Zentralschule, die von 5.30 Uhr bis 16.30 Uhr ununterbrochen im Einsatz standen.

Die Aktion endete tragisch gegen 15.30 Uhr bei der Autobahnabfahrt St. Pölten-Süd. Nachdem Kastenberger eine Straßensperre der dort postierten Polizeieinheiten durchbrochen hatte und dabei durch einen Schuss verletzt wurde, richtete Kastenberger sich selbst.

19. Juli 1989 Zeitalter der Elektronischen Datenverarbeitung. Die Aufstellung von drei EKIS-Terminals der Firma IBM mit den dazugehörigen Mannesmann-Druckereinheiten wurde in die Wege geleitet und in der Folge die Schulung von Beamten an diesen Geräten durchgeführt.

1. Jänner 1992 Brigadier Gottfried Höller wird Kommandant der Gendarmerie-Zentralschule in Mödling.

12. Juni 1997 Vom Gendarmerie-Zentralkommando wurde die Zuteilung von Beamten der Gendarmerie Zentralschule zu Grenzkontrollstellen und Grenzüberwachungsposten in Bereich der Landesgendarmerie Kommanden für das Burgenland und Niederösterreich für den Zeitraum von 1. Juli bis 31. August 1997 verfügt. Es waren dies Maßnahmen zur Sicherung der Ostgrenze in Erfüllung des Schengener Abkommens.

1999 General Gottfried Höller wird nach Erreichen des 65. Lebensjahres in die Pension verabschiedet.

13. September 1999 Brigadier Arthur Reis ist der neue Kommandant der Gendarmerie-Zentralschule in Mödling, nachdem Gottfried Höller General i. R. nach 7 Jahren in den Ruhestand versetzt wurde.

31. Dezember 1999 Gendarmerie Zentralkommando. Gendarmeriegeneral Mag. Johann Seiser trat in den Ruhestand.

1. Jänner 2000 Brigadier Oskar Strohmeier folgte General Mag. Johann Seiser, als neuer Gendarmerie-Zentralkommandant nach.

1. September 2000 Mit diesem Stichtag waren 489 Gendarmerie Beamtinnen und 290 mit Sondervertrag, die im Rahmen der Grenzkontrolle und Grenzüberwachung eingesetzt sind im Planstellenbereich der Bundesgendarmerie tätig. Einige davon als Dienst führende Beamtinnen auch Leitende Beamtinnen. Der Frauenanteil an der Gesamtzahl der Gendarmen beträgt ca. 5 %.

15. Dezember 2000 Das Kommando der Gendarmerie-Zentralschule Mödling ist in Wahrung einer alten Tradition mir der Betreuung der Gräber von Freiherr Kempen von Fichtenstamm, dem Gründer der Gendarmerie, sowie von

General i. R. Ernst Sieber und Rittmeister Roland Grass am Friedhof der Militärakademie in Wiener Neustadt betreut.

Ebenso obliegt ihr die Pflege des Kempen-Kreuzes, einer Gedenkstätte an den Gründer der Gendarmerie, im Föhrenwald bei Wiener Neustadt.

8. Juni 2001 Anlässlich des 151. Gründungstages der Bundesgendarmerie inszenierte der Kommandant der Gendarmerie-Zentralschule, Brigadier Mag. Arthur Reis, eine Segnung des restaurierten Kempen-Kreuzes im Föhrenwald von Wiener Neustadt. Die Segnung nahm der Exekutivseelsorger Mag. Markus Müller vor. Als besondere Gäste waren der Bezirkskommandant von Wiener Neustadt, Major Gerhard Reitzel und der Restaurator des Kreuzes, Herr Richard Linsberger, anwesend.

In den Ansprachen von Brigadier Mag. Arthur Reis und der Segnung von Mag. Müller wurde besonders des Gründers der Gendarmerie, Feldmarschall Leutnant Johann Kempen von Fichtenstamm sowie allen Kameraden gedacht, die in Ausübung ihrer Pflicht ihr Leben verloren.

Juli 2001 Auf Grund der Reorganisation im Gendarmerie-Zentralkommando wurde die Überstellung des Gendarmerie Museums von Wien-Rennweg zur Gendarmerie-Zentralschule nach Mödling angeordnet. Als Ansprechpartner wurde Fachinspektor Willibald Hufnagel bestimmt, dem auch seit 3. Dezember 1991 die Führung der Chronik obliegt. Das Museumsinventar wurde vorläufig im Keller zwischengelagert.

28. September 2001 Zapfenstreich in Mödling. Die Gendarmerie-Zentralschule, zentrale Ausbildungsstätte der Bundesgendarmerie seit 66 Jahren, wird nach Traiskirchen verlegt.

7. Jänner 2002 Der offizielle Beginn des Grundausbildungslehrganges für Dienst führende Wachebeamte des Gendarmeriedienstes 2002. Auf Grund tiefgreifender Neuerungen auf dem Sektor Planstellen wird dies der zahlenmäßig schwächste Kurs seit dem Jahr 1954.

21 März 2002 Keine Grenzsicherungen. Das Bundesministerium für Inneres bot daher den durch diese Maßnahmen frei werdenden Zollbeamten die Überstellung in das dienst- und besoldungsrechtliche Schema der österr. Bundesgendarmerie in Form von Ergänzungsausbildungen an. Auf Grund der Stilllegung der Schulabteilung-Außenstelle Zwentendorf mit Ende Juni 2001, würden alle bereits geplanten und künftigen Vollausbildungen der Zollwachebeamten im Bereich des Landesgendarmerie-Kommandos NÖ der Gendarmerie-Zentralschule zur Durchführung anvertraut.

Der 1. Jahrgang der Zollwache Optanten begann am 1. Oktober 2001 bis 21. März 2002 und es wurde die Dienstprüfung ein Form eines kommissionellen Fachgespräches abgeführt, wofür die Absolventen eine Bescheinigung erhielten.

11. April 2002 Feierliche Eröffnung der „Gendarmerie-Zentralschule Neu" und des Bildungszentrums in Traiskirchen. Die Eröffnung fand durch den Bundesminister Dr. Ernst Strasser statt.

Neben dem Bundesminister konnte der Hausherr Brigadier Mag. Arthur Reis in Vertretung des Landeshauptmannes Mag. Klaus Schneeberger, den stellvertretenden Generaldirektor für die öffentliche Sicherheit Dr. Herwig Heidinger, den obersten Chef der Gendarmerie-General Oskar Strohmeyer, den Landesrat und Bürgermeister von Traiskirchen Fritz Knotzer, die Geistlichkeit Pater Peter Gregor Zöchbauer, Pfarrer von Traiskirchen und Exekutive Seelsorger Mag. Martin Müller sowie die Mitglieder der Personalvertretung, begrüßen.

26. Juni 2002 Besuch einer ausländischen Delegation. Damit endet die Chronik der Gendarmerie-Zentralschule.

1. Jänner 2003 Brigadier Mag. Arthur Reis verlässt die Sicherheitsakademie Traiskirchen und wird Gendarmerie Landeskommandant von Niederösterreich.

11. Juni 2003 Neuer Kommandant der Zentralschule bis 31. Dezember 2011 ist Brigadier Rupert Fehringer.

1. Jänner 2012. Generalmajor Mag. Arthur Reis kehrt als Kommandant der Sicherheitsakademie nach Traiskirchen zurück.

Bildungszentren der Sicherheitsexekutive

Für die Gendarmerie gab es in der Zeit ihres Bestehens in jedem Bundesland eine Gendarmerieschule. Für Niederösterreich befand sich die Gendarmerieschule in Wien-Meidling, später mit einer Außenstelle in Ybbs an der Donau.

Seit der Zusammenlegung von Gendarmerie und Polizei gibt es in Österreich in jedem Bundesland ein Bildungszentrum: **Burgenland** – Eisenstadt, **Kärnten** – Krumpendorf, **Niederösterreich** – Ybbs an der Donau, **Oberösterreich** – Linz, **Salzburg** – Großgmain, **Steiermark** – Graz, **Tirol** – Absam, **Vorarlberg** – Feldkirch und **Wien** – Marokkanerkaserne. Dort werden in 24-monatigen Schulungen Polizisten ausgebildet.

Gendarmerie-zentralschule Mödling.

Der erste Hubschrauber des Innenministeriums.

Zubau bei der Zentralschule Mödling. / Lehrsaal mit PC

Lehrsaal, genannt „Pentagon". In der 1. Reihe, v. li.: Brigadier Höller, General Weichselbaum, Brigadier Reis.

Rechts und Mitte links: Geschichtsprofessor Prof. Kurt Janetschek, Verabschiedung von der Zentralschule.

Mitte rechts: Lehrsaal mit zukünftigen Dienstführenden.

Brigadier Mag. Arthur Reis (vorne Mitte) war seit 13. September 1999 Kommandant der Gendarmeriezentralschule.

Oberst Robert Kripta und Hauptmann Gerhard Kessler.

Mitte links: Der pensionierte Kommandant General Höller in Zivil mit dem neuen Kommandant Brigadier Arthur Reis.

Rechts und unten: Feier des Gendarmeriegedenktages in der Mödlinger Gendarmerie-Zentralschule.

Angehörige der E-Einheiten.

Innenminister Mag. Schlögl, rechts General Mag. Johann Seiser, links Brigadier Mag. Arthur Reis.

Am 11. April 2002 wurde die „Gendarmerie Zentralschule Neu“ und das Bildungszentrum in Traiskirchen feierlich eröffnet.

XVII. Gendarmerie-Einsatzkommando COBRA

1. Kommandant: Gendarmerie-Oberst Johannes Pechter
Stellvertreter: Gendarmerie-Rittmeister Kurt Werle

1968 Die Sowjetunion erlaubt die Emigration der jüdischen Bevölkerung nach Israel aber nur über das neutrale Österreich. Seit 1973 hatten insgesamt ca. 164.600 Emigranten den damaligen „Ostblock" per Bahn verlassen. Diese Züge kamen über Marchegg und Hohenau nach Österreich. Auf der Fahrt durfte der Zug nicht verlassen werden. In Wien, vom Ostbahnhof, wurden die Emigranten mit Autobussen nach Schönau gebracht. Im Schloss Schönau war von einer israelischen Agentur ein Zwischenlager für 300 Personen eingerichtet worden. Nach einer Untersuchung wurden die Emigranten von Schönau zum Flughafen Schwechat gebracht um nach Israel auszufliegen.

Das Schloss Schönau wurde von den Funkpatrouillen des Bezirks Baden regelmäßig kontrolliert.

9. Juni 1972 Die Gendarmerie Verkehrsabteilung mit 6 Beamten übernahm am Ostbahnhof den Schutz der angekommenen Emigranten und begleitete diese mit zwei Streifenwagen nach Schönau.

11. September 1972 Ein Gendarmerie Wachkommando mit 26 Beamten, Leitung Gendarmerie-Rittmeister Werle übernahm den Objektschutz.

1. Mai 1973 Das Gendarmerie Kommando Bad Vöslau wurde in der Stärke von 2 leitenden Gendarmeriebeamten, 18 Dienst führenden Gendarmeriebeamten, 18 eingeteilten Gendarmeriebeamten und 6 Diensthundeführer mit Diensthunden aktiviert.

Das Schlossgelände ist täglich von 12 Beamten gesichert. Die Einheit übernahm die Sicherung der Transporte vom Ostbahnhof nach Schönau und dann zum Flughafen Schwechat. Auch für die Schutzmaßnahmen bei Landung und Start der EL-AL Flugzeuge war die Einheit verantwortlich.

Die Beamten trugen die Alpinausrüstung der Gendarmerie – graue Hose, den grauen Ski-Pullover mit Anorak, sowie den amerikanischen Stahlhelm.

13. Dezember 1973 Das Durchgangslager Schönau wurde geschlossen und in das Rot-Kreuz-Lager in der Bundesheerkaserne Wöllersdorf verlegt.

18. Dezember 1973 Das Gendarmerie Kommando Bad Vöslau bezog das frei gewordene Schloss Schönau als neue Unterkunft.

1. September 1974 Das Lager verlegte nach Kaiserebersdorf. Nun übernahmen Beamte der Bundepolizeidirektion Wien den Objektschutz auch am Flughafen Schwechat und die Transportbegleitung.

Das Gendarmerie Kommando Vöslau hatte mit der Streckensicherung von Hohenau bzw. Marchegg nach Wien genug zu tun. Dreimal pro Tag mussten Beamte zur Zugsicherung, jeweils nach Marchegg und Hohenau geschickt werden.

Der neue Name der Einheit war nun „Gendarmeriebegleitkommando Wien", gleichzeitig übersiedelte das Kommando in die Burstynkaserne in Zwölfaxing.

Ab diesen Zeitpunkt war die Truppe direkt der Generaldirektion für die öffentliche Sicherheit unterstellt. Der Personalstand betrug nur mehr 32 Beamte.

1. Mai 1977 Als Uniform wurden sie jetzt mit der grünen Mehrzweckuniform des Bundesheeres, halbhohen Schnürstiefeln und weinroten Baretten ausgestattet. Über der linken Brusttasche der Schriftzug „Gendarmerie" und am linken Ärmel das Korpsabzeichen eine brennende Granate.

1. Jänner 1978 Aus dem Gendarmeriebegleitkommando wurde das Gendarmerie Einsatzkommando (GEK). Die Unterkunft wurde im Schloss Schönau bezogen. Das Schloss wurde mit mehreren Millionen Schilling adaptiert. Der Personalstand war auf 227 Beamte erhöht worden.

1980 war der Personalstand von 142 auf 160 aufgestockt worden.

1992 Nach zwei Jahren Bauzeit war die Fertigstellung einer modernen Ausbildungs- und Einsatzzentrale, im Föhrenwald neben dem Flugplatz Wiener Neustadt bezugsfertig.

1996 Im November gelang es drei in Karlau inhaftierte Schwerverbrechern, Adolf Sch., Tawfik Ch. und Peter G., in der Gefängniskantine die dort beschäftigten Verkäuferinnen als Geisel zu nehmen. Schon zuvor hatten die Männer zwei Justizbeamte, die aber entkommen konnten, mit Messerstichen schwer verletzt. In einem Schreiben forderten die

Verbrecher acht Millionen Schilling Lösegeld und einen Hubschrauber, sie drohten, den Geiseln einzelne Gliedmaßen abzutrennen, sollte den Forderungen nicht nachgegeben werden.

Die Verhandlungen mit den Tätern spitzte sich zu, sodass sich das Gendarmerie Einsatzkommando entschloss, einzugreifen. Exakt 134 Sekunden dauerte der Einsatz und war ein voller Erfolg. Die Gewaltverbrecher wurden völlig überrascht und überwältigt. Weder Geisel noch Täter wurden dabei verletzt.

1997 Während des Fluges SU 417 von Moskau über Malta nach Lagos befanden sich 4 Cobra Beamte an Bord. Ihr Auftrag: 2 nigerianische Staatsbürger in ihre Heimat zu überführen. Nach der Zwischenlandung in Valetta überstürzten sich die Ereignisse. Ein dort zugestiegener Nigerianer war ins Cockpit gestürmt und hatte mit einem als Kugelschreiber getarnten Messer den Piloten und damit die Maschine in seine Hand gebracht. Er wollte das Flugzeug nach Deutschland oder Südafrika umleiten. Ein Großteil der Passagiere bemerkte zunächst gar nichts von der Entführung.

„Es gibt Probleme in der Kanzel, bitte schnallen sie sich an", war die Durchsage des Piloten. Von den Stewardessen erfuhren die CORBA-Männer die Einzelheiten und entschlossen sich zu handeln. Drei Mann stürmten das Cockpit und überwältigten den Attentäter. Dieser wurde bei der Aktion leicht verletzt. Die vier Beamten wurden für ihr mutiges Eingreifen mit der Goldenen Medaille am roten Band und in Rußland mir der Tapferkeitsmedaille ausgezeichnet.

2002 Polizeireform – Der Sicherheitsapparat wurde umgebaut und die 23 unterschiedlichen Sondereinheiten neu organisiert. Heute ist die offizielle Bezeichnung „Einsatzkommando Cobra".

Von den strategischen Standorten Wiener Neustadt, Wien, Graz, Linz und Innsbruck und den Außenstellen Kärnten, Salzburg und Vorarlberg aus kann bei einem Einsatz jeder Punkt in Österreich in 70 Minuten erreicht werden.

Die EKO-Cobra ist weltweit eine angesehene Sondereinheit, auf die Österreich stolz sein kann.

Einsatzübung um 1980

1978, Schloss Schönau, damaliger Sitz des Gendarmerie-Einsatzkommandos.

Aufstellung der Ehrenformation.

Unten links: General Johann Pechter (li.) und Brigadier Wolfgang Bachler.

Unten rechts: Besuch Bundeskanzler Franz Vranitzky und Innenminister Karl Blecha.

Aufstellung der gesamten COBRA-Einheit.

CTC-Teilnehmer 1993 vor dem Zelt.

Hundeführer und 1. Diensthundeführer mit Schäferhunden.

Links oben: 1997, Abflug mit Hubschrauber zu einem Einsatz im Kleinen Walsertal/Vlbg.

Links unten und rechts: Einsatzübungen.

Links: Ausbildung – Einsatztaktik, Erstürmung des Autobusses, Einsatz eines Hundes über eine Menschenleiter.

Rechts: Moderne Einsatzbekleidung.

Gendarmerie-General Oskar Strohmeier, Kardinal Schönborn, COBRA-Kommandant Brigadier Bachler, Mai 2000 .

XVIII. Auslandseinsätze der Gendarmerie

Die UNO und OSZE benötigen für Missionen im Ausland nicht nur Militär sondern auch Polizeikräfte. Da die Gendarmerie einen der bestausgebildeten Exekutivkörper hatte, wurden immer wieder Gendarmen für die Auslandsmissionen gesucht.

Dafür wurden Lehrgänge abgehalten die von den Beamten freiwillig besucht werden konnten um für die Aufgaben im Ausland gerüstet zu sein.

Die Lehrgänge dauerten 2 Wochen und gliederten sich in einen theoretischen und einen praktischen Teil. Perfektes Englisch ist Grundvoraussetzung und es werden psychische und physische Stärken verlangt.

Nach der Fremdsprachenüberprüfung wurden die Beamten von der Sondereinheit Cobra ausgebildet.

Das Buch „50 Jahre Auslandseinsätze der Polizei" gibt einen sehr guten Überblick über die historische Entwicklung dieser Einsätze.

Über 1.400 österreichische Polizistinnen und Polizisten haben in mehr als dreißig friedensunterstützenden Missionen einen wichtigen Beitrag für die Sicherheit in Krisenregionen geleistet", sagte Innenministerin Mag. Johanna Mikl-Leitner bei der Präsentation der Publikation des Buches „50 Jahre Auslandseinsätze der Polizei". „Neben polizeilichem Geschick und sprachlichen Fähigkeiten haben sie dabei auch persönliche Eigenschaften, wie Stressresistenz, Teamgeist und interkulturelles Fingerspitzengefühl bewiesen. Sie haben dazu beigetragen, dass die österreichische Polizei international einen sehr guten Ruf genießt."

Der erste offizielle Einsatz begann am 14. April 1964. Damals wurden vom Innenministerium 28 Polizisten und Gendarmen zur internationalen Friedensmission der Vereinten Nationen nach Zypern ... entsendet. Davor waren schon Sicherheitswache- und Gendarmeriebeamte bei UNO-Missionen im Nahen Osten (ab Ende 1958) und in der Demokratischen Republik Kongo eingesetzt.

Seither haben mehr als 1.400 österreichische Polizistinnen und Polizisten an 33 Auslandsmissionen der Vereinten Nationen (UNO), der Europäischen Union (EU) und der Organisation für Sicherheit und Zusammenarbeit in Europa (OSZE) teilgenommen. Sie wurden in alle Kontinente, außer Australien, entsandt: Destinationen waren unter anderen Namibia, El Salvador, Irak, Mosambik, Kambodscha und Osttimor sowie während des Jugoslawienkonflikts besonders die Staaten des Westbalkans (z. B. Kroatien, Bosnien und Herzegowina, Kosovo).
(Quelle: Internetseite des BMI)

Mehr als 1.400 Polizistinnen und Polizisten haben in den vergangenen fünfzig Jahren an Auslandseinsätzen teilgenommen. (Foto: Internetseite des BMI)

IXX. 150 Jahre Gendarmerie

„150 Jahre Gendarmerie" wurde in ganz Österreich, vor allem in den Landesgendarmerie-Kommanden, -Schulen und -Sondereinheiten gefeiert.

In Wien am Heldenplatz waren zahlreiche Einheiten angetreten, in einem großen Zelt wurden Waffen, Einsatzgeräte, Schutzausrüstungen, Diensthunde u. a. m. gezeigt.

Die gesamte Regierung unter Bundeskanzler Mag. Klima und Innenminister Mag. Schlögl war anwesend. Bundespräsident Dr. Klestil, Innenminister Mag. Schlögl und Gendarmerie-General Mag. Seiser schritten die Front der Ehreneinheiten ab.

In Salzburg auf der Burg Hohenwerfen fand eine große Gendarmerie-Sonderausstellung statt. Über den Zeitraum von 150 Jahren wurden die Arbeiten und Einsätze der Gendarmerie eindrucksvoll dargestellt.

1999, Feierlichkeiten zu „150 Jahre Gendarmerie" am Heldenplatz – Gendarmerie-General Mag. Johann Seiser bei seiner Ansprache (links unten) und: Bundespräsident Dr. Klestil, Innenminister Mag. Schlögl und Gendarmerie-General Mag. Johann Seiser schreiten die Ehrenformation ab.

Gendarmerie-Diensthundeführer beim Vorbeimarsch.

XX. Die Exekutive im Wandel der Zeit

(Gastbeitrag von Generalmajor Mag. Arthur Reis, Leiter der Sicherheitsakademie Traiskirchen)

Die Bundesgendarmerie war zweifelsohne eine Institution, der es im Laufe von 156 Jahren gelungen ist, das Vertrauen der Menschen zu gewinnen. Allerdings musste dieses Vertrauen erst erarbeitet werden: durch Objektivität, Hilfsbereitschaft und soziale Kompetenz ist dies in vorbildlicher Weise gelungen. Die Menschen hatten Vertrauen in die Arbeit „ihrer" Bundesgendarmerie, wobei der Umstand, dass viele Kolleginnen und Kollegen integrierter Bestandteil genau dieser Gesellschaft sind, in der sie nicht nur beheimatet sind, sondern auch für deren Sicherheit verantwortlich zeichnen, wesentlich dazu beigetragen hat, dass die sicherheitsdienstliche „Nahversorgung" auf eine Basis gestellt werden konnte, die auf einer Synthese aus gesetzlichem Auftrag und Menschlichkeit beruhte.

Naturgemäß ist jede Veränderung mit einer gewissen Verunsicherung verbunden, ja, kann bisweilen sogar Ängste auslösen, aber auch das ist wesentliches Merkmal des „Gesamtpaketes Mensch". In dieser sehr sensiblen Phase war es moralische Verpflichtung, vorrangig für Entscheidungsträger und Dienstvorgesetzte, genau mit diesen Ängsten und Sorgen der Mitarbeiterinnen und Mitarbeiter verantwortungsvoll und behutsam umzugehen, persönliche Interessen möglichst nicht zu ignorieren bzw. sozialverträgliche Alternativen zu suchen – und nach Möglichkeit auch zu finden.

Der nächste Schritt bestand darin, dieses Vertrauen, das in die Gendarmerie bestand, nunmehr in einem noch größeren Aktionsradius auch als „Polizei neu" zu definieren, also glaubhaft und verantwortungsvoll zu implementieren. Zahlreiche Verhandlungsrunden in verschiedensten Gremien, aber auch viele Einzelgespräche waren die logische Folge. Als damaliger Funktionär meines Heimatlandes Niederösterreich und „eingebettet" in einem großartigen Team(!), ist mir in sehr guter Erinnerung geblieben, dass viele dieser Gespräche zwar nicht immer ganz friktionsfrei geführt werden konnten, aber in der Mehrzahl aller Fälle in einem positiven Ergebnis mündeten, wobei wesentlichen Anteil an dieser „sanften" Zusammenführung, die für den Großteil der Bevölkerung lediglich an einem geänderten Erscheinungsbild erkennbar war, die leider viel zu früh verstorbene BM Liese Prokop hatte. Ihr ist es mit Geschick und Weitblick gelungen, viele zu erwartende Hindernisse erst gar nicht entstehen zu lassen. Ihre konsequente, zugleich aber ungemein sanfte und ausgleichende Art mit Menschen umzugehen, war unverzichtbarer Bestandteil dieses historischen Reformschrittes.

Der 1. Juli 2005 stellte daher zweifelsohne eine Zäsur in der bisherigen Tradition der Wachkörper dar. Einige bis dahin übliche Begriffe gehören seit damals der Vergangenheit an oder wurden durch neue ersetzt. Sicherheitsdienstliche Maßnahmen wurden ab nun nicht mehr auf Wachzimmern oder Gendarmerieposten abgewickelt, sondern – für alle gleich – auf Polizeiinspektionen, wobei bedarfsorientierte Schulungsmaßnahmen eine wesentliche Basis für ein einheitliches Auftreten und „kundenorientiertes" Zusammenwirken darstellten.

Eigentlich war es nur eine Frage der Zeit, bis dieser Reformschritt auch tatsächlich umgesetzt wurde. Bereits in den 1960er-Jahren hatte dieses Thema eine politische Diskussion ausgelöst und wiederholte sich dann in weiterer Folge alle 10 bis 15 Jahre wenigstens einmal. Spätestens aber dann, wenn die Experten der einzelnen Wachkörper verschiedene Ansichten vertraten bzw. sicherheitsdienstliche Zielsetzungen völlig unterschiedlich interpretierten, flammte diese Diskussion wieder auf.

Letztendlich wurde ab 1. Juli 2005 nun auch nach außen sichtbar gemacht, was sich für Insider viele Jahre zuvor bereits abgezeichnet hatte: Gendarmerie, Polizei und Kriminalbeamtenkorps wurden zu einer Einheit zusammengefasst. Bis dahin gab es bereits gemeinsame Offizierslehrgänge, wobei der erste davon im Zeitraum 1976/78 durchgeführt worden war. Ursprünglich lediglich als Versuch gedacht, wurde diese gemeinsame Ausbildung aufgrund eines überdurchschnittlichen Erfolges schon sehr bald zur fixen Einrichtung. Bisher schwierige, weil überbürokratische Kommunikationswege konnten infolge persönlicher Kontakte innerhalb der einzelnen Wachkörper, vor allem aber wachkörperübergreifend wesentlich vereinfacht und verkürzt werden. In weiterer Folge kam es zu einer Harmonisierung im Bestellwesen. Technisches Equipment, aber auch Bekleidung wurden nicht mehr spartenspezifisch, sondern für alle Wachkörper gemeinsam angekauft, was wiederum beträchtlich günstigere Auswirkungen auf den jeweiligen Stückpreis hatte. Die bis dahin ovalen Dienststellenkennzeichnungen der Bundesgendarmerie wurden jenen der Bundespolizei angepasst (rechteckige Form mit rotweißrotem Hintergrund) und noch einige andere Beispiele könnten für das sukzessive Zusammenrücken der Wachkörper ins Treffen geführt werden. Ein Schritt, den andere europäische Länder wie Luxemburg oder Belgien bereits vollzogen hatten. Eine Sonderform bildet Frankreich, denn dort untersteht die „Gendarmerie national" den französischen Streitkräften und daher, im Unterschied zu den übrigen französischen Polizeikräften, dem Verteidigungsministerium; seit 2009 ist sie gleichzeitig auch dem Innenministerium unterstellt.

Wir leben in einem Zeitalter, das bestimmt wird durch Veränderung! Dass auch der öffentliche Dienst früher oder später von einer Reformwelle erfasst würde, hatte sich schon seit längerem abgezeichnet. Nicht zuletzt kann auch die europaweit wirtschaftliche Entwicklung als Indiz in diese Richtung gesehen werden. Unser Berufsziel ist die „Produktion" von Sicherheit – unabhängig von der Farbe der Dienstbekleidung. In jeder Uniform stecken Menschen, die sich der Sicherheit der ihnen anvertrauten Bevölkerung verschrieben haben.

Der Zeitraum der Wachkörper-Zusammenführung war für viele von uns bestimmt kein ganz einfacher – Tradition, Identität, Nostalgie und noch andere Faktoren spielten vor allem bei den schon etwas länger „Dienenden" keine unwesentliche Rolle. Wer gab schon gerne etwas auf, was sich über viele Jahrzehnte hindurch bewährt hatte. Einige der für die Bundesgendarmerie typischen Qualitätsmerkmale fanden sich schon sehr bald auch im neu geschaffenen Wachkörper „Polizei" wieder. Der Wechsel von grauen bzw. grünen auf blaue Uniformen war für die meisten von uns ebenso logisch nachvollziehbar, wie der Umstand, dass schon sehr bald an einem einheitlichen Dienstsystem gearbeitet wurde. Ein hochrangiger Gendarmerie-, in weiterer Folge dann Polizeioffizier hat einmal in Anlehnung an einen beliebten Werbespruch sehr treffend gemeint: „Es steht zwar Polizei drauf, aber Gendarmerie ist drin!" Letztlich kommt es immer auf die Menschen an, die ein System verkörpern und genau diesem Umstand ist es zuzuschreiben, dass der „Wachkörper neu" bereits nach kurzer Zeit wieder volle Leistungsstärke erreichte und es zumeist unerheblich war, aus welchem Korps jemand kam.

Mittlerweile gehört die vor 10 Jahren erfolgte Wachkörper-Fusionierung zur selbstverständlichen Vergangenheit – ohne der bisherigen Tradition deshalb untreu geworden zu sein. Der Geist unserer Bundesgendarmerie wird ebenso wie jener der „alten" Bundespolizei weiterleben und für neue Impulse im Nachfolgemodell „Bundespolizei" sorgen – quasi ein Garant dafür, dass wir am Beginn einer neuen, ebenso schönen Tradition stehen. Jedenfalls lautet unser Auftrag auch weiterhin: Sicherheit für die Menschen in unserem Lande!

Die Geschichte unserer Bundesgendarmerie wird (ebenso wie jene der Bundespolizei „alt") nie in Vergessenheit geraten und auch später einmal nachgelesen werden können. Mein besonderer Dank gilt meinem Kameraden Fritz Brettner, der aufgrund einer langjährigen, sehr erfolgreichen Zugehörigkeit zur Bundesgendarmerie und anhand zahlreich „erhobener" Menschenschicksale dafür sorgt, dass unsere Geschichte stets „lebendig" bleiben wird.

Herzlichen Dank Prof. Friedrich Brettner!

---

1. Juli 2005. Die Zusammenlegung der Sicherheitswache, der Gendarmerie und des Kriminaldienstes wurden offiziell mit einem Festakt im St. Pöltner Landhaus gefeiert. Seit diesem Tag ist die Gendarmerie Geschichte aber sie wird in den Herzen der Gendarmen weiterleben bis der letzte ehemalige Gendarm gestorben ist.

Links: Generalmajor Arthur Reis, Landeshauptmann Dr. Erwin Pröll, Innenministerin Liese Prokopp, Landespolizeidirektor Hofrat Dr. Franz Prucher.

Rechts: Kommandant der Sicherheitsakademie, Generalmajor Arthur Reis.

Einst ...

POLIZEI

... und heute

Verwendete Literatur:
- Illustrierte Rundschau der Gendarmerie
- Informationsblätter „Die Bundesgendarmerie"
- Informationsblätter „Die Gendarmerie in NÖ"
- Gendarmerie „Das Magazin 2002"
- Zeitschrift „Die Gendarmerie in NÖ"
- Fritz Hörmann und Gerald Hesztera „Zwischen Gefahr und Berufung"
- Friedrich Brettner „Für Heimat – Volk und Ehre"
- Friedrich Brettner „Diensthund Dingo"
- Wolfgang Bachkönig „Hart an der Grenze"

Quellenhinweise:
- Chronik der Gendarmerie Zentralschule Mödling - Traiskirchen
- Landesgendarmerie-Chronik Burgenland
- Landesgendarmerie-Chronik Kärnten
- Landesgendarmerie-Chronik Niederösterreich
- Landesgendarmerie-Chronik Oberösterreich
- Landesgendarmerie-Chronik Salzburg
- Landesgendarmerie-Chronik Steiermark
- Landesgendarmerie-Chronik Tirol
- Landesgendarmerie-Chronik Vorarlberg

- Chronik Grenzkontrollstelle Drasenhofen
- Chronik Grenzüberwachungsposten Laa an der Thaya

- Chronik Bezirksgendarmerie-Kommando Mistelbach
- Chronik Bezirksgendarmerie-Kommando Neunkirchen
- Chronik Einsatz-Kommando COBRA

Gendarmerieposten Chronik Aspang
Gendarmerieposten Chronik Gloggnitz
Gendarmerieposten Chronik Hallein
Gendarmerieposten Chronik Tamsweg
Gendarmerieposten Chronik Reichenau a.d. Rax
Festschrift Gendarmerieposten Puchberg a. Schneeberg 100 Jahre

Bildleihgeber:
- Gendarmerie-Museum, ohne Kennzeichnung in der Sicherheitsakademie Traiskirchen zwischengelagert
- Polizei-Pressestelle – Landespolizeidirektion Burgenland
- Polizei-Pressestelle – Landespolizeidirektion Kärnten
- Polizei-Pressestelle – Landespolizeidirektion Niederösterreich
- Polizei-Pressestelle – Landespolizeidirektion Oberösterreich
- Polizei-Pressestelle – Landespolizeidirektion Salzburg
- Polizei-Pressestelle – Landespolizeidirektion Steiermark
- Polizei-Pressestelle – Landespolizeidirektion Tirol
- Polizei-Pressestelle – Landespolizeidirektion Vorarlberg
- Gendarmerie-Bezirkskommandant i. R Obstlt. Adolf Weisgram
- Gendarmerie-Chefinspektor i. R. Alfred Pauckerl
- Polizei-Oberst Erwin Schuch
- Polizei-Oberstleutnant Gerhard Kessler
- Chefinspektor Ferdinand Gruber
- Chefinspektor Wolfgang Bachkönig
- Kontrollinspektor i. R. Franz Bichler (Bigo)
- Kontrollinspektor i. R. Josef Burger
- Archiv Bezirksinspektor i. R. Friedrich Brettner

Berichte:
- Oberösterreichisches Gendarmerie-Museum, Generalmajor Manfred Schmidbauer
- Oberst Joachim Huber, Oberst Rudolf Tscherne, Amtsdirektor Edmund Tragschütz, Dr. phil. Thomas Riegler, Oberstleutnant Siegmund Schnabel, Oberstleutnant Reinhold Habernig, Oberstleutnant Manfred Dummer, Chefinspektor

Wolfgang Bachkönig, Frau Chefinspektor Bianca Braun-Loacker, Chefinspektor Friedrich Jerak, Abteilungsinspektor Heinz Schuh, Amtsdirektor Michael Korber, Amtsdirektor Bruno Guttmann, Kontrollinspektor Ursula Stoifl, Kontrollinspektor Fritz Grundnig Kontrollinspektor Horst Spitzhofer, Kontrollinspektor Fritz Grundnig, Kontrollinspektor Stefan Eder, Revierinspektor Johann Weber, Jürgen Makowecz, Andrea Kadrnoschka, Vera Hanel, Andrea Wildner, Karin Frischeis, Doris Töller.

- Gendarmerie-Diensthunde-Bundesabrichter, Leiter Kontrollinspektor Otto Krippel
- Diensthunde – Suchtgift Bundesabrichter, Leiter Kontrollinspektor Josef Bartsch
- Burgenland Diensthunde – Landesabrichter, Kontrollinspektor Wolfgang Zalitsch
- Oberösterreich Diensthunde – Landesabrichter, Bezirksinspektor Franz Kampenhuber
- Tirol Diensthunde – Landesabrichter Kontrollinspektor Walter Aschbacher

Landespolizeidirektion Burgenland
Pressestelle
Neusiedler Straße 84
7000 Eisenstadt

Landespolizeidirektion Kärnten
Pressestelle
Buchengasse 3
9020 Klagenfurt am Wörthersee

Landespolizeidirektion Niederösterreich
Pressestelle
Neue Herrengasse 15
3100 St. Pölten

Landespolizeidirektion Oberösterreich
Pressestelle
Gruberstraße 35
4021 Linz

Landespolizeidirektion Salzburg
Pressestelle
Alpenstraße 90
5020 Salzburg

Landespolizeidirektion Steiermark
Pressestelle
Straßganger Straße 280
8052 Graz

Landespolizeidirektion Tirol
Pressestelle
Kaiserjägerstraße 8
6020 Innsbruck

Landespolizeidirektion Vorarlberg
Pressestelle
Bahnhofstraße 45
6900 Bregenz

Polizei Einsatzkommando COBRA
Pressestelle
Straße der Gendarmerie 5
2700 Wiener Neustadt

Sicherheitsakademie – Bildungszentrum Traiskirchen
Pressestelle
Akademiestraße 3
2514 Traiskirchen

Nachfolgend eine große Auswahl an Abzeichen/Aufnäher aus der Sammlung Helmut ADOLF, Baden bei Wien

Bundesgendarmerie

Bundesgendarmerie
oval,
bis 1995

Bundesgendarmerie
oval, Pullover,
bis 1995

Bundesgendarmerie
oval, Blockschrift,
bis 1995

Bundesgendarmerie
oval, grau
Stickmuster

Bundesgendarmerie
oval, schwarz
Stickmuster

Bundesgendarmerie
seit 1995

Bundesgendarmerie
für Wimpel

Bundesgendarmerie -
Grenzdienst *1-teilig*

Bundesgendarmerie -
Grenzdienst *2-teilig*

Bundesgendarmerie -
EE Einsatzeinheit
seit 1995

Bundesgendarmerie -
SEG Sondereinsatzgruppe
seit 1995

Gendarmerie -
Kappenabzeichen
handgestickt

Gendarmerie -
BMI Chefarzt *bis 1997*

Gendarmerie -
BMI Chefarzt *seit 1997*

Gendarmerie -
Korpsabzeichen
handgestickt

Gendarmerie -
Diensthundeführer
rund, bis 1995

Gendarmerie -
Diensthundeführer
Schäfer, 1995-1997

Gendarmerie -
Diensthundeführer
Riesenschnautzer
Stickmuster

Gendarmerie -
Diensthundeführer
Stickmuster

Gendarmerie -
Diensthundeführer
seit 1997

Gendarmerie -
AEK Ausbildner
weiß, Stickmuster

Gendarmerie -
AEK Ausbildner
weiß, Stickmuster

Gendarmerie -
AEK Ausbildner
schwarz

Gendarmerie -
Sportlehrer

Gendarmerie -
Verkehrsabteilung

GENDARMERIE
Gendarmerie - Schriftzug
grau

GENDARMERIE
Gendarmerie - Schriftzug
grau-gelb, Anorak

GENDARMERIE
Gendarmerie - Schriftzug
schwarz-gelb

GENDARMERIE
Gendarmerie - Schriftzug
blau-gelb, Alpinanorak

GENDARMERIE
Gendarmerie - Schriftzug
gestickt, Rücken, 9x35cm

BUNDES-GENDARMERIE
Gendarmerie - Schriftzug
Leistungssportler

B-Gendarmerie
1952-1955

BG - GEK Granate
alt, Stoff

BG - GEK
alt, rund, Stoff

BG - GEK
alt, rund, gestickt

BG - GEK Cobra
geendelt

BG - GEK Cobra
neu

BG - GEK Gendarmerie-
Einsatzkommando UV
groß

BG - GEK Gendarmerie-
Einsatzkommando UV
klein

BG - GEK Algier

BG - GEK Tirana

GENDARMERIE
BG - GEK Gendarmerie
Schriftzug, schwarz-gelb

BG - GEK Schwinge
alt

BG - GEK Schwinge
neu

BG - GEK Einsatztaucher
silber

BG - GEK Fallschirmlehrer
silber, Stickmuster

BG - GEK Fallschirmspringer
silber

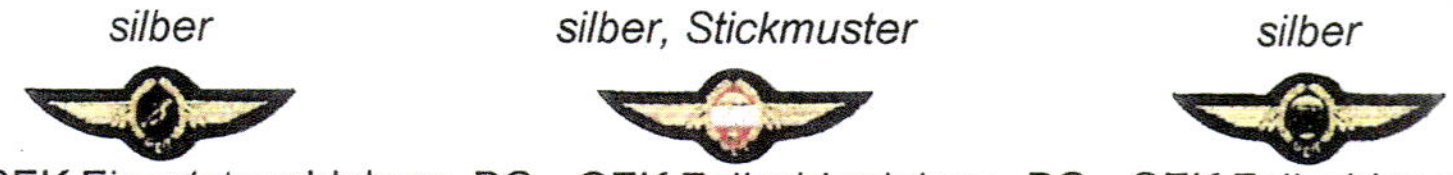
BG - GEK Einsatztauchlehrer
gold

BG - GEK Fallschirmlehrer
gold

BG - GEK Fallschirmspringer
gold

BM f. Inneres

BMI - EBS Puma
silber

BMI - EBS Puma
gold

BMI - EBT
Waffen- u. Kriegsmittel
1995-1996

BMI - EBT
seit 1996

BMI - EBT
seit 1998

BMI - EOD
Entminungsdienst

BMI - EOD
Entminungsdienst
Schriftbogen

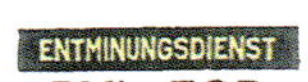

BMI - EOD
Entminungsdienst
Schriftzug

BMI - EOD
Entminungsdienst
Brustabzeichen

BMI - EOD
Entminungsdienst -
Taucher

BMI - IED
Entschärfungsdienst
gelb, 1.Aufl. bis 1996

BMI - IED
Entschärfungsdienst
gelb, 2.Aufl. seit 1996

BMI - IED
Entschärfungsdienst
gelb, 3.Aufl. seit 1997

BMI - IED
Entschärfungsdienst
gelb, klein

BMI - IED
Entschärfungsdienst
weiß, 1.Aufl. bis 1997

BMI - IED
Entschärfungsdienst
weiß, 2.Aufl. seit 1997

BMI - IED
Entschärfungsdienst -
Sachkundiges Organ
Brustabzeichen

BMI - IED
Entschärfungsdienst -
Entschärfer
Brustabzeichen

BMI - FEST -
Schwinge *gold, bis 1996*

BMI - FEST -
Schwinge *gelb, seit 1996*

BMI - FEST -
Schwinge
handgestickt

BMI - FEST -
Brustabzeichen

BMI - FEST -
Bundesadler *seit 1997*

BMI - I. HS-Kurs 1986

BMI - II. HS-Kurs 1989

BMI - III. HS-Kurs 1991

BMI - IV. HS-Kurs 1995/96

BMI - V. HS-Kurs 1997

United Nations
gestickt

United Nations
gedruckt

Austrian Police
Schriftbogen

Austria - Bundesadler
alt

Austria - Bundesadler
neu

UNO - Schulterschleife

Austrian CIVPOL -
Bosnien *seit 1996*

Auch aus dem Kral-Verlag

24,5 x 32,5 cm • 248 Seiten • 430 Abb.
Fadenheftung, Schutzumschlag • EUR 29,90

24,5 x 32,5 cm • 240 Seiten • 350 Abb.
Fadenheftung, Schutzumschlag • EUR 29,90

24,5 x 32,5 cm • 240 Seiten • 300 Abb.
Fadenheftung, Schutzumschlag • EUR 29,90

23 x 28 cm • 84 Seiten • 200 Abb.
Fadenheftung • EUR 24,90

Alle vier Bücher sind im Buchhandel erhältlich!